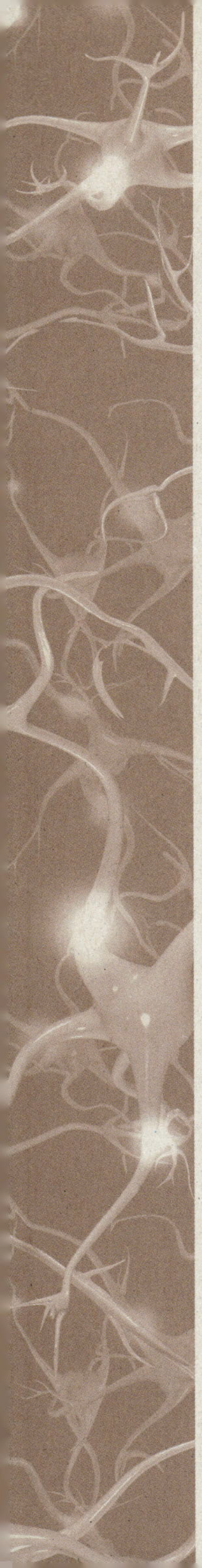

ソキエタス叢書……………4

The Pure Theory of Politics

Bertrand de Jouvenel

ベルトラン・ド・ジュヴネル……［著］

中金聡＋関口佐紀……［訳］

純粋政治理論

風行社

The Pure Theory of Politics
by Bertrand de Jouvenel

published by
The Syndics of the Cambridge University Press

目次

エレーヌに

……年の始より年の終まで
汝の神エホバの目つねにその上に在り
〔「申命記」一一・一二〕

序言

政治的状況というものはどれも複雑で独特である。ところが性急な精神は、たったひとつの特徴をとらえ、それを理由に所与の状況を出来合いの一状況部類にあてがい、またこの特徴の観点から審判を下してそれっきりにしてしまう。こうして、たとえば曰く「考察の俎上にある状況には集権化が含まれている。わたしは集権化には概して賛成（反対）だ。それゆえわたしの立場はつぎのとおりである……」。

こうしたお手軽な手続きに頼ることがふつうになっているのは、いたしかたないようにもみえる。これが暗示するのは、イデオロギー――手広く部類をもうけて、おおまかな判断を誘発し、分析したことのない問題についても手っ取り早く旗幟鮮明にさせてくれる分類法上の工夫――には永遠に需要があるということなのだ。

右で概略した手続きは、ある状況の出現のしかたや展開の見込みについてはなにもほのめかしてくれない。見積りだけでいいというのなら便利かもしれないが、説明や予見をしたい場合には根本的に不向きである。その場合にはもろもろの過程を調べる必要があり、これは共通の原理的な概念一式を用いなければ共同事業にはなりえない。

わたしが感謝の念とともに思い出すのは、幼少期の教師たちが、主題の属性や独立変数など、各分野のできるかぎり単純な諸関係にわたしが親しむよう配慮してくれたことである。幾何の先生は簡素な三角形を手始めにわたしを先へ先へと導いていった。化学の先生はまず H_2O の結合をわたしに確実に飲み込ませてから、徐々に入り組んだ蛋白質の分子に向かった。法律の先生は「汝誓約するや（*Spondesne*）?」ではじめた……。

そのような基本的な諸観念の習得は、当時どんな学問学科においても欠かせない第一段階とみなされていたが、いまでもたしかにそうなのだ。

われわれはあたりまえのように、より「高度な」研究とかさほどでない研究という言いかたをする。それが意味するのは、きわめて控えめな学び手がある地点まで旅した幹線道路を、そのずっと先まで行ったことのあるひとがいるということ、そして開拓者的な研究とはそこからさまざまな方向に手を広げていくものだ、ということである。するとこれは、誰でもある学問で研鑽を積めば、その先導者や研究者が伝えるどんなメッセージにも合う鍵を手にする、という意味になる。このメッセージの理解となると大いに困難をおぼえるかもしれないが、誤解するおそれはない。観念に曖昧さはない——それが取り柄で選ばれたのだ。

これとは対照的なのが政治学である。その平原には哲学、神学、法、のちには社会学や経済学からの移民が住みついており、各集団がそれぞれの道具箱を持ち込んで使用している。そのうえ、政治のことばは広く出回って通用しているため、正確さを失って情緒的な連想をまといがちになる。政治家たちの関心はことばの適切な使用などにはなく、その効果的な使用にある。

理由はともかく、政治学は承認された「原理《エレメンツ》」がないという点で際立っている。ただひとつの意味でしか解せないというほど単純な、それゆえ万人に同一の意味内容を正確に伝え、誰にでも自信をもってあつかってもらえる基本的諸概念などない。複雑な体系の最小要素をなすと万人にみとめられ、入り組んだ現実の状況をシミュレーションするために考案されたモデルの構築に一般的に用いられる単純な諸関係がないのである。

そのような欠落はこの学問学科の本質に付随するものなのだろうか。わたしはそうは信じない。では矯正されるべきだろうか。わたしはそう考えたがゆえに、本書が読者に供するこの取り組みに着手したのである。もしこれが不十分とはいえ必要なことだとおみとめいただければ、賛辞でなく自分でもやってみようという気を引き出せば、それでわたしは十分に報われることになるのだ。

書物は自分で語らねばならないが、はじめにいっておく必要のある点が若干ある。本書のタイトルにある「純粋《ピュア》な」という形容詞は、化学でいう「純粋な」と「有機的な」の対照との類比で用いられている。純粋化学の初心者コースで最初に学生が手ほどきされるものと比べると、「有機」体がはるかに複雑であるのとちょうど同じことで、現実の政治の諸状況と諸関係は、本書で吟味されるものよりはるかに複雑である。それゆえ読者は、現実が網羅されていないからといって文句をつけてはならない。

わたしの目的はできるかぎり単純きわまるところに降り立つことであるから、政治現象は本質的に個人間の諸関係として登場する。これは「原子論的」社会観ということではない。この社会観は、より単純な要素とは「原子（分割できないもの）」だという同義反復から素朴に帰結する。それより重要なことは、「ひとがひとを動かす」[1]という関係を強調するわたしが、他者を動かすことを偉大で称賛すべきことと考え、「政治的英雄」崇拝の気味があるという誤解にさらされることである。[2]たまたまわたしの気質は根っからそれとは反対なのだ。生まれつき権力への不信感が強いため、わたしは権力の源になるものには不信をいだく。それでも本書は記述的であって規範的でない目的を有しているのである。

つぎにわたしのタイトルの「理論《セオリー》」という語の意味を説明せねばならない。これは政治学以外の学問学科においてその名称で通っているものを指示するのに用いられている。観察結果だけではもちろん無意味である。その意味を明らかにするには、それを説明できる仮説を定式化しなければならない。すなわち、なんらかの相互依存関係にあるという想定の概念をいくつか選んで、現実をシミュレーションする「モデル」を仕立てなければならない。この精神の活動が、政治学以外の学問では「理論化」と呼びならわされている。こうして獲得されたモデルは事実表示的（representative）な機能をはたす。つまりそれに規範的な価値はない。

かたやいわゆる「政治理論」は、まったく別の「理想」という意味での「モデル」を提示する。ルソーの民主的合議体のモデルは、その決定に参加するすべての人びとがある決定に服する気でいるといったしろものである。決定に参加する一人ひとりが、もっぱら全体の善への関心のみにつき動かされ、自分の判断だけを頼みとし、他人の意見に影響されない。これは明らかに記述たらんとしたものではない。

事実表示的なモデルと規範的なモデルのあいだにはもちろん論理的関係がある。観察された形状はどれもみな真の形状の偶有的なデフォルメでしかなく、真の形状は精神によって直接知られうるもので、われわれの観察にたいして開示されることはないが、それこそ唯一「自然的」なる形状なり、という見解の持ち主ならばの話であるが。この見解からかならず出てくるのは、観察可能な無限に多様なパターンはつまらないが、唯一注目にあたいするパターンとは、それ以外がすべてその不出来なコピーになってしまうようなパターンのことだという結論である。しかしこの見解は特殊な哲学的信条を暗示する。

本書の試みは、もっぱら観察にもとづき、観察可能な現象の表示《リプレゼンテーション》を目的とする。いいかえるなら、この試みは厳密に非規範的である。これはわたしが指令的な政治学を拒絶するという意味ではたしかにない。むしろ、記述することと指令を発することは別個の任務であり、わたしは本書で前者の任務を選んだということだけを意味するのである。

引用はとても愉快だ。そのうえいかにも学者らしくみえる。とはいえ、本書の場合それをしたら欺瞞的であり、尊敬すべき権威たちから借りてきた外套でわたしの向こう見ずな企てを装わせることになっていただろう。観察がわたしに材料をあたえてくれたとみとめるほうが誠実に思われる。政治的な環境に生まれおち、政治的な事件に満ちみちた時代を生き抜いてきたわたしには、手持ちの材料が自分に迫ってくるのがみえたのだ。その整理に最適な案内役を、わたしは政治劇を描くことにかけては不朽の天才たちに、すなわちトゥキュディデスとシェイクスピアに見いだした。頭のなかは同時代のできごとから引き出した事例でいっぱいだったが、それらに言及するのは可能なかぎり避けておくことにした。その理由は、同時代のできごとについては解釈の一致などないが、古典からとった偉大な場面はどんな読者でも記憶しているからである。古典に同時代の事例の代役がつとまる——比類なき表現力のおまけつきで——というまぎれもない事実は、政治的活動が基本的には同一不変であることの証言である。

誰が政治を語っても、聴き手が異なればその心に呼びおこす経験や教義は異なる。だから同じことばで組み立てても、それが負う主観的な意味は多様になる。わたしの目的の性質からして、できるかぎりこの危険に備えておく必要があった。「原理《エレメンツ》」は曖昧さをあらかじめ除去しておかねば使いものにならない。「政治的活動」に焦点を合わせれば、すでに出来上がった心の状態にあまり邪魔されずに展開できて、自己充足的な解明にはもってこいだとわたしには思われた。

その解明は第Ⅲ部からはじまり、最後まで体系的に追求されている。もしわたしが試みたという点ですでに成功しているのなら、それは学識者にとっても初学者にとってと同じ意義があるはずだろう。

なぜこの解明はようやく第Ⅲ部にいたってはじまるのか。わたしが論じるのは人間にたいする人間のはたらきかけであるから、それが社会という場面設定のなかで発生することを強調する必要があると思われたのである。その重要性と影響力は第Ⅱ部で概略してある。

第Ⅰ部は性格をまったく異にする。作品本体の一部ではなく、拡大版のやや難解なイントロダクションの体をなしている。論考本文では一筋の道を一歩一歩たどってきた、あるいはたどってきたと自分では思いたいが、第Ⅰ部はそもそもわたしがこの道筋をたどる理由を論じる。我慢づよくない読者や政治学者でない読者には、第Ⅰ部を読み飛ばしてしまうことをお勧めする。本書を通読してから戻って読めば、第Ⅰ部は著者の意図の説明になってくれるかもしれないし、あるいは読者がその論述法を好まない理由を解明する一助になるかもしれない。

六年にわたる苦心のあいだ、わたしは幾度となくこの仕事に懐疑的になった。この懐疑はわけても、指令より記述をというわたしの目的に賛同しなかった友人たちのおかげでますます膨れ上がった。かれらの見解には高い価値をみとめているだけに、それはわたしの心に重くのしかかった。そうはいうものの、本書の第一稿が一九五七年末に完成して以来、多くの事件が発生した。そのパターンは本書に概略されたものにきわめて近いので、わたしは事件のまえでなくあとで本作品を書いたのだと考えるひともいるかもしれない。そしてそのことが、わたしに自分の目的についての確証をあたえたのである。

本作品を企てるにあたり、これらの原理に取り組むわたしに寛大にもあたえられた機会によって大いに助けられた。ブローガン教授とポスタン教授の親切な示唆により、ピーターハウス学寮長のバターフィールド教授は、ケンブリッジでこの主題を三回にわたって講義するよう招待してくださった。講義につづくディスカッションは、これらの原理の彫琢に大いに裨益した。つぎにイェール大学ロー・スクール長のユージーン・ロストウ教授から、イェールのストーズ講義への招待が舞い込んできた。この栄誉もやはりきわめて有益な批評を頂戴する機会となった。本論考は本質的にストーズ講義の拡大版である。とはいえこの拡大は相当の範囲におよんだ。(3) カリフォルニア大学政治学部の学科主任チャールズ・エイキン教授が一九六〇年秋学期にバークレー校で教鞭をとるようわたしを招いてくださったときは、学部学生対応の政治学入門の工夫としての出来を見きわめる機会にめぐまれた。

わたしが最大の恩義をおぼえるのは、一九五八年に財政的支援を頂戴したレルム財団にたいしてである。掲載論文の使用を許可してくれた『イェール・レヴュー』誌、『アメリカン・ポリティカル・サイエンス・レヴュー』誌および『ジャーナル・オヴ・ポリティクス』誌に感謝する。

英語を母語とする本書の読者は、『権力論』と『主権論』にみる高水準の文体に照らすと、本書の表現様式が嘆かわしいほど低劣であることにかならずやお気づきになるだろう。本作品はわたしが英語で執筆したが、(4) 先行する作品が優雅なのは、わが称賛すべき翻訳者にして親愛なる友人J・F・ハンティントンのおかげである。わが亡き友人のウィットと雅量と根っからの高貴さにふれてこの序言を閉じるのがふさわしかろう。

B・J

アンセルヴィルにて

一九六二年五月

第I部　アプローチ——歴史としての政治

第一章　布置と動力学

われわれの精神は布置（configuration）と経過（consequence）を言いあらわそうとする。布置とは「さまざまな事物が相互に関係しあっている状態」のことである。経過とは「連続したできごとが継起して発生する経緯」のことである。時間における過程よりも空間における配置のほうが、われわれにははるかに把握しやすい。また、「地理的」説明は不完全でも通用するかぎりは有効だが、「歴史的」説明が不完全だときわめて誤解を招きやすい。「状態」の言明と「経緯」の言明とではわかりにくさと信用度に違いがあり、その差は政治においてきわまる。それゆえ政治学が主として布置を論じてきたのは驚くにはあたらない。

諸国遍歴のグランド・ツアーから戻ってきた政治研究者は、訪れた土地の「管制高地」を示した地図の詰まった鞄を手にしているものだ。まずわれわれの研究者がアテナイ巡礼ではじめるところを思い描いてみよう。かれはアクロポリスにのぼる。そこはかつて神々が礼拝されていたところだ。いにしえの王たちの住まいもあった。つぎにアレスの丘にのぼる。そこはかつて貴族的な裁判官が裁断を下した場所で、君主政打倒後に重要性が増した。最後にプニュクスにのぼり、民会に思いを馳せる。この三つの丘は、アリストテレスの描いたとおり、ひとりの権威、少数者の権威、多数者の権威をそれぞれ暗示している。それに促されて、われわれは傑出した人物から人物へと権威が移りゆくさまを想像したり、別々の丘から発せられる声と声とを結びつけて混合形態の権威を想像したりする。同様の眼にみえる想像力の助けは、ワシントンの連邦議会議事堂とホワイトハウスとを向かいあうふたつの丘のうえに据えたランファン〔Pierre Charles L'Enfant（1754-1825）. アメリカの建築家・都市計画家〕の手腕によってあたえられている。しかしそうした物理的な助けにめぐまれなくても、管制高地ははっきりわかるものだ。だから先の政治研究者は、ロンドンでは国会やダウニング街を訪れ、バッキンガム宮殿に視線を走らせる。パリではブルボン宮殿〔国民議会議事堂〕、マティニョン館〔首相官邸〕、エリゼ宮殿〔一八七三年より大統領官邸〕を眺める。こうして政治研究者がたずさえる地図一式は、決定権威の安置された座を記して膨れ上がっていく。抜かりがなければ、憲法典に記されたものより石に刻まれたものに留意するはずだ。ワシントンでは行政部局が入居する建物の急増に注意を払うだろう。労働組合その他の非政府機関によって建てられた宏壮な建物も見過ごしはしない。

そこには権威や影響力の座にかんする批判的比較地理学用の材料がふんだんにある。たとえば、立法府が行政府と歩調を合わせて別棟を増やしたところなどどこにもないことは、平面図から一目瞭然である。そのような発展がみられたのは実際アメリカ合衆国だけで、英国にはほとんどないし、フランスでは皆無である。こうして、それぞれに帰せられた権威と、帰せられた権威を実際に行使するそれぞれの手段との不釣り合いが露見することもある。もろもろの権威の布置図を作成することは、政治学の自然かつ必然的な関心事である。理論的な著作家は、なんらかの原理原則から引き出された理想の地図をあれこれ提唱することにばかりかまけてきたが、実際の政治家が必要としてきたのは、実効的な行為の指針となる現実的な地図、すなわち正確かつ詳細な知識である。布置の重要性は大だが、十分にみとめられているうえに、十分以上のあつかいをする著者たちがほかにいる。それゆえわたしには、政治に別のアプローチを試してもかまうまいと思われたのである。

紀元前四一五年、シュラクサイ遠征軍派遣の決定が下される直前のアテナイを訪れたと想像してみよう〔ペロポンネソス戦争の一こま。詳しくは第I部第二章を参照〕。事情にうとい異邦人のわれわれは、応接役に三つの問いを発する。

1　決定を下す権限は誰にあるか？
2　遠征の実施は正しくまた利益をもたらすか？
3　遠征は実際に決定され実施されるだろうか？

第一の問いは憲法上の権能についての問いであり、アテナイ人なら誰でも同じように完璧な確実さをもってたちどころに答えられるし、答えなければならない。すなわち、その決定権は民会にあり、然りと決定すれば民会は将軍の選出もおこなうだろう、と。これは布置《コンフィギュレーション》の問題圏にあたる。第二の問いは政治的慎慮《プルーデンス》についての問いである。わたしの念頭にあるのは、当世はやりの打算なるしみったれた考えではなく、特定の状況下で正答を出す徳としての慎慮という古典的な考えであるから、それを強調するために大文字のPを用いることにする。この徳はわれわれを接待する側の人びとにもあったりなかったりする。第三の問いはそれともまた異なった領野にあたっている。それは未来のできごとについての事実の言明を要する。

そこで未来のできごとにかんする予知についてしばし考えてみよう。われわれが心の底から起こるものと決めてかかり、起こらないと日常生活を営むことができなくなってしまう未来のできごとはたくさんある。そうした確実な未来（*certa futura*）が実は布置のもろもろの表現であることは、考えてみればすぐ明らかになる。「太陽は明日昇るだろう」ということは、極度に主観的な観点からみてはじめて生じるできごとである。安定した自然の布置があればこそ、「できごと」の発生を疑いもせずに期待し、それどころか産み出すこともできるのだ。さらに安定した社会的布置のおかげで、少なからぬ確実性をもって期待できるできごともある（たとえば、一九六四年一一月の第二火曜日にアメリカで大統領選挙がおこなわれる）。哲学者にとっては、このふたつの確実性には本質的に大きな相違があるが、実際的人間にとってはごくわずかな程度の相違しかそこにはない。しかしわれわれがいま考察している政治的なできごと、すなわちアテナイ民会の下す決定が戦争か和平かは、定義により、人びとが複数の選択肢から自由に選択できる問題である。だからこの場合、われわれはその結果を確実に予知できると確信しているわけではない。もし他人が選択の自由をどのように活用するかが確実に予知できるのなら、われわれには神学者たちのいう自由な知〔*scientia libera*〕〔万物の創造主たる神は、未来のできごとをたんなる可能性としてでなく、自ら自由に意志してもたらす現実性として知っている〕があることになるだろう。

選択できることが明らかで、どれにしようか逡巡している他人が事実どうするかを確言するのは無理だとしても、どの選択肢になる確率が高いとわれわれには思われるかを述べることならまったく可能である。そのような言明が実際要求される場合がある。仮にわれわれがシュラクサイの外交使節だとしたら、第一の責務は、アテナイ人たちにかけあって、われらが都市への攻撃を思いとどまらせるべく努めることである。だがわれわれの責務がそれに尽きないことはたしかだ。加えて、実際の決定がどのようなものになるかを推測しなければならない。アテナイ人の決定は戦争になりそうだという事前情報を通達しなかったら、シュラクサイに帰還次第、即刻われわれは都市に損害をあたえた廉で告発されてしまうだろう。それに、決定が下されないうちはアテナイ人たちがどうするつもりかわかるはずがないと論じ立てても、まったく不十分な弁解になってしまうだろう。確実にはなにもわからないというのが厳密にいえば真実なのだが、それでもわれわれは未来のできごとにかんする真なる見解を形成せねばならないのだ。

予測〔surmising〕は人間的なことがらの遂行には欠かせない。誤った予測は災厄を招きうる。ナポレオンは、グルーシー〔Emmanuel de Grouchy〔1766-1847〕. ナポレオン軍元帥〕がワーテルローの戦場に馳せ参じれば、ブリュッヒャー〔Gebhard Leberecht von Blücher〔1742-1819〕. プロイセン軍指揮官〕の介入はあるまいと予測した。『リア王』の悲劇は間違った予測の結果である。この手の事例は現代でも見つけるのはむずかしくない。チェンバレンは一年のあいだに大きな誤った予測を二度もした。すなわち、ヒトラーはミュンヘン協定〔チェコスロヴァキアのズデーテン地方のドイツへの割譲を独伊英仏間で承認した〕に満足するだろうと予測したこと、ポーランドへの保証をあたえてやればヒトラーもおとなしくなると予測したこと、スターリンは英仏と手を握るだろうと予測したことである。政治への関心が予測への関心を秘めていることはたしかなのだ。静態的なものと考えられる布置の記述や健全かつ徳ある態度の勧告がどれほど重要であろうと、ひとがなにをするか、そしてなにが起こるかの予見もやはり重要なのである。

実際われわれは、政治学者の性分からでなく一介の人間として政治を論じるとき、なんらかの未来のできごとについて思いめぐらしているものだ。かくして一九六〇年九月にあるひとが当然のごとく、「一一月にはケネディが当選すると信じる」という。その理由を問われると、発言者は「はっきりそういえるわけではないが」と返答するかもしれない。しかしこれは、相当の知的努力にケチをつけられないための自然な防衛反応である。予測の根拠を述べるのはむずかしいが、内省によってそれがあらわになることがある。するとある種の動力学的な関係が心に想定されていることが明らかになるだろう。過去に起こったことを根拠にして、一定の傾向性をもつ人びとはきまってある呼び声に応答してある特定のやりかたで行動するものだ、と決めつけているのである。予測の連鎖自体がきわめて脆弱なこともあるし、話し手が微かにそう感じているだけのこともあるだろうが、それでも心のなかにはこの連鎖が存在する。

自分の想定の連鎖が、自分では制御するすべがないか、その制御に自分がほとんど関与しないある未来のできごとの予期を導くと、それをたどってみようという気が失せてしまう人びとでも、自分が心底待ち望むことや、おおよそ自分の行動にかかっていると考えられることをもたらすとなると、自分の想定の連鎖を注意深くたどろうとするものだ。ラテン語にはこの二種類のできごとをあらわすのに便利な一対の語がある。結果という意味内容をもつ男性形の *eventus* は、その招来を提案するこのわたしがなんらかのやりかたで張本人であるようなできごとの意味に解することができる。かたや中性形の *eventum* は、まったくわたしの手にあまるできごとを表現するものと解することができる。フランス外務省ないし政府《ケ・ドルセー》にとってケネディの当選は*eventum*であるが、選挙運動チームにとっては*eventus*である。通常われわれは、*eventum*がもたらされる次第やその錯綜した経緯にはぼんくらだが、ことが*eventus*となると、ずっと心を研ぎすませて結果につながる事態の進行に傾注する。

未来は活動する人間の心に現前する。偉大なドイツの法学者イェーリング〔Rudolf von Jhering（1818-92）.『権利のための闘争』（*Der Kampf ums Recht*, 1872）で知られる社会学的法学の定礎者〕は、人間の行動と動物の行動を「～のために」（*ut*）と「～によって」（*quia*）の観点から区別した。「～によって」の行動とは、外部に原因がある圧力のもとに遂行され、選択や思慮を欠く行動をいう。かたや「～のために」の行動とは、自分がもたらしたいと願うある結果を念頭において遂行する行動をいう。これにはわたしが手に入れようとする未来の事態と、そこにいたる「道筋」とにかんするあるヴィジョンが含まれている〔山口廸彦編訳『法における目的』（信山社出版、一九九七年）、三六頁参照〕。

哲学者にはいろいろ言い分があるだろうが、われわれはそこに、自分で選択し努力を傾けてある状況を招来するわれわれの能力以上のものをみとめない。わたしは、もしそうしたければ、このグラスを唇まで持ち上げることができる。グラスを持ち上げるとき、わたしは自分がグラスの新しい位置の「原因になった」(causing)と意識している。しかしさらに正確にいえば、あらゆるひとに共通の「原因」という観念そのものは、そうしたもろもろの経験の所産である。幼年時代の最初期から、わたしは自分の身の回りのどんなに些細なことでも、自分が自分の行動によって変化をもたらすことができると気づいていた。つまり、わたしの努力とこの変化の関係にかんする小宇宙的経験から「因果」という一般観念が生成するのである。

これは初歩的な語源考証によって確認できる。ラテン語の*causa*という単語は、主として法律に則して原因を審理することを指示するのに用いられた。*causa*とは訴訟当事者の一方が欲したことの謂いだったのであり、英語では「ある大義（cause）を奉じる」「大義のために闘う」という場合にその意味が残存している。この単語をローマ人たちは、ある結果をもたらすことが *efficere* されたといいたい場合によく用いた。これには *facere* すなわち「為すこと」という観念が含まれており、それを強めて成就・達成という観念を付加している（この意味は現代語の「効率」（efficiency）のなかに残響がある）。作用因（*causa efficiens*）というよく知られた定式は、なにごとかが欲せられる、すなわち *causa* と、それが成就する、すなわち *efficiens* というふたつの観念を結びつけて実効性のある意欲というひとつの観念にしたものである。

　わたしがこのグラスを持ち上げるという場合、グラスが上昇してほしいと願えば、わたしがこの変化を産み出せることになんらの疑いもありえない。それはそっくりわたしの力の埒内にある（「力《パワー》」という語は実行する能力をあらわす、とついでに強調しておこう）。狂人や哲学者（理由は異なるが）でもなければ、自分がかくも容易にもたらすことのできる *eventus* など一顧だにしないものだ。

　だが周知のとおり、ひとは望ましいが達成しがたいと思う *eventus* となると考慮する。ケネディ氏がアメリカ合衆国大統領になった自分を最初にふと思い浮かべたのは、おそらく何年もまえのことであったろう。この地位を夢想してから手に入れるまでのあいだには、埋めるべき深い裂け目があった。この裂け目を埋めるには、長い一連の行為が必要であった。作戦遂行過程で幾多の修正が必要なことがわかっても、そもそものはじめに一連の行為が構想され計画されなければならなかった。上院議員から大統領へという状況の変化を計画することは、家のなかでの部屋から部屋への移動を計画するのとはわけが違う。どちらの場合も段取り《ステップ》をつけねばならないが、部屋の移動の場合は文字どおりの歩み《ステップ》のことであり、一歩ごとにその結果は確証される。重要度でまさるもうひとつの例の場合、それはメタファーとしての「歩み」、すなわち行為者が「動かす《ムーヴ》」（チェスの「指し手」、転じて「打つ手」「手立て」の意）ことであり、そのつど結果は他者の反応次第であるから不確実である。念入りに計算し尽くされた歩み《ステップ》とは、目標達成に寄与する反応を引き出す段取り《ステップ》のことである。だから好ましい *eventus* を達成するという課題には、反応の正確な予測が必要になる。実際、行為者の「歩み」がかれを目標に近づけるのは、ひとえに、また主としてそれが火を点ける他者の行為のおかげなのだ。ある重要な *eventus* をもたらすのについやされるエネルギーは、大半が他者によって提供されるのだが、その他者を起動させるのは策略家《デザイナー》なのである。

現実の政治家は、どんな政治的目的であれ、それを達成するすべは他者の行為による加勢であることを重々承知している。概してそのような行為を手に入れるにはどうしたらいいかの心得、また具体的にどんな目的のためなら、どういうときに、どのようなひとからそれが手に入ると見込めるかの心得で、政治家におなじみの知恵はできあがっている。政治のテクノロジーは本質的に動力学《ダイナミクス》にかかわるのに、政治の知は静力学《スタティクス》にしがみついている。動力学を学びたいのであれば、つとめて加勢行為の点火を理解しなければならない。

策を練る《デザイニング》という語は、人間に適用される場合、ふつうの英語の慣用法では好ましからざる意味内容を有している。中立的に用いるなら、この語は政治家の職業上の特質をあらわすのに便利である。政治家は他者の行為を必要とするある *eventus* をもたらそうとする。それゆえかれは、十分な加勢になる行為を引き出そうとし、またそれを目的として、そうした行為を引き出す見込みのある手《ムーヴ》を打つ。このすべてが政治家の策略をなすのであり、首尾よく運べば政治的作戦となる。つぎに挙げるある政治家の断固たる自画像には、政治的作戦の分析がある。

『エセー』を執筆していたときのモンテーニュも、新しい世界を構築していたときのデカルトも、ノアの大洪水以前の地球を思い描いていたときのバーネット〔Thomas Burnet（1635?-1715）. カルトジオ会修道院院長で自然神学者。『神聖なる地球理論』（*Telluris Theoria Sacra*, 1681）でデカルト説に依拠して大洪水を自然科学的に説明しようとした〕も、いや、実験と崇高な幾何学にもとづいて真の自然法則を発見・立証していたニュートンも、真の愛国者であるひと、自分の知力のありったけを束にし、思考と行動のすべてを祖国の善に振り向ける者が感じるほどの知的な悦びはおぼえなかった。そのようなひとが政治的なもくろみを立て、多様で一見ばらばらな部品をひとつの偉大なよき企画に組み立て上げると、想像力の手で運ばれ、あるいは瞑想に吸い込まれてしまうのはかれらと同じであり、また心地よさでも引けを取らない。それに、仕事を一歩また一歩と進めていくうちに、重要度はとりどりのこうした目標から生じる満足が、大いにかれのお気に召すようになる。このとき思弁的な哲学者の労苦や快楽は終わってしまう。しかし思弁が行動のためにあるひとは、さらに歩を進めて、自分のもくろみを実行に移す。かれの労苦はさらにつづき、多岐にわたり、増えていくが、快楽も同様である。実行は実際しばしば予見しなかった逆境、友人たちの頑迷さや背信、敵の力や悪意によって行く手を阻まれる。それでもこれらが終始活力をあたえ、ある者の御しやすさと忠節が別の者の頑迷さと背信を補ってくれる。大いなるできごとがどちらに転ぶかわからないとき、行動は熱を帯び、希望と恐怖とからなるこのサスペンスそのものが心に不快ならざる興奮を保つ。もしそのできごとが上首尾に決せられたなら、そのようなひとは、自分がほどこしたものに相応の快楽を味わう。すなわち、自分の仕事を眺めやって、至高存在に帰せられるものに似た快楽を味わうのだ。仮にそのできごとが上首尾に決せられず、強欲な宮廷やら押しつけがましい党派がのさばることになっても、そのようなひとには自分の良心の証言といままでに勝ち得た名誉の感覚があって、心を宥め勇気の支えになってくれるのである。(1)

ここでボリングブルック〔Henry St. John, 1st Viscount Bolingbroke (1678-1751). イギリス貴族でトーリー党の政治家〕は四つのものがあることを示している。すなわち、(1)愛国的な目的、(2)目標達成を確実にするために考案された壮大な計略、(3)この計略を実施する能動的で柔軟な戦術行動、(4)その遂行全体に内在する強い快楽。そのような快楽はひとえにプロジェクトが卓越したものかどうかにかかっており、もくろんだり手腕を発揮したりするのが楽しめるのも目標に値打ちがあればこそだ、と考えたくなる。残念ながら観察してみると、高邁な目的に鼓舞され健全な終局に向けた作戦でない場合であってすら、人びとを動かすスポーツはそれ自体で楽しめるのである。

いかに立派で賢明な人びとでも、政治にたずさわれば、ボリングブルックの記述するスポーツめいた悦びなどまず経験しない。権力や影響力の行使は、真に善良なひととの場合は、その誤用のつねなるおそれ、追求される目標にかんする疑念、使用される手段についての気のとがめがかならずつきまとう。これはフェヌロン〔François de Salignac de la Mothe-Fénelon (1651-1715).『テレマックの冒険』(*Les aventures de Télémaque*, 1699) の著者として知られるフランスの聖職者。ルイ一四世の孫ブルゴーニュ公ルイ・ド・フランスの教育係〕によってつぎのように表現されている。「たしかに人びとは、不運にして自分と同様に人間である王によって支配されねばならない。とはいえ王たちも、弱く不完全な一介の人間の身で膨大な数の罪深く不正直な個人たちを支配する任にあたるのだから、不運なことでは引けを取らない(2)」。

このふたつの言明はなんという対照をなすことだろう! 一方は誇りに彩られ、他方は謙虚さで際立っている。たしかにわれわれは、政治家の責任を強調するもののほうを好むに相違ない。しかし、われわれの目的ができごとの生成を理解することにあるのなら、ボリングブルック描く政治家の活動のほうが有意なのだ。

現代はできごとの急転直下とそれにともなう布置の不安定性によって特徴づけられる。政治の地図や憲法はすぐに使いものにならなくなってしまう商品である(3)。年があらたまるたびに、昨日の権威者が無法者となり、昨日の無法者がいまや権威者になって、外交官がお追従を言わねばならない相手が変わる国々がある。不変の枠組みの内部でごく小さなできごとしか起こらない一部の世界は、巨大なできごとが枠組みを動揺させ変形させる部分とは対照的に縮小してきた。それゆえ時代の性格が、われわれの関心の焦点をできごとにあつめているのである。

精神のなかで未来の歴史にかんするア・プリオリな理解が確固としてできているために、大いなるできごともあらかじめ定まった図式におさまってしまう、というひともいる。われわれのなかにはそこまで十把一絡げに考えず、できごとはそれぞれひとつの問題を提起しており、その組成をなす多くの要素の分析を要求しているとみなす者もいる。

どんな政治的できごとも、大小を問わず、その同定可能な最小の構成要素になっているのはひとがひとを動かすこと(the moving of man by man)である。これが原理的《エレメンタリー》な政治的行為である。つづいて出てくるのは、他者からあるおこないを引き出そうとするひとであり、これは「煽動者」(instigator)と呼ばれる。自分の欲する *eventus* の実現に寄与するさまざまな行為をさまざまな人びとから手に入れようとするかぎりで、「煽動者」は「策動家」(operator)と呼ばれる。また同じ声、あるいは同じ場所から発せられる声に習慣的に応答する帰依者を築くかぎりで、「煽動者」は「起業家」(entrepreneur)である。

これを「偉人」史観をほのめかすものと受け取ってはならない。わたしが強調したいのは、煽動者がいる「から」事が起こるということではなく、事は煽動―応答関係を「つうじて」起こるということ、この関係が複雑な連鎖のもっとも単純で基本的な環であるということである。*Eventum* は特定可能な張本人なしに、多くの連鎖の邂逅から生じてくる。わたしがたずさわっている諸現象は、そのなかで基本的な構成要素としてあらわれる。この諸現象にわたしが集中するのは、複雑な政治のなかに単純でつねにあまねく(*semper et ubique*)現前する原理《エレメント》を探しだすことがわたしの目的だからである。

地球大で考えた政治の壮大な単純化がわたしの提供するものだと考えられると、本研究の精神はそっくり誤解されてしまう。わたしはそのようなものを意図してはいないし、ほかの著者たちがそのような意図に鼓舞されていたらわたしは共感しない。わたしには政治がこのうえもなく複雑にみえる。それを単純なものに還元してしまおうとするのは、誤解を招く危険な試みとわたしはみなす。わたしが単純な構成要素にまで降りていこうとするのは、政治的現象がきわめて複雑だからである。しかしその諸原理にかんしてわたしがこれから提供しようと試みる構図は、「膨らませる」と全体の構図として使えるといったしろものではない。

わたしが研究したいと思うような原理的現象がある *eventum* をもたらすにあたって占める位置を明らかにするには、ひとつの寓話を用いるのが便利かもしれない〔以下の寓話で舞台となるメガロポリスは、紀元前四世紀のマケドニアとスパルタの戦場になったメッセニアの都市である〕。

マケドニアはメガロポリスにかんする政治的情報を手に入れたがっている。メガロポリス人のことばを解したり学んだりできるマケドニア人はひとりもいない。ただし、透明人間になることができて、自分が見聞することを直に報告する手段をもった三人の観察者がいる。そう仮定しよう。観察者*A*は気球に乗って都市上空に配備され、観察者*B*は別の気球に乗ってもっと地面近くにおり、観察者*C*は街路をうろついている。*A*の高度はきわめて高く、建物や都市の全般的な造り、要は布置《コンフィギュレーション》しか見分けられない。それを*A*は注意深く地図に書き記す。それは気の長い任務であるかもしれないが、完遂したあかつきには*A*にはもう報告すべきことがない。これが憲法記述のアナロジーであることはたしかに明らかである。

*B*は交通の調査ができるくらいの高さで浮かんでいる。交通量に眼をとめると、変化がある。しばらくすると、ある場所では一日のうちでも反復するパターンにしたがって交通量が変動することが*B*にもわかってくる。もっと長いスパンでのパターンにも気づく。異常なほど交通量の少ない日（たとえば日曜日）の直前直後には、交通量が若干増加する。季節による変動があり、おそらくは長期的に増加する傾向がある。実際*B*は、幅員の狭い道にかかる圧力が高まることに眼をとめるかもしれない。たとえ*B*——社会学者を彷彿とさせる——が時間の経過につれて圧力が高まることに気づいても、その観察所見は*B*がもろもろのパターンに精通してしまえばほとんど変動がなくなってしまう。

*C*の場合はそうはならない。*C*は住民一人ひとりと同じ目線の高さを動きまわっており、もろもろの事件の無尽蔵の多様性を目撃する。地図を送り届ければ*A*は通信をやめてしまい、*B*がパターンからの逸脱があったときだけ

通信するのに、几帳面な*C*は些細な光景をつぎからつぎに四六時中通報する。

ところがある日、*A*は平穏から揺り起こされる。メガロポリスの大きな建物（宮殿にしよう）が炎に包まれているのがみえたのだ。かれは急ぎこれを報告し、マケドニアからの返信を受け取る。「ご苦労だった。先の情報が正しかったことの裏づけになる」。先の情報とはなんのことだろう？　そのしばらくまえに*B*は、大群衆が宮殿に押し寄せ、手薄な警備の列を蹴散らしつつあるとの報告を送っていた。だがこの報告への返信としてかれが受け取ったのは、やはり「ご苦労だった。先の情報が正しかったことの裏づけになる」であった。

なぜだろうか。*C*が現場にいて、その発端の一部始終をみていたからである。*C*は「最初の一押し《プッシュ》」が形成されるところを目撃した。憲法研究者の眼にとまったのは、それがすでに結果を出したあとでしかなかった。*C*が最速かつ最高感度の表示器なのだ。だが信用度が最低の表示器でもある。

路上観察者は正確にはなにをみたのだろうか。はじめにひとりの男が身ぶり手ぶりをまじえて長広舌をぶち、群衆を惹きつける。すると群衆のなかで興奮が高まっていく。これが誕生時のできごとである。この些細な発端から、次第に規模と速度を増して大浪が生まれるものなのだ。だがそのような発端がみなそのような成果で終わるわけではないことを思い出そう。われらが*C*も、かつてこの手の光景を目撃しては通報し、結局なにごとも起こらなかったという経験を十分積んでいたことだろう。受け取る側の暗号解読係たちは、同趣旨の記述をすでに幾度となく受け取ってきたことを思い出すようになる。すると、このn回目の事件が由々しきものとなるかもしれないという考えは、かれらの頭に浮かばなくなりがちである。警告を伝える機会に臨んだことのあるひとなら、それを迎える不信の念にはおぼえがある。現場従業員の熱意ほど本部職員の定型業務《ルーティン》にとってはた迷惑なものは実際ないのである。

矢継ぎ早の情報が速度を増しながら押し寄せて急《せ》かすからこそ、ありうべきできごとに注視があつまり、受け手もそれにだんだんと高い可能性をみとめるようになるものなのだ。もちろんそのできごとは、完遂されてしまうまでは確実視されないだろう。確実なのは後知恵《ポストディクション》だけで、予言《プレディクション》が確実なことなどけっしてない。だから第一報は、最後にひかえる大災厄の説明にかんしては大いなる時系列的優位を示すが、確約度は大いに劣る。これは報道においてよく知られた問題に触れる。ある報道記者は、革命の「第一歩」を報じる特電を記事にしなかった紙面編集者のことが許せない。だが、革命が見紛いようもなく発生したときにならないと、編集者はこれを実際の第一歩とはみとめないのだ。編集者の腰の重さなど、外務省にくらべれば無にひとしい。新聞業界人は職業柄できごとを信じがちだが、外交官は職業柄できごとへの不信をつねとする。

先に用いた寓話はふたつのことを指摘している。すなわち、巨大なできごとのはじまりには原理的《エレメンタリー》な政治的行動があること、そしてこの原理的な行動からは巨大なできごとが帰結することもあるし、帰結しないこともあるということである。ドングリがすべて樫の樹になるわけではないが、樫の樹はみなドングリから生い立つことを知るのは重要である。樫の樹だけに注目してドングリをみないのでは、樫の樹を理解することにならない。

政治学者は動力学に留意するべきなのか。否という答えはもっともらしい。学術的な精密さのもろもろの基準が保持できるのは、あるものごとの状態を記述したり分類したりするときだけであり、論理的演繹のもろもろの基準が保持できるのは、明瞭に述べられた倫理的諸原理から指令的な取り決めを引き出すときだけだといってよい。実際われわれは、あるできごとがいかなるプロセスをたどって出来するにいたったかを理解したり、これからなにが起こるかを推測したりしようと試みている。これは否定できないとはいえ、過去のもろもろの原因についてのわれわれの判定が論争的であり、未来のできごとにかんするわれわれの予測がきわめて冒険的なことは容易に指摘できる。それゆえ、時間の経過のなかで政治のプロセスを理解するなどという大胆な気を起こすべきではないと考えてしまうかもしれない。しかし、そのような消極的な答えは、ひとえに政治学の展望や助言者としての能力を狭めようとするものだ。政治家は、またたんなる「ボス」ですらも、実効性のある諸関係についてのある経験的な理解に日々うったえている。われわれにはそのような理解を練り上げることはできないのだろうか。

先述の物語のなかでは、ある原理的な行為が大きなできごとを出来させることになったが、それはおそらくこの行為が、状況によって時機を得たために成就した策略の一端をなしていたからである。なぜ実例に選ばれるのが大変動の一例なのだろうか。大変動が現代では日常茶飯事だからということもあるだろう。だがほかに別の理由がある。大きな動乱事がない時代は、かならずしも初期的動因を欠くためにそうなっているのではない。社会というフィールドに煽動が横溢していても、それらが均一に配分され、きわめて多様な目的に振り向けられてしまっているために、結集してひとつの壮大な劇的衝動をなしていないのである。悲劇が起こるのは、自然的には政治体のいたるところに分散しているもろもろのプロセスが凝集、濃縮、分極化して爆発力をもつにいたるときである。そこで、そうしたもろもろのプロセスの本性を理解し、灌漑して洪水にならないようにすることが、政治体の守護者たちにとってはなににもまして重要になる。

第二章　知恵と活動——偽アルキビアデス

プラトンの対話篇のひとつに『アルキビアデス』と題したものがある〔同タイトルのプラトン作品は二篇あるが、ここでは『アルキビアデスI』のこと〕。ソクラテスとアルキビアデスのあいだで、後者がまだ若く、民会で発言できる年齢に達する直前にかわされた会話の記録という設定になっている。これはひとつの議論を展開するために会話を利用した模範的な作品である。その議論とは、野心（アルキビアデス）にたいする知恵（ソクラテス）の警告である。冒頭のソクラテスによる攻撃はつぎのように要約できる。

⑴おまえは自分に最高度の評価をあたえている。自分こそ最強でもっとも見目麗しいと考えており、実際そのとおりなのだ。父方の家系からも母方の家系からも強力な支援を仰ぐことができる。この都市で全能、かつその支配がギリシアにあまねく拡がり、蛮族どもが住むところにまでおよぶペリクレスが後見人だったという特権もある。さらには、裕福な生まれだけでも助けになるのに、そのことですら、おまえの自己評価が衆目一致のものとなるゆえんの多くの資産のうちもっとも微々たるものと考えられるほどなのだ。

⑵おまえが前途洋々たることはわたしも重々承知している。アテナイの民衆に向かって語るべく一歩進み出たとたん、ペリクレスやどんな過去の政治家も授けられたことがないほどの高い評価を民衆から受けるものとおまえは感じている。それを足がかりにすればこの都市で全能になれるし、それを達成したあかつきには、ギリシア全土でもその外側にいる蛮族どものあいだでも全能になれるものと見越している。

(3)実際おまえは、民会に出かけてアテナイ人たちに自説をぶちたくてうずうずしている。では考えてみよ。おまえがそれを実行に移しかけたとき、わたしがおまえの腕に手をかけ、こう尋ねたとしよう。「アルキビアデスよ、アテナイ人たちがいま議論しているのはどういう問題かね？　その問題にかんしては自分のほうがかれらに知識でまさるからというのでおまえは立ち上がったのだろうか？」

この冒頭は問題設定である。アルキビアデスは人びとを導きたがっており、かれの資産の大きさからして、帰依者ができる見込みはきわめて大である。しかし立派に導く見込みとなるとどうだろうか。この問いにアルキビアデスはいきり立ち、自分は知者のように語って最善の決定を主張するつもりだと言い張る。

こういう態度を固めた望み多き政治家は、賢者が発する矢継ぎ早の圧力にさらされ、じりじりと後退を余儀なくされていく。かれはまず、特殊な問題を解決するのに必要な専門的知識が自分にないことをみとめざるをえなくなる。つぎにもっと大きな問題に逃げ場をもとめると、正義や公共の利益にかんして自分は明るくないと告白するはめになる。

この告白を引き出すのに成功したソクラテスは叫ぶ。「問題が重要なほど、無知はより悪しきものとなる。だがどんな問題でも、最大の無知は自分が無知であることをみとめないということだ。悲しいかな、おまえはなんとも悲惨な状態に陥っている。こうしてみると、もっとも重要な問題で最高度に無知であることを自分のことばで自分に納得させてしまったのだからね！　するとおまえは知識もなしに政治に飛び込もうってわけだ！　こうした状況に陥ったのはたしかにおまえが最初ではなく、都市のことがらにたずさわろうという者はえてしてこういうはめになる。例外となるとわずかだが、おそらくペリクレスはそのひとりに数えていいだろう」(1)。

プラトンのほかの対話篇でもクセノフォンの『メモラビリア』でも、さまざまに熱意があって性急な若者にたいしてソクラテスがこれと同様の挑戦をつきつける場面がある。「都市にとって価値があり実り豊かな意見をあたえるのに十分な知識と理解が自分にはある、おまえはほんとうにそう考えているのか？」と。だがその教訓は、アルキビアデスが標的のときにたしかに先鋭になる。アテナイがギリシア最高の栄光と力を手にした都市の地位から転落し、紀元前四〇四年に恥辱にまみれた敗北を迎え、スパルタの占領軍を受け入れるまでに落ちぶれてしまい、都市の騒憂による取り返しのつかない道徳的破滅にいたる大災厄的な一連の事件は、かれに主たる責任がある。実際ソクラテス裁判はその副産物だったのである。

アルキビアデスは邪悪な天才であり、紀元前四二一年にニキアスの交渉によりなった栄えある満足すべき和平のあとで、敵対感情を再燃させた。四一五年にニキアスの忠告に逆らってアテナイをたきつけ、シュラクサイ大遠征を敢行させたのはアルキビアデスであった。この遠征の結末はアテナイ軍の壊滅であり、アテナイの若者の大半は虐殺されるか奴隷にされた。アルキビアデスはまた、自分に向けられた非難に大いに憤激してアテナイ軍を離脱し、あろうことかスパルタ人の仲間になって助言をあたえた。スパルタ人のためにペルシアとの同盟を画策して自分の祖国に対抗させたのもかれなのである。しかし、四一一年に条件次第では和平を受け入れてもよいという機運がアテナイで高まると、アルキビアデスは驚くべき回れ右をやってのけ、首尾よくアテナイの兵士たちの歓呼をあつめて、都市の統治者たちの願いとは裏腹に、兵士たちの敵対感情を再燃させたのであった。都市での突出した地位に返り咲いたかれは、四一〇年にスパルタによってなされた和平への布石を首尾よく民会に拒絶させたが、それは破滅と恥辱をすんでのところで食い止める最後のチャンスを拒絶することになった。

尋常ならざる才能の持ち主、そしてともかくも抗いがたい魅力の持ち主であったアルキビアデスは、アテナイを栄光の座から大いに転落させた張本人と呼ぶことができる。こうしたできごとは、三八〇年ごろのプラトンの読者の記憶にまだ生々しかった。アルキビアデスのしでかした害悪をおぼえていたからこそ、聴衆の心のなかでソクラテス的な議論の力は強まったに相違ない。ソクラテスの忠告をアルキビアデスが心に留めていたら、都市もそのような害悪を被らずにすんだかもしれないのだから。今日まで伝わるこの対話はもちろん芸術作品であるが、その最初の聴衆には、おおよそそうした忠告が歴史上のソクラテスによって歴史上のアルキビアデスに実際にあたえられたと信じることが十分できたのであり、われわれにもそれを疑う十分な理由はないのである。

『アルキビアデス』のまったき率直さはプラトンのほかの対話篇の比ではない。もっと深遠ないかなる意味を見いだせるにせよ、それはある単純かつ平易なメッセージを伝えている。すなわち、政治的活動は知恵の導きにめぐまれなければ危険だ、というメッセージである。たしかにこれは、政治への野心をもつすべての者に言って聞かせるべきことである。加えてたしかに、政治哲学がこれを強力に警告して政治的な知恵への渇望をかき立てようとするのであれば、政治哲学にはそれを教える覚悟ができていなければならないが、これは事実的な知識の伝授と比較してもはるかに困難な仕事である。こうして『アルキビアデス』の教える道徳的教訓は、野心的な政治家のみならず政治的な著述家にも向けられている。この教訓は以下につづく考察によってもそこなわれることは断じてない。この対話篇は、歴史的なできごとというコンテクストのなかで理解されるときには、道徳的な教訓のほかに非規範的な領域で別の、まったくもってより悲しむべき教訓を暗示している。すなわち、政治的活動は知恵の教えにはあまり耳を貸さないものだ、という教訓である。

「最高の賢者」として知られるソクラテスは、遅くとも四六九年には生まれ、アテナイが繁栄と栄光と力の絶頂期にあったころに教育活動を開始した。かれが殺されたのは齢七〇を越えたとき（三九九年）で、都市は破滅に向かって突き進んでいた。この破滅は、策略に富む手強い敵が周到に仕組んだためではなかった。ラケダイモン人が戦争に乗り気でなく、たびたび和平を結ぼうとしたことは、トゥキュディデスがこれを十分に明らかにしている。その読後に残る明確な印象は、アテナイの破滅はアテナイ自身が招いたということである。こうしてこの都市は、実に最高の賢者を擁していたまさにそのとき、統治が賢明でないことこのうえなかった。しかもこのドラマの登場人物は、多くがソクラテスのもとにたびたび出入りしていた。そのひとりがアルキビアデスであった。もうひとりのクリティアスは「三十人僭主」の精神的牽引役として知られる。さらにもうひとりはカルミデスで、やはりその一味であった。

それゆえわれわれはこう結論せざるをえない。ソクラテスを賛美した当の人びとは、ソクラテスの教えからほとんどなんの利益も得ず、政治的活動にその痕跡を示すこともほとんどなかった。これは悲しむべき事実であるが、にもかかわらずひとつの事実である。この事実を銘記することは、知恵の獲得に向けられたわれわれの熱意を減じるのではなく、加えてもうひとつの探求もなにほどか重要とみなす気にわれわれをさせる。つまり、政治において人びとが実際にやっていることを理解したくなるのである。本論考は事実この後者の目的にあてられている。

政治哲学と政治的活動の対比を強調するために、わたしは冒瀆ともとられかねない工夫にうったえることにした。『アルキビアデス』の続編を、ソクラテスとアルキビアデスのその後の対話という体裁で書こうと決めたのである。読者にはまぎれもなく明らかになるだろうが、この偽作続編はプラトンの精神に類したもので書かれてはいない。かといって読者には、これがわたし自身の感情にどっぷり漬かったものだと考えてもらいたくはない。この『偽アルキビアデス』は、アルキビアデスの書記官のひとりの手になるソクラテスへの論駁と考えていただきたい(2)。こうして、『アルキビアデス』が野心にたいする知恵の警告であるとすれば、続編が意図するのは政治家からの反駁である。この反駁がそのようなろくでなしの名においてなされるというだけでも、そこに提示された見解にわたしがおよそ共感などおぼえてないことは十分におわかりいただけよう。それでも、これが不快だからといって、それだけ実際に重要でなくなるというものではないのである。

『偽アルキビアデス』で記録されたことになっている想像上の会話は、プラトンの語る会話の約一六年後という設定である。このときアルキビアデスはアテナイにおける影響力の絶頂にあって、民会を動かし、失敗に終わる定めのシュラクサイ遠征をまさに決定させせようとするところである。

アルキビアデス　やっと探しあてたぞ、ソクラテス。何年もまえにわれわれがかわした議論をふと思い出したものだから。あれはわたしがまだ十代で、都市のことがらに影響をあたえる自分の手腕を試す機会が待ちきれない年頃のことだった。多くの賛美者たちが、自分の能力にわたしが抱く自信をすでに裏づけてくれていた。そこへ降って沸いたのがあなたの説で、わたしはアテナイ民会で発言するには不向きだと警告し、道徳的な知恵を身につけよ、それさえあれば同胞市民に正しい助言ができるようになるとわたしに勧めたのだった。わかっているのかね、ソクラテスよ。あなたはもう少しでわたしのキャリアに終止符を打つところだったのだよ。もしわたしの内なる本能があなたのことばでつくられた印象を追っ払っていなかったら、いまこうして都市で優越しているかわりに、また実際ギリシアの最重要人物になっているかわりに、わたしはいまでもあなたのお仲間のひとりであるかもしれないんだぞ。

ソクラテス　もっと長続きする印象だったらよかったのだが！　その折りのことはよくおぼえている。おまえが性急なやりかたでアテナイの政策を動揺させはしないかと、わたしはそれをおそれていたのだが、その後のできごとはわたしの懸念が当たっていたことを証明してしまった。ニキアスの交渉で首尾よく成った和平をぶち壊しにする努力が功を奏したというのだから、都市にひどい仕打ちをしたものだ。

アルキビアデス　不承不承ではあろうがね、ソクラテス。あなたはわたしに当然の賛辞を呈しているわけだよ。アルゴス人がスパルタに反抗した機会をとらえ、わたしがアテナイにアルゴスと同盟する気にさせたのは実にほんとうのことで、これにくらべればニキアスの平和などおよそものの数には入らない（多くのひとはすぐにそうとはわからなかったが）。この同盟が成るのは容易でなかった。アルゴス人はわれわれの援軍が得られるかどうか疑心暗鬼だったので、わたしは秘密裡に手紙を送り、かれらがアテナイに使者を出すよう仕向けなければならなかった。この要請だって、スパルタ人が対抗使節を送ってアテナイにわれわれの義務を思い出させたときには、拒絶されてもしかたなかったろうよ。わたしはスパルタの使節をトリックにかけなければならなかった。もし交渉の全権があることを民会にいわないでおいてくれたら、ピュロスの件は完全に満足してもらえるはずだと約束してね。そうしてやつらを唆して全権がないといわせておいてから、わたしはくるりと背を向け、かかる次第ではこいつらのいうことに耳を傾けてはならん、と民会に忠告したのだ〔トゥキュディデス『歴史』第五巻四三―四四、参照〕。これは巧妙に遂行された作戦で、ニキアスの威光をまえにしていたり、長引く戦争にアテナイ人が飽きあきしたりしていたときなら、成功はおぼつかなかった。

ソクラテス　そんな人聞きの悪いふるまいを鼻にかけるとは、アルキビアデスよ、おまえが恥ずかしい。

アルキビアデス　わたしの評判を気にかけてくれるのかね、ソクラテス？　それならアテナイ人のあいだできわめて高いよ。あんまり高くて、以前やっていた策略なぞいまでは無用なほどだ。わたしの政治的な運はいまはもう十分確立されていて、弁論の力さえあれば、アテナイ人を動かしてわたしの方針にしたがわせることができる。まもなくあなたも、わたしの影響力の驚くべき証明をご自分の眼でみることになるだろう。

ソクラテス　おまえがシュラクサイへの主力遠征軍派遣をわれわれに要請しており、おまえの進言にしたがって民会がその決定をすると見込んでいることは、わたしも噂で耳にした。おまえがこの無謀で不正な計画をあきらめるか、ニキアスがおまえより優勢になってそれを却下させることをわたしは切に願う。

アルキビアデス　わたしがこれを断念することはないし、ニキアスがわたしより優勢になることもない。わからないのかね、ソクラテス。民会を手玉にとることにかけて、わたしはペリクレスよりはるかに上手になったということが。

ソクラテス　ならばアテナイに災いあれだ！

アルキビアデス　ほんとうにあなたは、ソクラテスよ、この遠征に断固反対という考えなのだね？

ソクラテス　そのとおりだ。

アルキビアデス　それならソクラテスよ、ひとつわたしに提案させてくれ。民会でわたしに反対する役目をニキアスにまかせず、あなたが自分で立ち上がり、わたしに反対するよう民会を説得するのだ！

ソクラテス　おまえは不公平になっているよ、アルキビアデス。群衆に語りかけるのはわたしの専門ではない。わたしの人生は私的な会話についやされてきたのだ。それで他人とわたし自身がより明晰に思考する一助になったのではないかと思う。おまえも承知のとおり、わたしはこれを人間の義務とみなしている。神々は人間に考える力をおあたえになったのだから、この力を使い伸ばすかぎりにおいて、ひとは自分がこの栄誉にあたいすることを示すのだ。もし運動選手の体と心をもつ者が運動場で訓練しなかったら、もったいないことだと考えるだろう。ならばわれわれが精神を活用しなかったら、さらにもったいないではないか！　それにこれは生半可な訓練ではない。われわれは多少なりとも価値ある対象に努力を注ぐことができるのだし、もっとも価値あることとは知恵の獲得である。おまえもよくわかっていようが、わたしは会話のための聴衆あつめなどただのいちどもしたことがない。わたしと話がしたいというひとと話ができれば、それで満足だった。注目をあつめるために真摯さを犠牲にしたことなどない。実際、わたしの会話のやりかたに嫌気をおぼえた者もなかにはいたが、そういうひとを引き留めようとしたことなどない。さらに、とどまってくれたひとも、わたしは議論で言い負かそうとしたのではない。わたしの目的は、かれらに問いかけ、かれらに自分の考えの不整合を自分で発見させて、そこから責めるなら自分を責め、他人には礼儀正しくなり、そのあとでかれらが自分の家を整える努力をさせることにあったのだ。

アルキビアデス　あなたの対話のやりかたやその目的なら、ソクラテスよ、思い出させてくれるにはおよばない。

ソクラテス　しかし、それならばアルキビアデスよ、個人にアプローチするわたしと、群衆にアプローチする大衆向けの雄弁家の違いに気づいてもらわねば困る。何千人もの会衆に語ることには、会衆の注目を引きつけておくこと――つまり聞く気のない者を釣り上げること――が含まれるが、それはわたしがやったためしのないことだ。それにそういう語りの目的は、この数千人をおまえの論敵から離反させ、自分の仲間につけることにある。要するに、聴衆をまわりにあつめ、おまえが思案しているなんらかの行動へと駆り立てることが含まれるのだ。

アルキビアデス　ありがとう、ソクラテス。わたしが説明するより上手に説明してくれて。わたしが語るのは、語りかけられた者どもからある直接的で明確な行動を引き出すことがたしかに目的だ。そういう行動を産み出すわたしの能力は権力である。あなたはそういうのだろう？

ソクラテス　まさしくそのとおりだ。

アルキビアデス　そしてあなたにはそういう権力がない。

ソクラテス　ない。それどころか、民会で発言する機会を得ようとしたことさえないといってよい。

アルキビアデス　あなたは市民なのに。

ソクラテス　市民ならほかに三万人も、たぶん四万人はいる。どんな重要な討論でも五〇〇〇人もの参加者がいて、その全員に同じ発言権があり、多くはこの権利を行使したがっている。日の出から日没までの討論だと、実際に発言できるのは少数の者だけだから、演壇に登ることができるのは政治的な地位を確立した者であるのは明らかだ。

アルキビアデス　そのとおり。わたしはそのひとりである。

ソクラテス　おまえはそうだ。そしてわたしは違う。

アルキビアデス　さてソクラテスよ、決定を産み出すこの能力と、その能力の行使に不可欠なこの個人の地位についてお話しいただいた。これらは政治的な地位および政治的な実効性と呼ばれるべきであり、この地位の獲得とこの実効性の伸長こそ政治術をつくりあげるものだとするわたしの考えをおみとめいただけるかな？

ソクラテス　そうした地位と能力にめぐまれながら、都市にとって正しいことと善いことは知らないという者を、わたしはこのうえなく不幸で危険な人間とみなすのだ。だからこそ、アルキビアデスよ、急ぎ足で政治に身を投じるまえに知恵を身につけよとわたしはおまえに命じたのだ。

アルキビアデス　あなたの説得に応じてそうしてもよかったのだがね、ソクラテス。もしそうしていたら、わたしはいまでもたぶん弟子のひとりとして、あなたが説く善の会得に熱烈に取り組んでいることだろう。だがそうだとして、いまわたしが躍起になっていることを誰か別のアルキビアデスがやっていたら、いまのあなたと同じで、わたしにもまたこの人物にもくろみを断念させることなどできないのだ。たぶんわたしは統治術の一端をかじっただけなのかもしれない。だがそれは実効性を有する一端なのだ。あなたはもっと重要な一端を身につけておいでなのかもしれないが、それは実効性のない部分だ。今次のシュラクサイ遠征についてこれ以上話しあうことがあるかね？

ソクラテス　どうせ話しあうなら、あとよりまえのほうがよい。

アルキビアデス　あなたにはおわかりだろうか。仮に民会がわたしの提案に賛成してくれたら、わたしはそうなるものと確信しているが、多くの艦船を海に浮かべねばならず、それには費用がかかる。それから何千人ものアテナイ人が冒険に乗り出し、少なからぬ者が落命するだろうということが。

ソクラテス　先刻承知だ。

アルキビアデス　こうして金のかかる危険な行動を人びとにおこさせるのは、ひとつのアートであって、それについて、ソクラテスよ、あなたはなにも知らず、わたしは秀でているとあなたも告白せざるをえない。こんなに金がかかって多くの命を危険にさらすことはやめてしまえと人びとに説得するのだったら、どんなにか簡単だろう。そしてそれですらあなたにはできない！　あなたのでくのぼうぶりのもっと単純で驚くべき証明をあたえることだって、実際できるのだよ。わたしがまだ若造で、あなたの後を追いかけ、あなたの知恵に畏敬の念をおぼえていたころ、あなたがわたしを説得してやらせようとしていたのは実に簡単なことだった。数年のあいだあなたの側にいて、賢明なる統治の問題に没頭しつづけてもらいたかったというのだから。そんな慎ましい努力でさえあなたは成功しなかったわけだが。

ソクラテス　知恵にチャンスをあたえるのがわたしの目的なのだ。わたしが選んだ行動へと人びとを駆り立てるのが目的ではない。

アルキビアデス　わたしの目的は、あなたが否定するそのこと、つまり他人にわたしが選んだ行動をする気にさせることだ。だから、あなたはわたしのこの命題をみとめなければならない。〈アルキビアデスは、どうすればアテナイ人の決定と行動に影響をあたえることができるかを知っている〉。

ソクラテス　そんなことは明々白々だ、悲しいかな！

アルキビアデス　それでは、わたしにはあなたにはない形態の知識がある、ということをあなたはみとめなければならない。するとこの命題もみとめなければならない。〈ソクラテスは、どうすればアテナイ人の決定と行動に影響をあたえることができるか知らない〉。

ソクラテス　そうした伎倆を知識と呼ぶことは拒否する。

アルキビアデス　でもそうしなければならないよ、ソクラテス。それにこれが価値ある知識だということはあなたにもわかっているはずだ。もしいまあなたがそれにめぐまれていて、それほどにもひどいと考えるこのシュラクサイ遠征を阻止できたら、どんなにうれしく思うか考えてもみよ！　あなたはこの都市を愛しておいでだ、ソクラテス。しかもあなたは闘士だ。ポティダイアの戦場であなたがわたしの命を救ってくれた次第をよくおぼえているよ。デリオンの不運な日、あなたが若きクセノフォンを救ってやったあのときは、あなたが頼みの綱だったことも知られている〔プラトン『饗宴』二一九E—二二一A、ディオゲネス・ラエルティオス『ギリシア哲学者列伝』第二巻二二—二三、参照〕。そうした機会にあなたが証明してみせたような人間だったら、民会で大衆の見解に反旗を翻す勇気を欠くわけがない。

ソクラテス　それならばある。

アルキビアデス　一市民として、都市にとって有害だと思う提案には、敵を相手にするときのように力強く反対するべきだ。

ソクラテス　もちろんだ。

アルキビアデス　そしてあなたは、シュラクサイ遠征を都市にとって有害とみなしておいでだね？

ソクラテス　そうだ。

アルキビアデス　ならば、民会をこの提案へと靡かせるわたしを止められるものなら止めてみよ。そうするだけの判断力も、意志も、また勇気もあなたには欠けていない。欠けているのはなんだろう？　あなたのかわりにわたしが答えてあげよう。つまりそれをどうやったらいいのかあなたは知らないのだ。シュラクサイにかんするわたしの提案が受け入れられるための足場固めは、慎重にやっておいた。こうした深謀遠慮と準備がまとまって、わたしの望む決定と行動に結実する。これが政治的戦術というものだ。あなたほどの知性なら、ソクラテスよ、対抗戦術をこしらえることができて当然だ。だがあなたにはその知識が欠けている。

ソクラテス　たしかに、アルキビアデス。わたしが自分の説得術嫌いをことあるごとにはっきりと表明してきたことはおまえも忘れはすまい。わたしとゴルギアスとの議論をおぼえているだろう。自分の説得術を鼻にかけていたかれは、それを証明するのに、医者の兄とある患者の家に出かけた折りのことを使った。「こういうことがよくあるのだよ」とゴルギアスはいった、「兄が処方した薬をその患者はどうしても服用しないのだが、わたしが口をはさむと説得されてしまうのだ」。そこでわたしはゴルギアスに、これが効き目のある薬か有害な薬か君自身は知っているのか、と尋ねた。するとかれは、そんな知識は自分の説得術にはともなわないとみとめた。そこでわたしは、君が磨きをかけてきたやり口は、自分にとってなにが善いことかを知らない人びとに、同じ程度の知識しかない話し手を信頼させるという体のものだ、といってなじったのだ〔プラトン『ゴルギアス』

四五六B以下、参照〕。人びとはかれが実際はもってもいない知識をもっているとみなしており、それゆえかれは人びとを破滅に向かって説得しかねない。おまえのやりかたもこれと同じで、アルキビアデスよ、自分が忠告していることをするのが善いことなのかどうか自分でわかっていない。それゆえ、おまえのアートの展望が大きければ大きいほど、それはより危険なものとなる。

アルキビアデス　人びとを手玉にとって動かすアートや、この目的に必要な理解や知識にケチをつけるのはあなたの勝手だ、ソクラテス。だがね、ソクラテスよ、なにが最善のもののためになるかにかんするあなたの考え全部が、実際に人びとを動かす政治を経由しなければならず、それは、あなたが軽蔑する知識を探求し、あなたが軽蔑する伎倆を開拓してきたわたしのような人間が火を点けるのだ。

ソクラテス　わたしは軽蔑などしていない。それが恐ろしいのだ。おまえのようにそれをもつ者には、自分がなしかねない害悪のことをつねに恐怖しながら歩んでもらいたいものだ。その恐怖を抑え込むことができるのはただひとつ、なにが最善のもののためになるかにかんする知識の開拓をおいてほかにない。

アルキビアデス　人びとを動かす伎倆を磨いたり行使したりするまえに、そのなにが最善のもののためになるかをわたしにとっくり考えてもらいたかったというのだね。

ソクラテス　わたしは心底望んでいた。おまえがいま謳歌している高い地位におまえがのぼりつめることを、だがおまえがいま欠いている知恵を身につけてくれと。

アルキビアデス　要するにあなたは、わたしがふたりでひとりの人間に、すなわち〈アルキビアデス足すソクラテス〉になり、わたしが獲得した影響力とあなたの仲間でいたら身についたかもしれない知恵とを結合させることを望んでいたわけだ。アルキビアデスだけでは知恵に欠けるとあなたは警告する。しかし、ソクラテスだけでは無力だとあなたは白状しなければならない。もしわれわれが力を合わせるようなことにでもなれば、おそらくあなたは満足なのだろうね。あなたはこういわなかっただろうか、「私人にして一国を統治するひとに助言する能力を有する者は、統治者のもてる知識の達人と呼ばれるべきだ」と。その指し示す先は二者択一の可能性だ。アテナイの人びとへの影響力をいま有するアルキビアデスが、ソクラテスの知恵を身につけてしまう。それとも、ソクラテスに助言を仰ぐ。

ソクラテス　第一の選択肢のほうが優れている。

アルキビアデス　おそらくより見込みがないのもそれだが。どうなろうと、いずれにせよあなたの考えは、人びとを統治する者も自分は知恵に統治されよ、ということだ。

ソクラテス　よくぞいった、アルキビアデスよ！　あとはおまえが自分自身の定式の力に頭《こうべ》を垂れさえしたなら！

アルキビアデス　だがね、ソクラテス、この定式化にしたがえば、人びとに影響をあたえるアルキビアデスのもつ能力は、知恵の助言を実行するにあたってたんなる道具であるべきだ。

ソクラテス　実際それは道具、たんなる手段だ。

アルキビアデス　あなたはそう考えるのだろうよ。だが、このアートの達人たる者がそれを従者のようにみなして悦に入るなんてことがあると思うかね？　職人について話そうではないか、ソクラテスよ、あなたが好んでしたように。わたしがあなたの帰依者だったころに仲間内で流行した冗談なのだが、最優秀の家系の出であなたから知恵を学びにやってきたのに、われわれが聞かされたのは、靴職人やら革なめし職人やら大工やら鍛治屋やらなにやらの話ばかりだった。

ソクラテス　それはほんとうだね。

アルキビアデス　織物師の話をしようじゃないか。あなたは政治家を織物師に喩えたことがなかったかね、多数の個人の生と行為を縦糸にして束ね、調和のあるパターンに織り上げる織物師に？〔プラトン『政治家』三〇五E、参照〕

ソクラテス　喩えたことがある。

アルキビアデス　織物師の伎倆はどこに存するのだろう？　縦糸を束ねるのに使う横糸の織り込みに長けているといおうか、それともパターンの意匠に卓越した趣味を有するといおうか？　もし織物師がそういう趣味はもちあわせないが器用さはあるとして、それでもわれわれはかれを織物師と呼ぶのではないかね？

ソクラテス　当然だ。

アルキビアデス　だが、もし織物師がこの卓越した趣味の持ち主でも横糸をあやつるのは不得手で、実際のところ縦糸を撚りあわせることすらできなかったら、そういうのは織物師なのかね？

ソクラテス　そいつは織物師ではない。

アルキビアデス　さて、政治の織物師に戻るなら、卓越したパターンを考案するのは知恵、横糸をあやつったり縦糸を束ねたりするのは伎倆、そう呼ぶことにしようか？　さらに前者はソクラテスの才能だが、後者はアルキビアデスの才能と、こういっていいかな？

ソクラテス　こいつは、アルキビアデスよ、わたしがおまえのなかにみた慎みの最初のしるしだな。

アルキビアデス　そしてこれは、ソクラテスよ、わたしがあなたのなかにみた拙速な判断の最初のしるしだよ。というのも、あなたはわたしの結論を見誤っているからだ。つづけよう。もし縦糸が織物師の手のなかに用意されていて、織機《はた》のうえに受け身で伸ばされるままになっていれば、横糸の織り込みにさしたる伎倆は要しない。このとき織物師は伎倆に集中する必要はなく、卓越したパターンの完成に傾注できる。そしてもしかれがそうした善い意匠を完成できなければ、謙虚になってそれができる別のひとの指導にまかせなければならない。なぜって、かれの仕事の出来が自分の才能を誇ってはいけないというのだから。

ソクラテス　わたしもそう思う。

アルキビアデス　しかし政治においてはね、ソクラテス、縦糸は個々の人間で、受け身でなすがままになるなど絶対にありえない。縦糸それぞれの我が強いうえにとらえどころがない。それゆえ、たった一本の横糸をとおしてこれら個人全部を共通の行動に束ねるには、魔術師が必要になる。わたしはそういう人間でね、ソクラテスよ、自分の横糸で人びとを束ねるむずかしさを心得ているし、競合する魔術師がいて同じ糸に呪いをかけようとしていたら、このむずかしさが倍増することも承知している。だから気づかなかったかね、ソクラテス、職人たちが仕事中でもあなたの話によろこんでつきあってくれるのは、やさしい仕事をしているときで、難仕事の最中だと不機嫌になるだろう?

ソクラテス　たしかに。

アルキビアデス　政治の織物師は、縦糸が蛇のようにのたくっているから、あなたに辛抱してなどいられない。自分の仕事の仕上がりについて謙虚ではいられないし、自分の才能をあなたの意匠の成就のために供しなければならないと信じることなどとてもできない。自分のするべきことに無我夢中で、あなたのいうことには耳を貸さない。

ソクラテス　アルキビアデスよ、おまえが自分の魔力を誇るのは愚かしいほどだ。それに、おまえが束ねると多数の命という糸を切り詰めてしまわないかと心配になる。

アルキビアデス　ソクラテスよ、民会で勝利するアートを軽蔑するとは厚かましい。それに後悔することになるよ、もし公に告発されでもして、公衆の面前で自己弁護するはめになったら。

ソクラテス　万が一にも不当に有罪宣告を下されたら、その恥辱を受けるのはわたしではないだろうさ。

アルキビアデス　民会かね?

ソクラテス　いかにも。

アルキビアデス　ならばアテナイの人びとであり、あなたの愛する都市だということになる。かくしてわたしの称揚するアートを欠くがゆえに、あなたはアテナイの恥辱のもとになるわけだ。

ソクラテス　不本意のきわみ。

アルキビアデス　さほどのこともないだろう。だってあなたは、そうならないようにしてくれるアートを身につけたいと願えばいいんだから。それに、わたしがいってあげようか、ソクラテス。なぜあなたがそれを身につけたくないか。

ソクラテス　どうぞ。

アルキビアデス　ご存じのとおり、人間は自分に善いと思われることを欲しがり、決定したりおこなったりするものだ。そこで、善いと思われるものとほんとうに善いもののあいだにもし違いがなかったら、あなたの活動全体がむなしくなってしまう。あなたの活動は、人間たちをかれらの粗雑な善の見方から議論で引き離すことにあったのだから。しかしあなたはこの引き離しを、あっちのひと、こっちのひととそのつど個人的な議論のかたちでやってきた。それはこういうことになるらしい。すなわち、たとえあなたの問いかけという助けがあっても、個々の人間たちは自分で努力しないと、善のないところに善をみてしまう自分の気質を克服できないのだ。さて、多数の人間に特定の決定ないし行動を一息にさせたいと願う政治家は、善にかんするかれらの現下の見解にうったえることを余儀なくされる。この見解を変えてしまうことこそ、まさしくあなたが目的としていることなのだ。いま広く通用している善の見解は政治家にとっての与件であり、政治家はそれを活用して人びとを自分が望むままに動かす。ゲームはそうやってするものなのだが、あなたはゲームに興味がないときてる。

ソクラテス　そのとおり。

アルキビアデス　政治家は、自分の推奨する行動で達成されるべき善についてのなんらかのイメージをまじないで呼び出す。このイメージの構成要素は人びとのあいだで流布している善の考えかたからできている。たとえばわたしなら、アテナイ人にこう説明する。シュラクサイ遠征はわれわれの名声を高めてわれわれの力を強める、そうすればギリシア人は瞠目し、ラケダイモン人は怖じ気づくだろう、とね。

ソクラテス　だが実際の遠征は、その目的と称するものの点からいえば、結局破滅的になるやもしれない。たんに成功しないというだけでも、われわれの名声は粉々になり、災厄がわれわれの力の最良の部分を浪費させることだろう。危険な賭けだが、たとえ首尾よくいったとしてもどんな利得があるだろう？　隣人からみてどんどん手強そうになっていくことは、賢明な目的なのだろうか？　むしろかれらの嫉妬や恐怖や潜在的な敵愾心をつのらせることにはならないか？　おまえのもとめる善は二重に疑わしいのだ。すなわち、獲得されるかどうかが定かでないし、それが善だというのもあやしい。

アルキビアデス　だがわたしはたしかにそれを善とみなしており、その達成にも自信がある。そして、同国人たちにそれをこのわたしがおぼえる熱意と確信とをもって望み意欲させることが、自分にはかならずできると思う。わたしがシュラクサイに向かって熱烈に伸ばすこの手をみよ！　わたしが語り終えたら、この同じ熱意が二万人の手に武器をもたせるだろう！　ソクラテスよ、どうしてあなたにわたしが理解できようか？　多数者の応答を味わったこともないのに。群衆をまえにして立つことがどんなものだかあなたはご存知ない。唇からことばを発するだけではない、目と指先から熱を発し、それが離れたところで所在なげに耳を掻いたり足をぶらぶらさせたりしている同胞に届く。すると、わたしの熱狂がそっくりかれの身中で作用して、神がかりのひとのような目つきになり、たちまち賛同の大歓呼となって爆発する！　これぞ政治家の醍醐味だ。自分がおもてに出す感情が周囲の多くの他者の感情になり、巨大で生命力のあるこだまによって数千倍に膨れ上がって戻ってきたら、それがこんどは政治家の内なる感情を強めてくれる。心強いこだまだ、わたしのことばに応えてくれるだけでなく、ことばを行為に転じてくれるのだから。

ソクラテス　要するに、アルキビアデスよ、おまえの真の大きさはわたしの眼にみえるのとは違うというのだな。喝采がおまえを膨らませるらしい。ということは、それがなければおまえはおそらく萎んでしまうのだろう。

アルキビアデス　冗談にするわけだね、ソクラテス。でもあなたが正しいのは、応答への渇望が慣れるにつれ強まるという点だ。そんなものがなくてもいっこうにかまわんのさ。いずれにせよ忠実な帰依者はたくさんいる。そのうえ、かれらがわたしについてこられないときには、話しかたに十分注意している。そういうときには、かれらが聞いて喜ぶ常套句に変えて、もっとよい潮時を待つのだ。

ソクラテス　おまえがなにをいっても、そこにもとめるべき善の知識や、そのような知識を他人にもひろめようという努力がわたしにはみえない。

アルキビアデス　知ることと、他人を知るようにさせることがあなたの目的だ。おこなうことと、他人をおこなうようにさせることがわたしの目的なのだ。そこでわれわれは根本的に袂を分かつ。もしわたしが他人を知るようにさせる努力をすれば、わたしには坂をのぼるにもひとしい負担になって、他人をおこなうようにさせるわたしの邪魔になるだろうし、あなたが主張するこの知識をわたしが自分で追求したら、わたしが動かそうとしている人びとの感情から乖離することになるだろう。

ソクラテス　だが自分で知るのでなければ、アルキビアデスよ、おまえはアテナイに破滅をもたらすことになるのだぞ。

アルキビアデス　たとえそうなっても、この破滅は、ソクラテスよ、あなたの知恵では阻止できない。わたしが勧める以外のことを人びとにさせるなど、あなたにはできない芸当なのだから。

ソクラテス　都市を滅亡の危険にさらして満足なのかね？

アルキビアデス　率直にいって、ソクラテスよ、わたしはあなたの虫のしらせなど信じてはいない。われわれの目を開かせるのは困難かつ時間のかかるプロセスで、そうしてもらいにあなたのところに赴かなければ、われわれは右往左往する盲目の輩同然だ。そう感じさせるようにあなたはするのだろう。そのほうが実はよほど腹立たしいことなのだ。わたしはほんとうにアテナイのためを思っている。そしてわたしが語りかける同胞市民たちは判断力を欠いてはいない。

ソクラテス　政治家に自分の責務を真剣に考えるようもとめても、人びとの判断力を涵養しても、そのための種子があらかじめなければ無駄なことは明らかだ。政治術の本質がどこにあるかをおまえは急ぎ足でわたしに説明してきた。おまえの地位を確立すること、人びとを動かす能力を伸ばすこと、そしてそれは善とはなにかにかんする人びとの知覚を利用することなのだということを。わたしにはそうした術がないとおまえはなじりもした。さて、そうした術は破滅へと導きかねないとわたしがいうと、おまえは急に仮定を持ち出す。すなわち、おまえもおまえが語りかける同胞たちも、なにが最善のもののためになるかについてはどういうわけか浮ついた感覚があるのだという。しかしこれは、われわれを何年もまえの最初の対話に引き戻す。あのときわたしは、まさしくこの点でおまえが無知だと確信させたのだった。

アルキビアデス　そのとおりだ。たぶんわたしはあまりに安直に同意してしまった。

ソクラテス　それとも、たぶんいまや人びとを動かす自分の術に得意になりすぎて、その危険を冷静に考えることができなくなってしまったかだ。

アルキビアデス　どうだかね、ソクラテス。これは心奪われるゲームで、われわれの内なる最良のものと最悪のものを明るみに出す。いちどでもやったことがある者には、これこそ政治。どこまでいってものるかそるか、一か八か。このゲームを理解することが政治を理解することなのだ。歴史はそうやってできたのだよ。

ソクラテス　冒険と災難の物語、響きと怒りでいっぱいの……。

アルキビアデス　人間の物語ということさ。理解してくれ、ソクラテス。人間はこうして血湧き肉躍ることを必要とするし楽しむものだ。わたしがかれらに行動を呼びかけ、その結果に確信をもたせてやれば、それがおこるのだ。わたしからかれらにはは想像力を、かれらからわたしには力をそれぞれ貸し合えば、そのときこそわれわれはともに喜ばしく歩んで、大いなる……

ソクラテス　どこへ向かって歩んでいくというのだ？

アルキビアデス　毎度あなたのクエスチョン・マークはわれわれの決意にケチをつける！　もううんざりだよ。かわりに実現すべき理想の都市にかんする高貴なヴィジョンを少々もらえないかな、われわれ政治家が目指す目標を……

ソクラテス　そうなのだ、それから人びとを動かす梃子も。

アルキビアデス　それもだ。仕えるべき目的として提案されれば、どんなものでもひとを動かす手段として利用できるのだし、もっとも高貴な夢が低劣な動機と手をたずさえれば、われわれ人間を動かす側に立つ者にとってインプットとしての利用価値がある。これは政治の本質に属することがらなのだよ。アテナイの善についてのわたしの帝国主義的な構想があなたの眼にどれほど下劣に映ろうと、わかりやすさの点でそれは申し分ない。わたしがシュラクサイ攻略をもとめるにあたいする善と考えているのは事実だが、このイメージがわたしの帰依者をこしらえるのに役立つこともまた事実。つまりこれは目標だが同時に手段でもある。われわれの手にかかれば、手段にならないものなどないのさ。

第三章　政治学の本質について

政治的活動は危険である。たがいに影響をおよぼしあう人間の能力から否応なく生まれ、一致協力した努力の利得を人間にもたらすから、社会的恩恵の欠くべからざる源泉であるとはいえ、多大な害悪をおよぼすこともある。人間は他者を傷つけるようにも、自分が破滅するようにも動かすことができる。ひとを動かすプロセスそのものには、動かされる者にとっても動かす者にとっても、人品を卑しくさせる危険の暗示がある。(1) 追求するべき善のヴィジョンがたとえ公正きわまるものでも、その実現の支障になると考えられる人びとへの憎悪で心を毒しかねないから、道徳的だという保証にはならない。(2)

政治的活動への主観的な恐怖を強調するのに言い訳など無用だ。爆発物が危険なことを自覚しているからといって、化学者に科学者の資格がなくなるわけではない——それどころか、そうした自覚のない化学者こそ危険なのである。

この危険の感覚は人間社会にあまねくいきわたっており、(3) およそ浅薄でない著作家にはつねにこの感覚がつきまとってきた。ホッブズのようにそれを公然と明らかにしたのはごく稀である。この感覚は後景をうろつき、かれらの主題の取り上げかたに眼にはみえない実効的な影響力を発揮してきた。それはある重要な程度まで、政治学という奇妙でユニークな織物を説明してくれるのかもしれない。

自分自身の同胞ほどわれわれの注視が自然と引きつけられてしまう対象はない。鳥やアリを見つめるには意識的な目的が必要だが、他の人間のことはどうしたって見つめてしまう。われわれは否応なく他者と結びつけられており、他者の行動はわれわれにとって重要だからそれを予期する必要があり、他者はわれわれによく似ているのでその行動を理解するのも簡単である。人間であるということには、人びとともに生きること、それゆえ人間を観察することが含まれている。しかも人間にかんする知識は、あらゆる知識のうちもっとも公平に分配されている知識だといえる。われわれ各人が自分の意欲や能力に応じてこの知識を獲得すればよいのであるから。

政治はほかならぬ人間の行動から成り立っているのであるから、その知識は観察結果の蓄積、比較、体系化により連続的に進展を遂げたと考えてよいだろう。仮にいま政治を権威ある職務に就いているひとのふるまいや、その結果として生じる公共のことがらの動向に限定して理解するならば、時間をかけてこの職務に就く仕儀となった人びとはみな、政治的行動についてなにごとかを発見したことになる。わたしの考えでは、ある計画を胸に秘めた起動者《ムーヴァー》がその追求のために他者を動かそうとして、社会というフィールドでところかまわずおこなう体系的な努力は、すべてこれを「政治的」とみなすべきである。この考えかたにしたがえば、われわれはみな必要な素材をもっている。他者とともに行動したり、他者によって動かされたり、他者を動かそうとしたことは誰しもおぼえがある。

もちろん、たんに「事実」というだけで配列されていなければ知識にはけっしてなりえないし、事実の配列にはつねに「理論」が必要になる。「理論」は一定の類似の現象をとらえて共通の名辞をあたえ、それを生じさせるプロセスを想定する。われわれが想定するプロセスは、観察可能な現実のなかで生じるものについてのある種のモデルを心のなかにつくりあげる。これは現象の多様性を知的な単純さへと還元するのに欠かせない試みである。そのような「理論」には「事実表示的」(representative)な目的がある。それが事実を収集する導きとなり、こうして収集された事実をもしわれわれの理論が説明できなければ、こんどは事実が理論の修正を迫る。われわれは当初の単純さからはじめて、次第に複雑さを増す理論のなかを動いていく。そしてついにはおそらくまったく異なる理論が提示され、優美さと正確さの度を強めながら事実表示的な機能が成就していく。

この種の理論は、時間とともに増加の一途をたどる観察の蓄積を説明しながら進歩する。これはすべてあたりまえのことだ。だがそうしてみると、政治学にそのような「理論」がないことが驚きになるのである。ふつうにいう「政治理論」[4]はまったくの別物である。天文学の理論のなかにプトレマイオス〔Claudius Ptolemaeus（c.83-c.168）．エジプトのアレクサンドリアで活躍した天文学者・占星術師。古代ギリシアの天文学を集大成して天動説を唱えた〕の居場所などないし、化学の理論にパラケルスス〔Paracelsus（1493-1541）．スイスの医者・錬金術師。全宇宙を生命的創造力の浸透した有機体と考えた〕の居場所はない。政治理論ではそうなっていないのである。どんな科学の理論も統合された一全体であって、過去のもろもろの理論はそこから振るい落とされている。政治理論は、個々の理論がそれぞれに新しい知見の衝撃や新しい理論の到来にも動じることなく、肩を並べあった集積である。そういうことが可能になるのも、政治理論が規範的（つまり教義）であり、「理論」という語が事実諸科学の場合に呼びおこす表示的な機能をはたそうという気がないからなのだ。

なぜ政治学には規範的な理論ばかりあって「事実表示的」な理論に乏しいのか。過去の偉人たちはそれを確立できなかったのだ、と考えるのは愚か者だけだろう。かれらはそうしたくなかったに相違ない。ではなぜ？　その理由はわたしが冒頭に記した危険の感覚にあるのかもしれない。

知識欲（*libido sciendi*）は高貴な情念である。知識欲に取り憑かれたひとが人品卑しくなることなどありえないし、それがもたらす悦びは追求される対象の所有にともなうのではなく、その追求自体に寄り添っている。科学者になるにはこの欲望が欠かせない。[5]またそれさえあれば十分のようにもみえる。だが偉大な科学者たちの人となりを研究してみると、かれらの欲望が「創造主を賛美し、人間のみじめさを救うために」〔服部英次郎・多田英次訳『知識の進歩』（岩波文庫、一九七四年）、六八頁〕というベーコンの不朽の一節に表現されたふたつの動機のうちのひとつ、あるいはその両方と習慣的に結びつけられていたことがわかる。

「理解」という語があらわしているのは、現象の不規則性の根底に存するパターンを把握することである。科学者はそのようなパターンに美を見いだし、その美的特質が高まるにつれますますパターンを愛する。「発見」という語が意味するのは、そこにあるにもかかわらず隠れているものを明るみに出すことである。このふたつの語は、「自然の秘密」(これも心に響く表現だ)を探求した古代の人びとが「秩序」の存在を仮定していたことを示している。そして天地創造への信仰以上にその十分な保証になるものがあるだろうか。もし存在するあらゆるものが至高の知性の神的な計画に由来するのだとすれば――「神は幾何学者なり」――、この起源の計画こそが、たとえはるかに卑小な知性でも、同じ理性の一部となることによってこの計画を一端なりと把握できるという保証になるのである。

一七、一八世紀の理神論の時代の科学者たちが用いた言語とはそのようなものであった。宇宙の秩序の概略を示すことはすなわち神の英知をあらたに開示することだ、とかれらは感じていた。今日の科学者でこういう語りかたをするひとは稀である。(6) 今日の科学者は、自分たちのパターンは「つくりあげられたもの」だといい、自分は事物の「真の」構造を明るみに出すのだとは主張しない。とはいえ無意識裡には、自分の「つくりあげた」パターンがなにほどか真の構造の表示になっていることを疑いはしないのだが。またかれらは、ふたつのモデルがひとしく「役に立つ」のなら、ためらうことなくより美しいほうを選ぶ。そして慎重にこれはたんなる好みの問題だと説明するが、その実かれらのしていることは、より優美なモデルほど真実味があり、神の知恵にもっともふさわしいとおそらくは述べる先行者たちと大差ないのである。実際、科学者たちは常日頃、マルブランシュ=モーペルテュイの最小作用の原理(幾何光学におけるフェルマーの原理〔光のたどる経路は二点間に可能な最速のルートになる〕に触発され、物体の運動は作用を最小にするような軌道に沿って実現されると主張する。マルブランシュが唱えたのは機会原因論〔創造主である神は各瞬間に絶えず世界を消去しては再創造するのであり、物体はそれ自体で運動するのではなく、神の作用があらわれる機会を提供するにすぎないという説〕だが、物理学においてはどちらも汎関数を用いた変分原理の例であり、またライプニッツの世界最善説とはきわめて親和的とみなされている〕のような形而上学的確信にうったえている。

ベーコンの一節の第二の部分に戻ろう。科学者が自分の発見によって同胞にもたらされた実用的な帰結を誇りに思ってきたことはたしかである。第一のベーコン的主題の高揚（ニュートン）があったように、近年になってテクノロジーの進展から生じた第二の主題の高揚があった。科学とテクノロジーはいつも手に手をたずさえてきたわけではない。長いあいだ、実用的な進展は科学者よりも実務的な人間の手で成し遂げられてきたのであり、ふたつの精神は別々の平面上を動いていた。だがテクノロジーの社会的衝撃が科学に影響した結果、科学は急速に今日あるような姿に、すなわち物質的革新の大いなる源泉となった。(8) 科学者たちは実際面での応用に特段の関心がない場合にさえ、自分たちがいま包まれている大いなる尊敬は、知識の増大が力の増大を約束するという一般的見解からきているとの自覚を欠くことはできない。(9) そうであるからこそ、実際面での応用を約束しない科学はヤセ我慢をしいられるのである。

ここまで略述したことに目的があるとしたらただひとつ、ふたつの強力な動機が観察可能な事実の体系化をめざす科学者の熱意を煽るということを強調するためである。しかしこの同じ動機が、政治現象の研究者にとっては否定的な価値を帯びる。政治現象の研究者は、麗しいパターンを発見して悦に入る機会にはおよそめぐまれず、自分の発見の実際面での応用に不信を抱く理由には事欠かない。

自然の研究者が無秩序な現象の根底に基本的な調和を発見して喜悦をおぼえることができるのにくらべ、政治の研究者はそのような美的悦びを拒まれている。宇宙の秩序にかんする徹底した弁証にかけては、ライプニッツの右に出る者はなかった。そしてヴォルテールの『カンディード』ほどにも鋭い攻撃が講じられたものはなかった。この論争の大家が自分の攻撃する体系の弱点に狙いを定めていると信じてみよう。ではそれはどこにあるというのか。ヴォルテールは議論を自然の調和から引き離して、人間のことがらの騒乱に導く。(10) そこには、ことのなりゆきを畏敬の念をもって評価する気にさせるものなどなく、パターンはいっさい見いだされない〔「白痴のおしゃべり同然……なんの取りとめもありはせぬ」〔シェイクスピア、福田恆存訳『マクベス』（新潮文庫、一九六九年）、一一〇頁〕。そしてわれわれの精神が「充足理由」を承認して安堵できたと思っても、これは不安な休息にしかなってくれない。なにかが説明されても、それでなにかが正当化されたことにはならない。作用因（*causa efficiens*）は正しい原因ではないし、もっともらしい目的因（*causa finalis*）に仕えているようにもみえないのである。

人間のことがらを研究するとき、自然現象の場合にもまして厳密になるのはいたしかたのないことだ。自然ならばたとえどんなものでも秩序が見つかれば満足できるのに、人間の社会となると、パターンを見つけても満足しない。われわれはそれが自分の正義の観念に合致することを欲する。

宇宙の秩序にかんする理神論的弁証がもろもろの社会科学にきわめて強力な影響をおよぼしてきたことは、経済学がこれを十二分に示している。各人が自分の利益を追求すれば、その結果は社会的最適である。これはひとつの公理とみなされてきたのであり、そこからはずれたものはすべて「人為的」な障害に起因するとされた。交易や競争への規制がいの一番にやり玉にあげられた。ずっとあとになって「財産」自体が人為的制約だという嫌疑をかけられるようになった(11)。

経済学の哲学的基盤がたとえどれほど疑わしくても(12)、それにはひとつの大いなる経験的な取り柄があった。経済学者たちが経済的行為主体《アクター》の動機を問い質すことなく受け入れることができたのは、欲望の活力から善なる結果が期待されたためである。経済学者たちはわたしの言い分に異議を申し立てるかもしれないが、かれらのお役に立ってきた「倫理的中立性」なるものは、ある目的論的楽観主義によって可能になったのではないかとわたしは感じている(13)。知的な学者《ドクター》たちが獲得欲をとがめる数世紀におよんだ態度に背を向け、経済的活動を理解するという仕事に邁進できるようになったのは、まさしくこの善なる結果の約束のおかげなのだ(14)。

道徳的な説教壇からこうして降りてしまうのは、政治学においては近年になってはじめて生じたことであり(15)、激しい論争を巻き起こした(16)。そうした降壇を喝采し遅きに失したと呼ぶ強力な知的理由はある。それを慨嘆し裏切りと呼ぶ強力で思慮深い理由もある。そこに光明が投ぜられるとすれば、科学者たる者は魂などなくてもいいし、またそうあるべきだという虚構をしりぞける場合だけである。経済学者が倫理的無関心を保って現象をながめることができるのは、なにも経済学者が倫理的に去勢されてしまっているからではなく、行為者の倫理的関心やら啓蒙やらとは無関係に望ましい倫理的結果を期待するからなのだ。経済学者の短期的ないし原子論的な無関心には、長期的ないし全般的な楽観主義の保証がある。その証明になるのは、総効用最大化という仮定を疑問視する理由や機会が見つかったとたんに、たいていの講壇経済学者の胸中に経済的行動にまつわる道徳的情熱が再燃することである。ところが政治においては、そのような仮定が支持できるものとはみえないのだ。

経済的活動は恐るるに足らず、活動した分だけ善くなる、という要請は、「鎖から解き放って好きにさせよ」という見出しのついたデュポン・ド・ヌムール〔Pierre Samuel Dupont de Numours（1739-1823）．フランスの重農主義経済学者。アメリカのデュポン財閥の祖〕の鎖に繋がれた巨人の絵に寓意化されている。[17] しかし、政治的自由が最高度に尊重され実践されてきた国々において、政治的活動を様式化したり政治的行為者に公共哲学を吹き込んだりすることにいままでどれほどの注意が捧げられてきたかをみるがよい。[18] 経済諸活動は適合しあって調和する傾向があるという説を奉じるのはかまわない。政治的活動の場合には、この説をとるわけにいかないのだ。実際ホッブズは、政治的活動が羽目を外したカオス的な結果を示すモデルを考案した。ルソーはホッブズ的なイメージをその論駁において受諾した。自分の正反対のイメージが、小規模、閉鎖的かつ静態的な社会という想定を基盤にせざるをえないとわかっていたからである。

野蛮人どもが迫ってくる、残酷な笑みをたたえた屈強な男たちが。かれらは征服した人びとをなぐさみものにし、辱め、もてあそぶ。かれらのことを考えただけでわれわれの膝は震える。しかしわれらが司教様が威厳をもって登場し、十字架を掲げて恐ろしい族長のゆくてに立ちふさがる。われらが街は救われるであろう。怖気《おぞけ》をもよおす物腰の異邦人の長は、実際われわれの主権者となるだろう。だが神のひとの導きにめぐまれれば、かれは正しき主人となり、その息子は幼くして司教様から賢王たるの精妙なる模範を学ぶことだろう。

わたしの寓話にいう司教様とは政治哲学のことである。その機能は権力を馴致すること、野獣に言って聞かせること、それを行儀よくさせ、手綱をつけてためになる仕事をさせることである。われらが猛々しい族長を相手にするとき、司教様はしばしばぶっきらぼうに〈汝これを為す能わず〉というだろう。これは事実的言明ではない。この発話のまさしく動機になっているのは、権力の保持者にはこういうことが実際はできるということなのだ。この簡潔な言明の背後にある司教様の心のなかには、はるかに複雑なものが潜んでいる。「かれはこれをやりたがっており、そうするための手立てもある。わたしはかれに納得させることはできない——それにわたしにも確信はないのだ——この悪しきおこないから、自分にとって害になるとかれにもわかることが生じる、などとは。かれがそれをしないようにせねばならない。そうだとしたら、かれの想像力のなかで道徳的な禁止が強固で具体的な障害にならなければならない。そこで〈汝……能わず〉。こういう話しかたは教育的効果のために必要なのである。

同様にして、統治者の破天荒な子息を教育するさいにも、司教様は王たるにふさわしい徳の模範を積み上げてみせ、〈これが為されるのです〉という。かれがいいたいのはもちろん、「……が為されるべきことです」なのだ。過去の統治者たちの所業がすべてかれの目的に有意なわけではない。賞賛にあたいする態度や行動で、かつ若者のなかにしっかり植えつければ大人になってからのふるまいに牽引力を発揮する、そういう高貴なイメージの形成に貢献できるようなものだけである。嘆かわしい例が引き合いに出されるとしたら、その後の災厄の物語に結びつけられる場合にかぎられる。徳への愛がしっかりと固まったのちに、はじめて生徒はやっかい《ハード》な格言に直面することになるだろう。「……正しい統治者の身に悪人のおこないにあたいすることがおこったり、悪しき統治者の身に義人のおこないにあたいすることがおこる場合がある[19]」、と。この荒涼たる真理が、精神には受けとめられても魂が穏やかにはねつける、というのが徳の試されるところとなる。

寓話を用いてわたしが説明しようとした政治教育の成否は、〈汝……能わず〉〈法の理想〉と〈これが為される〉〈正しい模範〉というふたつの文にかかっている。これらの教訓は啓発を意図したものである。「啓発する」（édifier）という語の評判が地に堕ちてしまっているとしたら不思議なことだ。なぜならその本義は「築く」（ériger）ことであり、統治する人間の徳を築くことは、ひとりでも少数者でも多数者でも重要なことにかわりはないからである。

さらにここでわれわれは、政治の事実科学につきものの難問にいきあたる。つまり、その本質からして事実科学というものは、規範的な科学が苦心して築いたものを引きずり倒してしまうのである。規範的な科学が〈汝能わず〉を強調するところで、事実科学はきまって〈汝能う〉と述べる。そして規範的な科学が〈為されること〉として提示するものが、事実科学の所見によって否定されてしまう。「実際のおこないはそれとはまったく違うのだ」、と。それゆえこの領域での事実科学は、弱い道徳的体質にとってきわめて危険な薬になるのである。

想像力というものは、適切に育まれ留意されれば魔法のような名声を授け、それがなくなると公共の大災厄になる[20]。この点でド・スタール夫人〔Baronne de Staël-Holstein（1766-1817）. 批評家・小説家にしてサロン主催者。ドイツ文学や観念論哲学の紹介に尽力し、フランス・ロマン主義に先鞭をつけた〕がふたつの情景でわれわれの助けになってくれる。

> 代表議会は、法令には魔法めいたものがあり、それが引いた線のところですべてのひとがどこへ行くにも立ち止まるものだと誤信していた。しかしその宣告は、チュイルリー宮殿の庭園に張り渡されて人民を宮殿からある距離をおいて遠ざけておくためのリボンに喩えることができる。世論がリボンを張り渡した人びとに好意的なうちは、それを踏み越えることなど誰も夢にも思わなかった。しかし人民がこんな障壁はたくさんだと思ったとたん、それは無意味になったのである[21]。

近衛兵たちが議員の集う会堂内まで行進してきて、堅固な隊列を組んで進むだけでかれらを部屋の一方の隅から他方の隅へと追い立てた。議員たちはいつのまにか壁際まで追いつめられてしまい、議員のガウンをまとったまま窓からサン・クルー庭園に逃げねばならなかった。人民の代表者が追放の憂き目をみることはいままでにもあった。しかし、政治の文官が軍人によって嗤いものにされたのはこれがはじめてだった。そこでボナパルトは、個々の議員もろとも議院を威信低下させ、そのうえにおのれの権力を樹立せんとしていたので、こうして最初の一瞬で人民の代表者の名声を破壊できたことをよろこんだ。国民代表の道徳的な力が破壊されたとたん、たとえどんなものであれ立法府が軍隊にとってもつ意味は、同人数の一個大隊に活力でも規律でも劣る五〇〇人の群衆以上のものではなくなってしまったのである。(22)

実際、法とはたんなるリボンなのだ。しかし伝統的政治学はそれが不可侵の防壁とみえるべく大いに骨を折ってきた。実際、議員団は一個大隊をまえにして踏み堪えることなどできない。だが伝統的政治学はその威信を高め、軍隊がそれに挑むことなどなくつねに従順であるようにと大いに苦心してきた。事実的なアプローチの危険とは、こうした健全な威信をそれが引き下げかねないということである。

事実的アプローチの危険がいまだに表面化していないのは、従来この手の研究が投票のような「弱い」政治的行動に向けられてきたからである。弱い政治的行動とわたしが呼ぶその理由は、まさしくそのような研究の発見は投票者がさして気にかけないことがらだからである。強い政治的行動とは、強い情念によってインスパイアされ、(23)人間が全身全霊で飛び込んでいくような行動のことをいう。(24)強い政治的行動の分析から生じる政治のイメージは、不埒なまでに示唆的なものとなる傾向があるといってよい。

科学者が実際的応用をどれほど低く見積もっても、それが心をよぎるときにはつねに都合のよい含蓄をともなっている。知識の増大から期待される効率の増進は善きものだ、と。そのような楽観主義は、政治にかんする事実認識の増大から引き出されうる「テクノロジー」の場合には許されない。政治における実効性は悪しきものになりうる。人心を掌握して自分のエネルギーを貸しあたえてもよいという気にさせる方法の知識は、善用も悪用もできる知識である。実際それは悪用されることが多いのだ。善人は謙虚であるから、自分の見解を差し出すときにはつねにいくばくかの気後れをともなう。善人は同胞を尊敬するので、押しの強いセールスマンにはなれそうもない。自分の目的のためにひとを動かすテクノロジーの使い手になりやすいのは、出しゃばりで横柄な人間である。

この考えかたは心穏やかでなくさせる。だから、もし政治のテクノロジーが学者の発見物を待ってはじめて可能になるのなら、悪用されかねない知識の探求を学者に思いとどまらせればそれで十分なのかもしれない。だがいまはそのようなときではない。過去半世紀のあいだに、このテクノロジーは政治学の外部で強大なまでに、しかも心ある科学者ならそれを使わせたくないと思う人物の手で発展させられてきた。一方で伝統的理論のもつ美的で倫理的な魅力への感受性などなきにひとしい人びとが理論の抑制力や指導力にそっぽを向き、他方でより繊細な感覚の持ち主たちが自分では押しとどめることのできないプロセスの犠牲者になってしまうのは、至極当然のことなのだ。このような状況下では、政治の事実科学のなしうるあらゆる害悪などとっくに毒気を抜かれている。それはむしろ有益な警告となって訪れる可能性がある。

本章では、政治的活動に内在する危険がみとめられたことで、かえって政治における科学的探求の進歩が阻害されてしまった可能性のあることが暗示された。とはいえ、いくらこの要素が重要だといっても、それが十全たる説明になってくれることなどまずありえない。有益な補正は医学との比較によって示唆される。つまりプラトンの時代からつねになされてきた比較によってである。[25]

医学の目的とはなにか。身体の健康である。では医者に要求される知識とはどのようなものか。健康についての知識である。これは医学への理にかなったアプローチにみえる。これはまず衛生学[26]の優位へと導き、第二に、どんな病気も自然的調和の攪乱状態と考えることへ導く。[27]かくしてできあがったのが、たとえばテミソン〔Themison of Laodicea. 紀元前一世紀のローマの医学者〕の疾病分類である。病気の原因は不適切な収縮（*strictum*）か、不適切な弛緩（*laxum*）か、両者の混合（*mixtum*）かである。[28]収縮の場合は痙攣を止める鎮静的な投薬が指示され、弛緩の場合は強壮性・充血性の治療である。これはきわめて魅力があり、その魅力が高じて現代の経済の処方箋までが「テミソン的」といえるほどである。経済に充満気味の部位があれば、需要の圧迫をデフレという鎮静剤（必要なら*saignare*[29]を、つまり過剰購買力の除去を含む）で緩めてやるし、市場に弛緩があれば興奮剤を投与するというわけだ。

満足のいくものごとの状態を基軸的な概念とすることがどれほど理にかなってみえようとも、それで医学が十分報われたためしはない。健康という概念は、病気それぞれの特性に合わせた綿密な研究にも、展望の広い生理学にも導くことはなかった。[30]身体の適切な機能に強勢がおかれながら、それが身体機能そのものへの好奇心をかくも活気づけなかったのは驚くべきことである。生理学はようやくハーヴェィ（一五七八年生まれ）のころにはじまるとしかいえないのに、その時点で医学は誕生から二〇世紀を経過していた。生理学が絶頂に達したのはやっとハラー（一七〇八年生まれ）のころであった。顕微鏡が生理学的知識にとってのきわめて重要な用具となり、ついには多くの病気が自然的調和が攪乱しただけなどではなく、微細な作用主の侵入によって生じるという発見に導いたことは、わたしの政治学観にはずみをつけてくれると思う。[31]

アナロジーにうったえるときには、比較し合わされている体系間で対照的なものにしばし留意すべきである。医学の研究対象である人間の身体と、政治学の対象である政治体のあいだには、きわめて驚くべき対照が存在する。前者の場合、われわれの眼には統合された全体だけが価値をもっており、構成部分は犠牲にしてもかまわない。政治体の場合はそうではなく、全体はその構成要素である実在的な諸人格によって正当化される。だが対照はそれに尽きない。人間の身体はみな同一モデルを基礎にしてできあがっているが、政治体はそうではない。したがって人間身体の健康は、政治体の場合の健康な状態よりも明瞭かつ明確である。人体組織は与件である。政治体組織は一つひとつ違う。それゆえ、仮に前者の場合でもすでに解剖学的所見が十全たる知識ではないとしたら[32]、後者の場合はどれほど不十分ならざるをえないことか！

「健康な政治体」は魅力的な出発点ではあるが、知識の進歩に資することには乏しい出発点でもある。もしわれわれがたまたまそのなかにいる政治体がさしあたり健康なものと受けとめられれば[33]、政治体をそのように保っている微細な日常のプロセスを調べる十分な動機づけがわれわれにあたえられない。それをさしあたり不調気味とみなす場合、なんらかの過去の「健康」な瞬間をもとめて時間を遡行するのがわれわれのつねであるが、その場合に自分の夢想を真の過去と取り違える危険は大であるのに、なにが・どこで・どのように・なぜ変化したかを理解する見込みはわずかしかない。さらによろしくないのは、われわれが時間のうえで遠いある政治体を取り上げ、それをわれわれの健康のモデルにしてしまうことである。その行き着く先は、たとえばいまひとつのスパルタ建設を望んだフランスのジャコバン党の誤りである。スパルタが極端な社会的不平等のうえに成り立ち、その高名なる「平等者」たちが全住民の小部分でしかなかったことをかれらは等閑視していたからである[34]。

健康な政治体という観念の行き着く先は疑似復古であり、ゲルマン人の「神聖ローマ帝国」こそその驚くべき例である[35]。その行き着く先は、上首尾に終わったためしのない移植である[36]。新しいニーズには新しい制度をもって対応しなければならないとわかっていれば、あるいは、かつていちどたりと目撃されたことのない政治体を建築するという思いつきを大事に考えれば、健康な政治体なる観念はおよそ有意でなくなる。いずれの場合にも、可能なかぎり洗練された新しい取りきめについてのアイディアをつくりあげねばなるまい。そして原理的な《エレメンタリー》行動形態が新しい組み合わせで噛み合わされ、その基礎知識をできるだけたくさん身につけておかなければ、そうしたアイディアの形成すらおぼつかない。かくしてわれわれは、原理的な政治的行動の探求へとつねに戻っていくのである。

第Ⅱ部　設定——他者の国のエゴ

第一章　人間について

人間が姿をあらわす。泣き叫ぶ肉の塊、つがいから産み落とされたものが。まったく無力で、その生存は庇護が得られるかどうかにかかっている。植物は種子からひとりでに育つ。ほぼ同じようにして、最下層形態の生物は誕生の瞬間から移動能力と自己養育能力をもっている。より高次の形態の生物はそういうわけにいかず、人間はその最たるものである。幼児「遺棄」は殺すにひとしい。母親あるいはその代わりが惜しみなくあたえるケアがなければ、幼児は生きられないからだ。人間の場合、生存能力は新生児にもともと備わってはいない。生存の手段は他人から新生児に提供されねばならない。そのような供与なしに育つ新生児はありえないのだから、子どものケアと保護をなんらかの形態で組織化することは、人間の生存の必須条件である。家族のいない人間など存在しないだろう。形態はさておき養育集団は不可欠である。

そのような養育集団は子どもの生存に、それゆえ次世代の人間の生産に不可欠というだけではない。新規参入者は、発達するのにも長年にわたり継続して注がれるまなざしを必要とする。人間は成年に達するのに時間がかかる。生物学的体組織が高度になるにつれ成熟速度が遅くなるという相関関係があって、それがまた養育集団の永続化を要請するようにもみえる。たとえ規模は小さくても、持続的な社会が存在して、肉体的に無力ないし脆弱な時期が長引く新規参入者に保護と食物を提供しなければならない。子どもを保護する自然的な必要があると、大人たちの相互保護の必要も、こうした慮るべき障害がない場合にくらべて高まる。家族から逃げ出すよりも危険から逃れるほうが簡単にできるのだ。人間社会の基本的諸特性は、子孫の無力さを慮ることから由来する。若者にある期間のケアが必要なたいていの生物種には、内部になんらかのコミュニケーション手段が存在する原初の社会組織（群れ）がみられる。若者がすべて同時期に誕生してつぎのシーズンには大人に育ってしまうのなら、そのような新世代の「輩出」後に「親協会」が解散してかまわないことは明らかである。もし新生児がひっきりなしに出生し、その間も年長の子どもはまだ世話が焼けるのだとしたら、話は異なる。体制は永続的にならざるをえず、社会的組織とコミュニケーション手段の発展をみる。

人間が長きにわたって親に肉体的に依存することは大いなる恩恵であり、人間が人間たるために不可欠の（*sine qua non*）条件である。人間は大人たちの庇護のもとに長年生活するうちに、大人のもてるすべてのスキルを、大人が自分自身の経験や伝統を頼りに手に入れた自然統御のすべを、一部は自発的模倣により、また一部は体系的な訓練をつうじて学ぶ。集団の共通知識になっているものを自分で探しあてるにはおよばない[1]。もっとも単純な人間社会がケアするのは未成年者だけではない。原初的生活の「公共の知の宝庫」たる高齢者のケアもする[2]。教育というプロセスはどんな人間集団にも発生するが、スキルの習得だけでなく道徳的観念の習得も含んでいる。プーフェンドルフは、もし人間がもてる肉体的諸力を生後一八ヵ月ですべて身につけたら、危険な野獣になってしまうと記した。情念固有の力は、人間を進歩に向かわせる原動力であるが、この力を習得された情念統御法に結びつけることができるのも、教練期間が長いおかげである。

気がつけば人間たちは、特有の話しかたをもつ数十人の小集団で暮らしてきた。そうした集団のうちでも子孫の生存確保に秀でたものが人口を膨張させたことは容易に想像できる。それがもし末裔たちを集住させておくことに成功すれば、その社会的組織はより複雑になり、言語はより洗練され[3]、ついにはさほど多産でない多くの集団を吸収する[4]。子どもの養育の熟達は、政治的淘汰および社会的進化の第一原理であったはずである[5]。はるかな昔には粗放型の養育が進歩の不可欠の条件であったに相違ないが、いまでは集約型の養育が永遠の品質証明になっている。

文明程度の劣ったところから高いところへ、また後者のなかで社会的階梯の下から上へと眼を走らせるにつれ、教練期間が長くなっていくことがわかるからだ。[6] 人間という生産物がより高い完成度を追求するほど、その「生産工程期間」は、つまり人間の他者依存の継続期間は長くなった。自分がいまあるのはもっぱら他者依存のおかげだとわかれば、個人の誇りなど粉々にされてしまうだろう。

人間は集団の保護および集団の教練から生じるとみなすことができる。前者がなければ人間は生きていないだろうし、後者がなければ人間たることの諸特性を獲得することはないだろう。はっきりとこう述べるだけで、人間は個々に自然のなかを歩きまわり、慎重に決断してつき合う仲間を選ぶなどという世迷い言を追い払うには十分だ。そんなものは知性が産んだ怪物である。はや成長しきって自分で自分の身をまもるすべを備えたある種の行為主体なる想定があるが、その生産の諸条件は想定から抜け落ちている。この行為主体が自由に他者と力を合わせるというのだが、どんな力のことをいっているのだろう。社会という巣の内部で育まれてこその力である。

「社会契約」論とは、子どもがおらず自分の幼少期も忘れてしまったに相違ない人びとの考えである。社会はクラブのようにして創設されるものではない。成長期をつうじて連帯の恩恵に浴したことのない、絵に描いたようなタフで腰の落ち着かない大人に、どうして連帯のよさが想像できようか、あるいは、集団経験によって心のなかに義務の観念が築かれていなかったら、たんに約束を交わすだけで拘束感をおぼえることなどありえようか、という疑問をもつのはもっともである。[7] 実際、最古の契約、すなわちふたつの集団間での花嫁のやりとりは、花嫁たちの身柄とともに原理のうえではその親族をも交換によって集団に受容することなのである。

われわれは人生を子どもとして開始する。この単純な真理を堅持すれば、知的なまやかしの多くは解消する。人間は生まれながらに自由ではなく、生まれつき依存するようにできている。人間は社会に参入するときになってはじめてもろもろの権利を放棄するのではない。むしろ、いま生きていられること、成長しきったいまの諸特性そのものが養育集団のおかげなのである。知る人（*homo sapiens*）というよりも教えを受ける人（*homo docilis*）というべきだろう。多少なりとも知恵ある大人の状態に達するのも、原初の社会という巣のなかで開眼すればこそなのだから。知識があるとわれわれが言い張れるのも、われわれに学ぶ能力があるからであり、その大半は教えを受容する能力である。チンパンジーと人間の赤ん坊は、生後一八ヵ月くらいまでなら教えを受容する能力をほぼ同程度に示すが、それを過ぎるとこの能力は人間に比して類人猿では急角度で下落する。(8) この霊長類の個体は、「発見」する大いなる素質はあるが、他人の「発見」について教えられたことを記憶する受容能力は劣ると仮定しよう。するとこの霊長類は、たとえ個体の素質は低劣でも受容能力はかなりある場合とくらべて、知識の進歩はずっと見劣りすることになるだろう。

これらの論点は明白である。それでも社会という巣への人間の依存と教えを受容する能力を強調することは有益であるとわたしは思う。諸個人間の単純な関係を論じたいと思っているからこそ、(9) それはますます有益なのだ。それを論じるときには諸個人がばらばらな原子などではないことを強調する余裕はないだろうから、いまここで諸個人が社会という土壌に深く根ざしていることを強調しておきたい。

赤ん坊は人間化された宇宙のなかに生まれてくる。突き刺すような不快な寒さと飢えの感覚は、人間的なはたらきかけによって和らげられる。母親がくるみ布をかけ、乳をあたえる。意識のはじまりにかんするわれわれの知識がいかに乏しいとはいえ、幼児が意識にのぼせる最初の「できごと」が、たとえそうは認知されなくても人間の行為を原因とすることになんらの疑いもありえない。われわれの世界探訪の最初の歩みのなかには、事件の背後にひとつの人格を発見するということがあるのだ。これが原因についての最初期のわれわれの知覚であるがゆえに、われわれは原因の観念を人格の観念と同一視する傾向を長らく維持し、原始的な人びとの場合はそれがしばしば強調される特徴になっている。

子どもは保護されねばならないうえに視界が狭められているので、身近な環境をなすもろもろの人間活動というスクリーンのほうが、その背後にあるものより重要である。そうだからこそ、「世のありさま」とはなにをおいてもまず「身近な人びとのやりかた」のことになる。そうしたやりかたはひとつのパターンを形成しており、個人にとっては「構造化された環境」になっている。そのような個人は、のちの人生において自分の育まれた集団から遠く離れ、たとえどこに移り住もうが、そこにかならずやふたたび構造化された環境を見いだす。依存状態で人生のスタートを切る個人は、いままた先行的に構造化された環境のなかで活動を開始するのだ。「人間は生まれつき依存するようにできている」と「人間は構造化された環境のなかで活動する」という命題には、公理としての力と価値がある。

社会よりも構造化された環境について語るほうがよいとわたしが思うのは、現代では「社会」にくらべて現実の環境のほうがはるかに小さく明確なためばかりではない。「社会と個人」のような表現に暗示される根拠のない人格化をどうあっても避けたいからでもある。社会とはライプニッツのいう「集積によってできる存在」(un être formé par agrégation)であって、その統一をわれわれの精神に負う。[10] だからものごとを明瞭にみたければ、ひとつの行動パターンによって結びあわされた人びとの複合体を考えたほうがよい。個人(以後はエゴと呼ぶ)が自分の自由を行使するのは、そのような設定の内部においてである。

「人間は自由である」とは異論の余地なき公理である。自由「である」、であって、自由「であるべき」、ではない。すなわちここでいう自由とは、法的権利として請求されるものではなく、自然的与件として認知されている自由のことである。僭主もそれを承知のうえで、恐怖を浴びせて選択のバランスをとる。あるひとにあることをしてくれ(あるいはしないでくれ)と祈り、助言し、急かし、命じるとき、われわれはつねにこの人物にそれができたりできなかったりすることをみとめている。そうでなければ、このひとに影響をおよぼそうとするわれわれの努力は不条理になってしまうだろう。人間の自由(第三の公理)にかんするこの単純な証明は、第四の公理、すなわち「人間は唆《そそのか》しにのせられやすい」ことを暗示する。永遠に人間はたがいにけしかけあって、成功の度合いはまちまちだが唆し屋の欲する行為を相手にさせようとする。それが政治につきものであることをわれわれはのちに理解することになるだろう。

「人間は先をみている（forward-looking）」を第五の公理に数えてもいいだろう。「企て《プロジェクト》」という語はまえに向かって投げる動作をあらわす動詞（*proicio*）からつくられており、実際にもそれは、時間上のある未来の瞬間めがけて心を投げ込むこと、想像力が掲げるイメージが定点となってわれわれの行動を引き寄せることである。それはロープだと考えよう。登山家は露頭めがけてロープを放り上げ、しっかり絡みついたら自分の体を引っ張り上げる。教育によって発達を遂げ装備をととのえ、構造化された場で活動し、望ましい目標を思い描いて仲間にその達成への支援をもとめる——これが政治的人間である。ありふれた物言いだが、これが必要なステップをなすのだ。

第二章　家

出生に先立つ数ヵ月間、人間は母の胎内に収まって保護されている。その後の幼少期の数年も、人間は家族という胎内に収まって保護されている。心理学者が現在告げるところによれば、人間が幼少期に受けた印象はこのうえなく重要である。もしそうならば、政治的人間の理解も幼年期に獲得されるもろもろの態度の研究を必要とする。

親はあたえ、子どもは受け取る。親から子へと奉仕と財の見返りのない下向的な流れが存在する。親が子のためを思ってすることは、そうすることで手を打った契約の履行ではないし、対価（*quid pro quo*）を期待しているのでもない。いつの世もどんな社会でも、親は子に留意し、養い、食べさせ、守ってやり、慈しむ。例外があればスキャンダルを巻き起こす。それどころか人間は、「取引」や「自分の権利を主張して立ち上がる」ことがまだできないころほど、念入りにかしずかれることはないのである。それゆえわれわれは、ひとに好かれ、あやされ、助けてもらえるという幼年期に培われた期待を大人になっても引きずり、おのずとそれを自分の実存のなかに持ち越している。

独身主義者クラブを念頭においたかのような社会のイメージでは、こうした期待が見過ごしにされてしまう。そこでの人間関係は取引、契約の締結と履行、交換的正義の遵守がすべてである。贈与というものがなければ人類は立ち行かないこと、交換よりも施しのほうが本質的であることは忘れ去られてしまったかのようである。

身に受けた親切に相応の「見返り」を、などという考えは子どもの心に入り込んでいない。そう言い切れる証拠を挙げるのは簡単である。もし親が愚かにもそうした考えを育もうとしたら、子どもは驚いて反発する。[1] 子どもは親の役割を当然のことだと思っているのだ。その一方で子どもは、玩具やペットや自分より幼い子どもとの関係では、ごく幼いときから親の役割を模倣しはじめる。そうして子どもは、我を忘れてひとつの役目に没頭する能力をあらわすのである。子どもがはじめて試しにやってみるこの親ごっこはきわめて重要である。いかなる社会においても、交換関係の基底には無償奉仕の非循環的な流れがあることをそれは意味している。子どもが親から受け取った無償の贈り物の「借りを返す」ことなどけっしてない。むしろ時機がきたら自分の子孫に同じような施しをするものだ。役割としての親ごっこ、来たるべきものの影は、きわめて早い時期に試行されたのち、わきにやられ、ずっとのちの人生の本番で再開される。

時間の流れを横一線になって旅する人びとのあいだに成り立つ交換的正義がどんなに有益でも、最初に雨霰と降り注ぐ気前のよさに与らなければかれらは旅路の緒につくこともできなかったのであるから、かれらは自分でも雨霰と降り注ぐ気前のよさの水源にならなければならない。これは本質的なことであるから、それを前面に押し立てない社会観はどれも誤解を招きやすくなるはずである。

人間は人生のある段階では受け取って返さず、別の段階ではあたえて見返りをもらわない。これが必然であるように、仲間にたいする人間の態度に子どもの役割と親の役割の両方の痕跡が、すなわち世話をしてもらうことへの若干の期待と他人の世話をしようとする若干の気質とがあらわれるのは、驚くにはあたらない。このふたつの性向がわれわれの誰しものなかにあるのはたしかだが、その比率はきわめてまちまちである。親の役割が暗示するのは、世話する他者がごく少数だということである。それゆえこの性向に大きな広がりをもたせるのは容易ではなく、多数者にとっての「頼みの綱」になれるのは一握りの者だけである。ところが自分のニーズを他人に留意してもらおうとする性癖はしぶとく、「庇護」への需要は大人世代にも浸透し、重要な政治的与件でありつづける。

子どもは聳え立つ大人の影で成長する。大人たちには子どもにはない力、子どもにはできないことをする能力がある。[2] 力とは、適切にいえば、できるということ以外のなにものでもない。子どもにできないことができる大人のほうが、優れた力を有している。子どもの眼からみれば、大人は有力者《グレート・パワー》なのだ。大人の印象がそのようなものであるから、大人とみれば従順にするのが性《さが》になる。わたしは子どもの従順さが恐怖に根ざしているとは思わない。確信に満ちた声がとても高いところから降ってくれば、それだけで勢いがあって言外の脅しなど無用だ。親の力ずくの体罰を受けたことのない子どもなら、それが自分に敵するものだとは想像しないし、そういうことがあれば驚愕をおぼえる。

もちろん子どもにたいする親の態度は千差万別であり、個性の問題であるとともに社会的ファッションの問題でもある。人類学者たちが報告している態度など、ラテン語の著作家たちが語るものにくらべればはるかに穏当である。クセノフォン〔Xenophon(427BC-355BC). 古代ギリシアの哲学者でソクラテスの弟子。『キュロスの教育』(*Cyropaedia*)で理想的な統治者教育論を展開した〕の模範に倣った例はごく稀であった。われわれが必要とするのは、教育を政治的習慣《モーレス》に結びつける研究なのである。

とはいえ、親の態度がたとえいまのわれわれが好ましく思うものよりずっと強圧的なところでさえ、子どもが足下で戯れる有力者はおおむね頼りがいがあり、かつ情け深いものである。[3] 幼少期の最初のうちはその人物が主として母親だからこそ、余計にそうなのだ。この有力者はいつでもそばにいて、子どもが経験するどんな困難でも取り除いてくれる。幼児が現実や想像上の窮地に立って、大声をあげると、間違いなく助けてもらえる。この関係は子どもの成長とともに継続する。実際にも、子どもが生き延びて発達するという事実自体が、有力者の保護の実効力の証である。そのような経験をつうじて、形成途上の人間は権威というと、呼べば駆けつけ、自分のために即刻とりなしてくれるものとみなす癖がつく。親のもつ（人身に内在し、発達しきった大人だからこその）まさった力と、統治者のもつ（自然的諸力では同等の人びととの服従によって成り立つ）まさった力にいくら本質的な差異があっても、気が利いて、呼べば答え、助けてくれるまさった力という考えが親から統治者へと転移されがちになるのである。権威にかんするそうした期待は、大人の生活においては、相手が誰かには頓着せずもっぱら「法にしたがう」行政官より、「わたしの問題を心にかけて」くれる「ボス」のほうがよく満たす。「幼少」のみぎりには、小人のようにいつでも駆けつけ助けになってくれるひとがいた。同じことをわれわれは、大人になってから自分が「卑小」であるとか「難局にある」と感じるとき、権威ある地位にあって仰ぎ見る人びとに期待するのである。

親がわれわれより力でも知識でもまさるのは自然なことであり、われわれを幸福にしようと思うのも自然なことである。われわれが支配者にこれらの同じ特質があると思い込みがちになることは、人間の統治にとって大いに好都合である。われわれの思い込みが土台から間違っている（通常それはわれわれの期待の向かう相手が変わることでしかない）ことをたとえいくら経験が証明してもである。

子どもは安定した宇宙に生きている。この安定はかの緩衝機関、つまり家族集団によって念入りに維持されている。どんな大波が集団を襲っても、その衝撃から子どもたちの静かなプールは可能なかぎり保護されている。子どもには、不確実な世界のなかに確実性の小区域が確保されており、そこから人間社会における持続する秩序への期待が生じる。

「法と秩序」なるおなじみの定式には法学的な起源が露呈している。心理学者なら間違いなく、秩序の観念のほうが法の観念よりはるかに優先度が高いことを強調するだろう。秩序とはわれわれが期待するもののことであるが、法とはそれを剔出・圧搾することのできる秩序の特徴である。自然諸科学においては、われわれはもちろんある一般的な秩序の要請からはじめて、若干の明確な規則的関係の詳述へと進む。人間の法も最初は同様のやりかたで引き出されてきたことは確実である。

ある子どもに「家庭での流儀」を説明するように頼んでみよう。もしそれが言外に匂わせる知的な芸当を子どもから引き出すことができれば、答えはどこかローマ法の「十二表」〔紀元前五世紀に制定されたローマ初の成文法。一二枚の銅板に刻んで公布されたことからこの名がある〕に似たものになるだろう。子どもは、「あることがらが正しく為された場合」にそのやりかたを剔出するものだ。子どものいうことが自分に都合のよいことに限定されているのなら、これをもったいぶって社会学的観察結果として記述することもできる。人間社会のなかで最初に定式化された法がこの手のものであった可能性はかなり高い。もっと可能性が高いのは、集団の構成員なら自覚していることを言って聞かせなければならない異邦人の加入が理由となり、定式化に努力が傾けられたということである。

　記述的な「自然の法則」と指令的な「都市の法」のあいだに哲学者たちによって引かれた対照線は、十分昔にまでたどっていくと薄れてしまうかもしれない。原初の法は記述的であり同時に指令的なのである。「これぞ善良なる人びとによってものごとが実際に為され、かつ万人によって為されなければならないやりかたである」。自然の法則と同様に、都市の法もそれまでに観察されたふるまいを記述している。ただ人間のふるまいは自然のふるまいほど斉一的ではない。「これぞ善良なる人びとによってものごとが為されるやりかたである」という言明は、それ自体に強い含意があってこれだけでも十分なのだ。しかしためらいが生じるたびに、つまり他人が「適切な」ふるまいに倣うかどうかをエゴが疑うときに、命令が口をはさんでエゴの確信を取り戻させるのである。こうして自然の法則のみならず原初の法もはじめはもろもろの事実の確言なのだが、人間の法の場合、その目的はもろもろの事実を公知のものにすることにとどまらず、その事実をより真実味のあるものにすること、いいかえるなら、広言されているパターンからの度重なる乖離を叩きつぶすことなのである[4]。

　子どもには頼りになる環境が必要である。成長した人間にも程度は軽いが同じことがいえる。子どもの場合には頼りになる環境を提供する任にあたる機関、すなわち包み込んでくれる家族集団がある。人間の場合には、頼りがいがあることと自由や変化との宥和が政治の最難問となる。

人間は家族のなかに姿をあらわし、時が経てば家族を形成する。だが、当初すべての人間的接触は人間を育む家族にかぎられているが、それにくらべて人間が大人になって形成する家族は、人間的接触の特別で特権的な一部分にすぎなくなる。われわれは「自家製《ホームメイド》」であるから、仲間との関係についての一定の期待も家庭から引き出すが、われわれが家庭から出ていくとこの期待は早晩きっぱりと裏切られるものだ。この期待の根づよさの証明になるのは、われわれが国民大あるいは世界大の家族なる理想をいともたやすく奉じてしまうことである。

集団主義《コレクティヴィズム》を待望する心は、自覚的であるとないとを問わず、幼年期の経験に端を発してある程度までならたいていの人間のなかにある。それが明確にことばで言いあらわされるにつれ、そのイメージが家族をモデルにして引き出されていることが明らかになる。「ひとりは皆のため、皆はひとりのために」、「各人が自分の能力に応じて」から「各人にその必要に応じて」へ。これは家庭の「自然なやりかた」のことである。

数千万人ないし数億人からなる社会という構築物が、ほんの数名の個人からなる構築物と同じ方針で建造できるかどうかを論じることは、いまのわたしの目的ではない。ある特定の大きさだと堅固で役に立つ構造物は、別の大きさで作り直そうとしても重さにもち堪えられない。構築物がずっと大きくなれば、別の方針で建造しなければならない。このガリレオの法則を肝に銘じておくべきである(5)。

しかし留意するべき重要な点は、古典文学にあまねくみられルソーに際立ってあらわれた原始主義的ノスタルジアには、ある事実に即した基盤がみとめられねばならないということである(6)。数十名の構成員からなるごく初期の社会には「大家族」の性格がたしかにあった。そのなかで成長する子どもは、年長者をすべて「叔父」ないし「叔母」とみなすことができたのであり、幼いころの遊び友だちは大人になっても仲間であった(7)。

そのような社会に生まれ落ちる人間は、実にいちどたりと「故郷を離れた」ことがなかったのだ。かれの幼年期の環境設定はかれの成年期の環境設定でもあり、家庭の社会的な知恵は都市においても依然有効であった。そのような条件下では、個人の発達にあまり進展がない一方、仲間たちとの親近度はきわめて強かった。そのような社会で任意に選んだふたりの人格の親近度が、われらが近代社会で任意に選んだふたりの人格の親近度よりはるかに強いのはたしかである。大規模で、開放的で、異種混淆的な社会は、たとえそれにどんな利点があろうと、二者間の平均親近度が弱いという心理的ハンディキャップを負っているのである。

大規模社会によってもたらされる物質的な利得は、エゴを根こそぎにして混ぜ合わせ、相互親近度の低さによって性格づけられるもろもろの交わりのなかに突き戻すプロセスにかかっている。これが近代人に共通に帰せられている不安や苦悩の主たる原因のひとつである。実際にもこの感覚は、「先進的」な社会であるほど顕著にあらわれるようにみえる。エゴが自分とは気が合わない仲間といると感じるのは、諸事情を勘案するならきわめてありえる状況とはいえ、それはエゴに刑罰として科せられた状況ではない。開放社会は、エゴが気の合う結社成員を見つけて、小規模な閉鎖社会で自然的にあたえられるよりも質においてはるかに高い親近性を達成可能にする機会をあたえてくれる。たまたま自分がいる行き当たりばったりの群にエゴがおぼえる不満と、もっと自分にふさわしい交友をもとめる熱意は、政治という平原にインパクトをあたえる基本的な態度である。もし自分の所与の環境との調和が十全でないことをある特定の制度のせいにできれば、親近性の追求に水路をつけて武装せる仲間意識をひとつの運動体にすることができれば、そのとき重要な政治的現象が生成する。戦友意識など所詮は束の間で、問題の制度を除去しても望ましい調和を確立できないことがわかっても、この現象の生成には影響しないのである。

自然な情愛に促された奉仕のおかげで子どもは生き延びる。成長した人間は情愛を必要とする人生を経験し、お偉方の寵愛を得てその期待の後押しで手柄を立てれば実際幸運である。才人は空模様に関係なく事を為すというが、凡人はそうはいかない。われわれは情動の生きものであり、自分の情動に動かされる。

人びとの情動へのはたらきかけは政治に特徴的である。帰依者は勝ちとるものであって、金で雇うものではない。ひとが欲しがっているものと引き換えにそのひとから奉仕を得ることはできるし、これは経済的諸関係の基本である。その場合に、このひとは自分でもそうしたくて奉仕しているのではなく、かれなりのまったく別の欲望のために奉仕しているのである。それゆえ、自分が欲しいものに支払う代価をできるだけ少なくするのが当人には合理的である。かたや政治的な促しとは当人の情念をかき立てることであり、唆かされた方向でその後当人がなにをするかは情念の勢いにかかっている。

人間は愛、献身、称賛、尊重、うらみ、恐怖、ねたみ、怒り、復讐心、残酷といった感情をもつことができる。人間の情念は政治にとって不可欠であり、だからこそわれわれには家庭の内部での情念の初期形成に注意を引く理由があるのだ。子どもの発達こそ、政治——子どもじみたふるまいの特徴がもっともよく保存されている大人の活動形態——の研究者の注目を大いに受けるべきなのである。

第三章　他者の国

父親に連れられてきた「新入り」がひとり、寄宿学校の中庭に立っている。人跡未到の地で道に迷い、異国の民に囲まれている。見知らぬ宇宙の孤独な闖入者になった気分で、どこをとってもかれにはその名前や意味がわからず、かれの居場所も存在意義もない。かれは「他者たち」の詮議、要求、命令を浴びせられる。かれには最初「他者たち」が、たくさんの声と手足をもつ巨人、説明のつかない過剰な力にみえる。これほどたくさんの窓が囲むその向こうにまだ見ぬ部屋があり、これほどたくさんの顔の裏に正体の知れない性格があるとき、どれかひとつを選ぶことなどどうしてできようか。かれにわかるのはただひとつ、古めかしく、万物に力をおよぼす全能の存在を自分は拝跪しなければならないということだけである。このような主体による状況把握を、わたしは「他者の国（Otherdom）〔仏語の Aultrie は autrui（他人）や altérité（他性）を想起させる造語〕のエゴ」という表現で指示する。

この子どもは出来合いの社会にやってきた移民なのだということもできる。だがここでは「出来合いの社会」なることばは使わないでおこう。それは主体ではなく観察者にこそふさわしい知識の形態という暗示があるからだ。人間の群れを知的に優越した位置から見下ろしたり、それを思考の対象としてあつかってその基本的構造を考察したりする場合なら、われわれが眼下に捉えるものは適切に社会と称されうる。しかし件《くだん》の新入生はそうした超然性にはめぐまれていないし、そのような高飛車なヴィジョンも成就できない。おずおずと入り込んだ瞬間から、かれは盲目同然に前方を探り、触覚に似たやりかたで手探りしながら進んで、踏み出しては障害物にぶつかって後ずさりする。かれの知識は経験的かつ主観的で、手当たり次第なために不規則に四方八方へ広がっていく。特定の場所やら道やら人格やらが次第になじみのあるものになるのがやっとなのだ。こういうやりかたで既知のものとなる社会のことを、個人が試行錯誤をつうじて折り合いをつけていくという点に着目して、わたしは他者の国と呼ぶのである。

この語が選ばれる理由は、知の主体のアプローチに内在する「自分が入り込んだのは他者たちの領分であって、そこで自分は他者たちの要求に屈する身だ」という感覚をそれが伝えているからである。どの他者のことだろうか？　ありとあらゆる他者のことであり、これが重要な点である。

注意の焦点を政府に絞っているひとにかかると、学校も君主制の法治国家（*Rechtsstaat*）として記述されるのかもしれない。もろもろの基本法に縛られ、臣民には恩恵がほどこされるべきだという多少なりとも明確な考えに鼓舞された校長は、立法権と司法権を有しつつ、自分は執行責任者である。執行部をなすかれの僕《しもべ》たちは、校長の代行者であれ下級協力者であれ、その任命が校長自身によるのであれ校長を任命した同じ上位者によるのであれ、教授陣の元老院ないし貴族院として校長の決定形成をさまざまな程度で共有する場合もあるし、もとめられればそのつど助言して校長を補佐するだけのこともある。理論上も実践上もいろいろな組み合わせがありうるが、学校のなかでは校長が至高権威である。つまり父親が息子を託すのも校長なら、最終的に抗議したくなったときに相手にするのもきまって校長なのだ。実際にも父親は、息子はしばらくのあいだある目的のために君主の臣民になったのであり、校長の規則と決定には服従しなければならないと感じている。

いくら子どもの状況の型どおりの定義としてふさわしくても、これは子どもが経験する立場を伝えるものにはまったくなっていない。子どもがさらされるもろもろの圧力は、学校当局者たちの規則やら命令やらにはけっして限定されない。せびったりけしかけたりは子どもの仲間たちから来ることのほうがはるかに多い。かれらは複雑なカンパニーを形成していて、共通のならわしを有し、対立する徒党があって、競いあうリーダーたちがいる。「入学直後は、入隊したばかりの初年兵よろしく、躍起となって自分はいったいなにをしたらいいのか探ることに努めた」(1)。わたしがいいたいことは事実上すべてこの一文に詰め込まれている。自分がやらなければならないことがあるとわかっているのに、それがなにかがわからない。正しいことをやりそこね、間違ったことをしでかしかねない。指図に過敏に反応してしまうので、悪意のある嘘の指図の餌食になりやすい(2)。いろいろけしかけられて、どれにしたらいいのかわからなくなってしまう。実際この初期段階では、どのひとつの声をとっても他者の国の集合的意志のあらわれに思われるのである。

新入りの少年は、命令にいちいちしたがってはあれこれ火の粉を潜るはめになることを苦労の末に体得し、もろもろの圧力にも違いがあることがわかるようになって、本能的に均衡経路(3)をもとめる。そのような道はたんに公認の権威に服従することとは実際まったく異なっている。だから、もし父親がどんなことがあっても既成権威のいうことを聞けと子どもに諭したら、息子は他人からなぶりものや嘲りの的にされ、これは最適の方途ではなく、たどるほどに事態をおよそ複雑にすると思い知るはめになる。なにを、いつ、誰と、いかにするかは、集合体との相互作用のプロセスをつうじて、すなわち、この特定の他者の国に調子を合わせる世間的な賢慮を少年が獲得するプロセスをつうじて学習される。

人間はある職業に就くとき、企業に新規採用されるとき、軍隊に入隊するとき、ある状況を受け入れるとき、クラブやサークルへの入会を許されるとき、同じように迷宮に入った気分になる。新人議員は新入生と大差ない状況にある。ひとつの団体の存立を対等にになう者のひとりだという気持ちにはなかなかならず、むしろ最初は古めかしく厳めしい席にひとりで臨む心境である。かれが立つそのまえにはスフィンクスがおり、謎に答えられるかどうか怪しんでいるのだ。実際、新しい環境でのふるまいかたの問題は、新規参入者には謎なぞである。怖じ気づき、居心地が悪くなったあげく神経質になり、怒りっぽくなる。段取りが間違っているのかと疑い、嘲笑を浴びたり罰せられたりするのを恐れる。

自分は孤独な若輩者で、滑稽ないし悲惨な間違いをさらしているというこの感覚は[4]、フランス・アカデミー会員に選出されたばかりの、高齢で多少なりとも名声のあるひとをさえ襲う。先行して存在するカンパニーのほやほやの新規参入者になる機会は、誰にでもおそらくは幾度もある。ボナパルトそのひとも、ブリエンヌ陸軍幼年学校ではまごまごした「新入生」であった。このうえもなきこの有力者の経歴は、環境が変わるごとに自分の位置をたしかめねばならなかった危機的瞬間の継起で区切りをつけられるのかもしれない。

誰でも既存の確立したフィールド内で活動を開始する。ひとはそこに先住者たちと、もろもろの関係や流儀《マナー》の確立された複合体を見いだす。そのような個人にたいする他者の国の相対的な先行所与性は、政治学の基本的な与件として記憶されるべきである。

エゴが「社会」の一員になる、といってしまうと、わたしが強調してきた劣等感の心理学的な地位が伝わらなくなる。「社会」という語は法学の語彙から借用されたために、法学的な意味内容が残存していて、それが誤解を招くのだ。「社会成員」（*socius*）が慎重に選んだ仲間、盟約関係を結びあった者を意味するように、「社会」（*societas*）とはもろもろの意志の明示的な合流、すなわち契約により踏み込んだ結社を意味する。実際にも法学者たちは、所与の契約から生じた状況だけでなく、この契約そのものを指示するのにも社会という用語をふつうに用いてきた[5]。こうして、人間的諸関係の複合体が自発的で期限つきのパートナーシップにふさわしい名辞で（わたしの信じるところによれば不適当に）指示されることになり、観念の自然な連想によって、その根底には「社会契約」があるに相違ないと推測されたのである。

これが示唆するのはもっぱら、エゴが合意に関与するすべてのほかのメンバーとのあいだで、平等を土台としてあたかもひとりずつと（*ut singulis*）合意に到達するということである。しかし、たとえ契約という観点から考えると言い張っても、エゴの主観的印象としては、すべての他者が一体となり、ひとつの強力な団体の集合的な力をもって要求を突きつけているようにみえ、自分はひとりの弱く孤独な当事者として署名欄に記入し、定められた諸条件を否応なく承服しているのである。そしてこれはエゴの妄想以外のなにものでもないにもかかわらず、作用をおよぼす。

しばらくの脱線をお許しいただけるなら、社会契約という理念は、いまのわれわれなら統治契約と呼ぶものに偽装して学問のなかに入ってきた。どんな政治的教義でも、被治者には統治者にたいする義務があり、統治者には被治者にたいする義務があることはみとめられている。これは暗黙的な約束のとりかわしと表現することができる。実際それが明示的な約束のとりかわしを生じさせることもある。(6) 統治者にたいする公民的服従は統治者が自分の約束を守ることを条件とするがゆえに、このようなものの見方は自由にとってきわめて都合がよい。この考えが各人と万人との契約という考えに移行したのは、おそらく支配者への言及を消去してしまうためであったろう。この移行をやってのけた自由気質の著述家たちは、そのために相務的契約がライオンとの契約《カずくの》になってしまうなどとは少しも疑わなかった。支配者が契約の条項を守らなかったら、わたしは支配者との契約を破棄することができる。しかし、自分が悪用されていると考えても「すべての他者」と手を切ることはできない。

あなたはわたしにこう告げることができる。わたしがいまいる社会というフィールドにはルールや習慣があるのに、それをわたしは無謀にも破ろうとしている。それらにいまみとめられている価値への恭順の意を示さなければ敵意をかき立てるだろうし、要求されていることにわたしが応えなければひどい目に遭うだろう。そのうえで、わたしは自分の仲間への愛情を育み、仲間の攻撃は控えるべきだ。またつとめて既成事実を理解して、怯えからではなく理性的同意から順応できるようになるべきだ、と。しかし、大半が将来にわたってわたしが知ることのない人びととの結社に、わたしは自分の自由意志で加入したとか、実際ひとつずつ読んで理解するのが精一杯の条項がびっしり並ぶ契約にわたしは署名した、というのは言い過ぎである。これでは、判読できない印刷で無限につづく文書を作成して、それにわたしの署名が偽造されたも同然である。こうして非順応が処罰の対象になる。わたしの署名などでっちあげなくても、すべての他者に依存しているというだけでわたしを縛りつけておくには十分であろうに。

実際にも他者の国はエゴを取り囲み包み込んでいる。それが多少なりとも抑圧的に感じられることはあるだろう。数学者がひとり馬術家の一団のなかに放り込まれたと考えてみよう。話しかけられても理解できず、自分に期待されていることをするのに必要な伎倆がないからまごついてしまう。それでも不慣れからくるこうしたハンディキャップなら、おそらくは克服できるかもしれない。もっと根本的には、カンパニーへの親近性がかれにないということがある。優れた馬術家になろうという熱い欲望がかれにはなく、その場で優勢な価値への尊敬ももちあわせず、自分の奉じる価値をけしかければ深刻な反発をくらう。受け入れられるまでのぎこちない時期、かれは嘲笑されることに甘んじるかもしれないが、自分の奉じるものが軽蔑とともに拒絶されることにはがまんがならない。

こうした状況は、先進社会においてはごくありふれたものでも、原初的な社会においては想像できない。「家」と「他者の国」との鋭い対照がそこにはないからである。実にそこには「他者の国」が存在せず、大人が入っていこうとする社会もかれを育んだ家族の拡大版にすぎない。大人は自分の「同輩」たちとともに生きる定めにある。対等な権利を有する別個独立の人間たちという狭義の同輩ではなく、趣味や原則を同じくする人間たちという真の深い意味での同輩である。(7)

知人がひとりもおらず、その流儀に不案内なカンパニーのなかに見知らぬ者として投げ込まれることは、近代人にはおなじみの経験であるが、原初的な人間にはこうしたことはけっして生じない。かれの誕生は多数の親族によって、また事実上村全体によって見守られてきた。駈けまわるようになると、将来の人生の舞台設定をなす人間宇宙の「グランド・ツアー」に出る。年長者たちのすべてがさまざまにかれの教育にかかわり、継続的でインフォーマルなプロセスをなしながら、日常生活で実際に生じる状況にこの人びとの流儀で対処するやりかたをかれに教える。このとき大人の宇宙は子どもの宇宙と調和しており、将来大人に期待されるふるまいはかれが子どもとして観察し模倣したふるまいである。

急激で苦痛をともなう同調など要求されない。ただし、この手の社会の多くにはそれぞれ通過儀礼（*rites de passage*）が、すなわち子どもたちが青年階級としてふるまい、あるいは成人階級としてふるまう年齢に達した日を記念して祝う意図をもった卒業の試練と儀式がある。儀式は参加者にいまや新しいふるまいが要求されているという自覚を促し、試練は年長者集団の基準を満たす自分の能力への自信をかれらにあたえる。たとえそのような原初的社会が一目で見渡せても、そこで子どもは誰でも幼いころから全成員を見知っており、また絶え間ない順応過程をくぐってきたとしても、一段上のギアを入れるよう参加者を急かしたり責め立てたりする必要があると考えられているのだ。それを一回こっきりの適応プロセスと解釈することはたしかにできる。これに類したことは、複雑な近代社会のさまざまなサークルではおこなわれていない。新しいサークルに入った個人には、適応の問題を自分で解決することが期待されているが、個人はこの延々とつづく工程をしばしばうまくやり遂げることができない。エゴとその社会的宇宙のあいだの調和という点に着目すれば、原初的社会の時代こそが実際黄金時代であったことを現代の人類学は確証するようにみえる。

「他者の国のエゴ」という状況は、程度の差はあれ誰もが経験してきた。エゴに突きつけられた問題は、どんなにかたちは異なってもすべてのひとにおなじみである。それはごくごく一般に通用している表現を産み出してきた。「溶け込んでいる」、「手探りで進む」、「居場所を見つける」、「事情に明るくなる」、あるいは「やりすごせる」さえそうだ。こうした定式化はすべて他者の国になじむこと、それと折り合いをつけること、つまり個人にとっての死活の必要を指示している。実際、個人の人生においてこのうえもなく重要な力をもつのは他者の国だからである（政府ではない）。

個人がさまざまなら、連れてこられたある任意の環境での身の処しかたも千差万別である。他者の国にたいするエゴのアプローチを姿勢としてイメージ化し、それにもとづいて態度のおおまかな分類をやってみたいという誘惑にわたしは駆られる。〔1〕隠棲型のエゴは、他者の国からの圧力を最小化するような姿勢をとり、接触面を極小化するために社会に占める空間をエゴに許されるよりも小さくする。〔2〕それよりはるかに頻繁にみられる態度は順応型のエゴであり、新しい結晶が結晶構造に付加されていくように、用意された一隅に進んではまり込んでいく姿勢をとる。〔3〕日和見主義型のエゴは、他者の国の構造のどんな裂け目やすきまでも利用し、浸潤によって拡散する。へんてこな姿勢を受け入れながら、最大多数を占めるのはこれである。〔4〕固形型のエゴは、自分自身の姿勢を保って他者の国とのあいだに軋轢を引き起こす。〔5〕最後は強力なエゴであり、他者の国の構造の変容に体系的に取り組む。不変の構造の内部での栄達には三番目のタイプの処世が好ましく、四番目と五番目のタイプは、たとえ個人的な蹉跌に終わろうとも環境に変化を生じさせる。

さらに大胆になって、もろもろの態度の相違とは、拡散しようとするエゴの性向と、圧力から逃れようとするエゴの性向と、おそらくはまた特有の姿勢をとろうとするエゴの性向の成分比の差異のことだと示唆するひともいるかもしれない。だが人間の複雑さをあらわにするような状況を論じるさいには、そうした単純化は避けるべきである。それを正しく評価するには芸術家の感受性が必要なのだ。「他者の国のエゴ」は近代小説の本質そのものをなしている。悲劇というアートは危機の瞬間における登場人物たちの衝突を明らかにするがゆえに政治学者を啓発するが、小説というアートは、主人公とその環境との関係全体を明らかにするがゆえに劣らず啓発的である。

われわれの限定された目的のために、小説家のふたつの学派を区別してもよかろう。ドストエフスキーやカフカのような著者は、主人公の孤独や不安、接触したものから主人公に行使される圧力、他者とのつきあいで主人公がこうむる傷を白日のもとにさらす。バルザックをはじめとするほかの作家たちは、他者の国で自己を首尾よく確立するためのエゴの奮闘を描き出す。すなわち、後者の場合には「エゴのミクロポリシー」が小説において重要な役割をはたし、しばしば小説に眼にみえる糸をあたえているといえるのである。こうしてバルザックは、ラスティニャック〔『ゴリオ爺さん』などに登場するバルザックの作中人物。貧乏学生から伯爵の身分にまで昇りつめる〕がパリにおける新しい環境で栄達の階段を昇っていく一方、もうひとりの田舎者リュバンプレが、やはり大都会に漕ぎ出し、はじめのうちこそ成功するが最後に破滅するさまをわれわれに示す。スタンダールを読むわれわれには、かれの主人公がナポレオンという原型に倣った「ミクロ帝国主義者」であることにいかなる疑問も残らない。

そのような著作家たちは、環境に押しつぶされる個人や、逞しい楽観主義をもって環境を泳ぎきっていく個人の忘れがたいイメージをわれわれにあたえてくれた。政治的気質の理解にこうしたイメージは欠かせない。ある環境のなかで居心地のわるい思いをしている人間は、おさまりどころを約束するパトロンや、かれらがよそ者として閉め出されてきた大伽藍を引きずり倒して別のもっとふさわしいものを建築しようと提案する指導者の申し出に引っかかりやすいものなのである。

あらたな他者の国に導き入れられたエゴが経験する不安は、球形をなす感情のため分析のメスが入りにくい。だが外部に位置する観察者には、さまざまな要因が介入してこの不安が最終的に除去されることがわかり、したがって、逆手に取って（*a contrario*）この不安が最初に発生するさまざまな原因を特定することもできるのである。

他者の国は、たんに不慣れというだけでも新参者をまごつかせる。それはかれがなんの情報ももちあわせない環境であり、そこでは周囲のできごとが一見でたらめなやりかたで起こる。かれがさらされる圧力の訪れも不意打ちなら、かれの行動や態度が引き起こす反応も不意打ちである。かれには当てにできる先例の蓄積がない。それがあれば「こういうときにはああやって……、こんな状況下ではこうやって……」といえるのだが。かれには届いたメッセージを開く鍵がなく、暗号解読もできないし、メッセージ間の相対的な優劣もつけられない。こうした情報皆無の状況は堪えがたく、まったくのマヒ状態にさせる。これからどうなるのかさっぱり予見不可能なとき、エゴはどうすれば動きがとれるだろう。とはいえ、そうした状況も長続きはせず、エゴが情報を収集するにつれ雑音が意味をもつようになり、運動にパターンが生じてくれば、はじめの目眩はじきに霧消する。エゴは自分がいまどこにいるか、自分になにが期待されているかがわかりはじめる。道筋やルーティンの一端なら、実際おぼえるのにごくわずかな時間しか要しないものだ。

そうした学習の条件は、環境がかなり安定しているということである。この点が銘記されんことを。環境に持続する一貫性や規則性がなければ、新入りは「波間に漂って」しまう。われらが学童に戻って考えると、かれのクラスメートの顔ぶれや授業の時間割と教室が一日ごとに変わったら、かれのまごつきはとうてい克服できなくなる。このことからわれわれははっきりとこう述べざるをえない。エゴが必要とする環境とは、それにかんする信頼に足る情報が即座に手に入るような、それゆえ低エントロピーの環境のことである。

もちろんルーティンが張りめぐらされた人間の群れにおいては、この条件は満たされている。群れのメンバーがルーティンから乖離するほど、この条件は満たされにくくなる。先例にもとづいてエゴが想定する手順から別のエゴ(Alter)が乖離するたびに、これがエゴにとっての他者の国の攪乱要因となる。エゴに必要な他者の国の安定性は、概して各個人が典型的な行動を厳守しており、それが連綿とつづいて環境が公知のものとなりうることから成り立っている。

エゴが原子の大きさにまで縮んで原子からできた世界のなかに投げ込まれていると想像してみよう。原子の軌道はランダムであるから、エゴも予見をいっさいもたないだろうし、自分の行動からなにが生じるかわからないので、およそ行為を決定することもできないだろう。意志など役に立たず、意識などあっても悲惨の元になるだけだろう。(8)

この点を強調したいのは、昨今のある数学者たちが、予言された行動から乖離する頻度をもって自由の指標とみなしているからである。そのような乖離がはなはだしくなれば、エゴの合目的的な行動の諸条件はそこなわれる。(9)

それゆえ予言された行動から乖離する個人が多くなればなるほど、エゴの環境の信頼性を維持するために、「負のエントロピー」[10]をになう、あるときには道徳的な、あるときには実際的な代行者《エージェンシー》のはたらきがますます必要になる。

自分がいまいる他者の国の事情がわかるようになっても、エゴがそれを好まないということはある。エゴは現在の地位で自分になにが期待されているかをもう心得ているが、この責務がかれには苦痛なのだ。その地位に受け入れてもらうかわりに支払わねばならない「代償」（すなわち態度やパフォーマンス）が、かれには高価にみえる。これは代償が「客観的に」みて高価だという意味ではない。別のエゴ《アルター》が同じ立場にあったら、要求されている態度やパフォーマンスをそもそも重荷とは思わないかもしれないし、それどころか楽しめるかもしれないのである。さらにエゴは、自分のいまの地位の役得がきわめて不満足なものだと感じることもある。自分にとって望ましく思われる別の地位への欲を出すかもしれない。この望ましい地位を手に入れるには、やはり（業績面での）「代償」が要求される。だがこの「代償」をかれは支払うことができない（たとえば、学校だったらなんらかのゲームでの成績向上にしてみよう）。そこでエゴは、重荷を負わされているという感覚と劣等感とを同時に抱く。それでも、エゴがほかの才能に気づかなかったり、他者の国の価値基準に賛同したりしているうちは、不幸感を産むという以上のことにはなるまい[11]。もしほかの才能に気づいて、それがこの環境で低い買い値がつけられていたら、エゴは自分と他者の国との「交易条件」が不利だとさとり、代償システムの変更を希望することもあろう。たんなる物欲しげな態度から、腹立ちのあまり優勢な代償システムを拒絶することへはなかなか踏み切れないということもあろう。

わたしが「代償システム」と呼ぶものはきわめて複雑である。シェイクスピアのコリオレーナスを取り上げよう。瞠目すべき武勇と統率力ゆえに、かれはローマで最高度に傑出した人物と目されていた。しかし執政官職に就くには補足要件がある。公の場で自分の傷跡を曝して見せねばならないのだ。自慢屋ならそんな自己顕示も楽しめるのだろうが、コリオレーナスには卑しいことである。かれが同志たちに投票を頼み込むのは、自分の功績ならばそれが当然だと感じているからなのだ。

コリオレーナス　ご存じだろうな、おれがここに立っているわけを？
市民3　存じてはおりますが、なんのためにこうなったか、お聞かせください。
コリオレーナス　おれの功績のためだ。
……
コリオレーナス　それではうかがおう、執政官の職にいくらの値段をつける？
市民1　その値段は、心からお頼みになることです。
コリオレーナス　では心から頼む、おれを執政官にしてくれ。傷跡を見せねばならぬが、それは二人だけのときにしよう。頼む、推薦してくれ、いいな？
……
コリオレーナス　こんなばかな話が
まかりとおるなら、地位も名誉もこんな愚劣なことが
好きな連中にくれてやればいいんだ。(12)

コリオレーナスが反抗するのは、その職を拒まれているからではない。支払いを要求されている代償がかれには不面目なことだと思われるからである。

「社会への反抗」ほど昨今陳腐な態度もない。その漸次発展はここでは論じないが、杓子定規な慣習的行動パターンの解体と軌を一にし、社会的代償システムそれ自体の柔軟化とともに発生した――考えてみればやっかいなことだ――と思われる。多くの行為が勝手気ままになされる社会の足下でこの事態が進行するにつれ、ますます多くの抵抗を呼び起こしているようにみえるのである。もちろん、その責任を帰するべき大文字の社会（Society）と呼ばれる一個の「大人格」などはない。むしろ神話学的人格に向けてなされるそのような叱責こそ、社会的代償シス

テムの合理化に政府権力を活用することへのお定まりの誘いなのである。とはいえ、どんなやりかたで合理化されるにせよ、このシステムが多種多様な不満に応えるという確証などありはしない。公共政策が社会的代償の設定への関与を深めるのに比例して、より人格的（愛国的と区別していう）な性格のものになっていくのは明らかである。

他者の国のこの探求のもっとも喜ばしい部分をわたしは最後にとっておいた。新しい環境ははじめのうち敵意むきだしに感じられ、エゴはそこに親しげな顔を見つけられない。そのなかでエゴが友人をつくるときが、他者の国がもっとも重要な変貌を迎えるときである。「我と汝」関係[13]こそが日の下に人間が賜る最大の恩恵であり[14]、自分の成功をもって幸福なる（*Felix*）者を名乗ったスッラ〔Lucius Cornelius Sulla（138BC-78BC）. 共和政末期ローマの政治家。独裁官として強固な閥族派政権を樹立した〕は大いに間違っていた。この形容詞は、相互の情愛に豊かにめぐまれた者にあってこそよりふさわしいからである。友情の形成は他者の国という公海のなかに居心地のよい孤島を築き上げることに似ている。

心が通い合う強い幸福をかつていちども経験したことがないというほど不運なひとなど、まずあったためしはない。この幸福が真の結婚においてもっとも完全に成就する機会を逃したひとと、親交を豊かなものに仕上げたことのないひとでも、戦友のようにがさつとはいえ真摯な協力関係のなかにそれを垣間見たことは少なくともあるものだ。だが実態が良い分だけその戯画はひどくなる。愛や友情から生じる共同性を命令でこしらえることはできないし、激しい感情はかき立てようとしても減衰してしまう。仲間との融合をもとめるわれわれの渇望はかくも強いがゆえに、日常の交際でそれがなかなか成就できないと、その分だけ強くわれわれはその全体としての「創設」（instituting）を夢みるようになる——この夢想は、和合よりも不和を産むはめになることのほうが多い。それに、他人の幸福を望むひとのネットワークはおのずとエゴの幸福を育むものだが、エゴが心の底からもとめるある代償を増進させるのに利用されると、性格が変化してしまう。代償追求者は、共通利益を基礎にした連携か、情念をともにするか、はたまた役得を分かち合う契約を調達したほうがよいだろう。ただしそこには一対一のつながりはなく、団結だけがある。つまり結束した身勝手さである[15]。

わたしは「他者の国のエゴ」の表面をかすめただけである。わたしの目的にはこれで十分だ。わたしがもくろむのは、個人の諸個人にたいする行為という「ミクロ」レベルで政治を論じることであるから、そうした諸個人が真空のなかを活動するのでなく、ある環境のなかに位置づけられていることを最初に強調しておくことが必要だと思われたのである。

第Ⅲ部　行為

——煽動と応答

第一章　煽動

ふたりの人間がいて、ひとりがもうひとりを促してある行為を遂行させる、という単純な場合を考えてみよう。一貫してこの議論では、*A*は語る者、*B*は語りかけられる者、*H*は示唆される行為をあらわすものとする。第一に、*A*が*B*に行為*H*を示唆するとき、これを煽動（instigation）と呼ぶ。第二に、*B*が*H*を遂行すればこれを承諾（compliance）と呼び、遂行しなければ不承諾（non-compliance）と呼ぶ。煽動は承諾を帰結すれば実効的（efficient）であり、承諾を帰結しなければ非実効的（inefficient）である。さしあたり論じたいのはこれだけだが、やるなら徹底的に論じて、複雑な状況を分析するための土台を据えておきたい。

この定式化によって状況は刺激―反応関係という一般的部類に収まることになる。*A*によってなされる発言は主体*B*に向けられた刺激であり、*B*はこれに反応するかしないかである。反応はあるかないか《オール・オア・ナッシング》のどちらかと仮定する。

重要なのは、ここまでの説明のなかに明示的に語られた以上のことはいっさい読み込まないことである。抽象的なことばづかいで語られた関係を肉づけして、*A*には*H*を手に入れるなにかしらの「権限がある」とか、はじめから*B*にたいしてなにほどか優越している、という考えが浮かぶのは無理からぬことである。研究対象の状況にそうした特性があることもありうるが、正反対の特性の場合もある。*A*によって要求されている行為が露骨なえこひいきであって、*A*がそれを*B*の優越する力から欲しがっているという場合もある。もろもろの特性はあとでわれわれの注意を引くことになるだろうが、形式的関係に付加される偶有性とみなされるべきである。

便宜上「*A*が*B*に*H*をせよと命じる」(*A* tells *B* to do *H*)という表現を用いることにしよう。とはいえこの「命じる」は、かぎりなく素っ気ない指図からとことん腰の低い懇願まで、ありとあらゆる呼びかけのヴァリエーションを網羅するものと考えていただきたい。実際、「来たれ!」という命令形は、罪人が神に嘆願して上向きになされることもあるし、看守が受刑者に命じて下向きになされることもある。「われにあたえよ」は、純然たる恩寵を指示する場合もあるし、疑問の余地なき権利主張を指示する場合もある。この関係から心理学的連想を一掃するには、こう述べねばなるまい。「*B*は*H*をおこなうべきだ、と*A*が示唆し、*B*はそれに応答したりしなかったりする」。このきわめて優雅さに欠ける表現によって明らかになるのは、われわれの研究対象が、ある人間によるある行為の示唆ともうひとりの人間によるある行為の遂行とのあいだの関係だということである。

*A*のどんな示唆も*B*の承諾を帰結する、というのは明らかに真実ではない。*A*のどんな示唆も*B*の承諾を帰結しない、というのも明らかに真実ではない。それゆえわれわれがまえにしているのは、「いまここに*A*の示唆がある。*B*の承諾はあるだろうか?」という問題である。これは一個の形式的な問題であり、*A*、*H*および*B*が特定されてはじめて精確な意味を獲得するのだが、のちにわかるように、そのときですらこの問いに確実に答えられるのは、このできごとが完了したあとになってからである。この問題は、一個の形式的な問題としては形式的な答えをもって応じるしかない。すなわち、応答には0と1のあいだの未見の蓋然性があり、もろもろの特性についての知識が増していけばそれが限定されることもあるかもしれない、と。

ただちに明らかになるのは、いま述べた形式的問題が、それ自体は刺激—反応関係という一般的パターンに倣いながらもそれなりの広い展望をもち、また政治学者たちによってふつうにあつかわれる多くの問題を特殊事例として包括することである。市民的服従を取り上げよう。これはわれわれの用語法では、立法者ないし合法の権威

（A）によって命じられること（H）への市民（B）の応答のことである。秩序破壊はどうか。やはりわれわれの用語法では、アジテーター（A）によって命じられること（H）への市民（B）の応答のことである。たしかにわれわれの論じかたのひとつの利点は、性格が異なると考えられるもろもろの状況が同一の表示手続きに収まることにある。市民的服従とは合法のAたちへのBたちの応答のことであるし、秩序破壊とは合法でないAたちへのBたちの応答であり、合法のAたちへの応答の欠如を暗示する。ちなみに、そのような応答の欠如が、合法のAたちが非合法ないし不適当なHを要求して生じる場合がある。だがこれについてはもっとあとにしよう。

ここに提示した定式化は政治的な諸関係を包括するが、非政治的と考えられている諸関係も包括する。たとえば、Bたちが誘われるのはストライキのこともあれば、たんにある流行を取り入れるという場合もある。公的権威を帰せられているものやその行使と結びついた現象を特別視するならわしがあるが、そうした現象をこの結びつきがないだけで同じ性格の諸現象とは別あつかいすることへと導くかぎりで、この習慣をわたしは遺憾に思う。ここでわれわれが取り組んでいるのは、発生の場所と文脈を選ばず、若干の原理的《エレメンタリー》な人間的諸関係の理解なのである。

あるAの示唆があるBの承諾をもたらすことがある。これをわれわれは経験から熟知している。たった一日のあいだでも、他人が口にした願望にわれわれが積極的に応答し、われわれの願望に他人が応答することはたびたびある。ひとつの人間的な宇宙があって、そこではAのどんな示唆にも、承諾するBがいないと想像してみよう。そのような場合、社会は存在しえないだろう。もしわたしが他人の誰ひとり自分の目的のために手を貸す気にさせることができなければ、それどころか、わたしに手を下して傷つけかねない他人を思いとどまらせることができなければ、いくら仲間がそばにいてもわたしの益にはならず、かえって危険をもたらすだけであろう。そこから帰結する「万人にたいする万人の戦争」状態も、各人にたいする各人の無頓着と結びつくと、政府の設立によっては修復できなくなる。Aの指図を承諾するBがいなければ、いくら政府が命令しても無駄であろうから。だがそれ以上に政府がそもそも存在できなくなるだろう。政府の存在は、まさしくその指図を承諾する習慣にかかっているのだからである。実際われわれは、いくら想像力に拍車をかけても、不承諾からなる宇宙を思い浮かべることができない。それは無人の宇宙になるだろう。指図と承諾のギヴ・アンド・テイクほど人間本性に固有なものはないからである。

ここでまたしても立ち止まり、議論の俎上にあるものから望ましからざる心理学的連想を洗い流しておかねばならない。子どもはするべきことを命じられると、いつかはひとに命令されないどころか自分が他人に命令するのだと信じ、それが大層なことに思われて、そのときが来るのを待ちこがれるのがふつうである。生育過程が不運だった子どもは、承諾を屈辱と結びつけ、それゆえ承諾にきわめて好意的でない価値判断を加える傾向がある。そうした子どもじみた気質が維持されると、往々にして一生のあいだ「命じる」ことばかりを評価し、「命じられる」ことは見くびる一方になってしまうことを意味する。

それゆえ、承諾への性向は弱さのしるしであるどころか、もっとも卓越した不可欠の社会的徳であり、あらゆる進歩の条件にして泉であることを強調する必要があると思われる。今後も煽動者について多くを語ることになろうが、それを社会的英雄に祀り上げるのが本書の趣旨でないことは明確に理解していただきたい。事実、承諾の性向それ自体はよいものだが、煽動はよくも悪くもなるのである(1)。

さらに思い出していただきたいことがある。AとBの関係において、イニシアティヴは(定義により)Aにあるが、決定は(やはり定義により)Bの側にある。それゆえ、行為HはAが欲することである(それゆえ問われるべきはAの選択である)という点では、AはBにたいして一定形態の優位をもつが、Hの遂行を拒否してもよい(それゆえAの満足の鍵を握っている)という点では、Bにも別の形態の優位がある。それにBの拒否する力が付随的な諸般の事情によってかき消されてしまうことなどない。事情次第では拒否するとBにとって危険になることはあるが、それでもありえないことではけっしてないのだ。そうした付随的な諸般の事情はこの関係のともかくも「偶有物」であって、この関係の本質をなす部分ではない。本質は、Aによって繰り出されBによる選択を産み出す示唆に還元される。要するにAのBとの関係は、主役と脇役の不平等を仮定も含意もしないのである。他方でこの定式化は、往々にして無視されるひとつの事実をたしかに承認する。すなわち、人間的関係において生じることはすべからく当事者のひとりによるイニシアティヴの結果だということである。

実効的な煽動は、帰結する行為Hの観点から考察することもできるが、AとBとのあいだでいたった合意という観点から考察することもできる。われわれはいままでこの過程を、「Aが語る」と「Bが行為する」の二段階に分けて分析してきた。そしてこの解析法はわれわれの目的にかなっている。実際、われわれが提案しているのは、刺激と反応（あるいは反応の欠如）を目撃する外部観察者の視角から研究を遂行することであるから、この過程をさらにその先まで解析するのは勧めないほうがいいのかもしれない。しかしそのような解析の深化がわれわれの探求の趣旨を明るみに出すのに役立つこともある。そこでこの特別の目的のために、四つの連続した段階を区別してみよう。(1)Aが自分の欲していることを述べる。(2)Bがそれを理解する（メッセージを受け取る）。(3)Bがそれに同意する（イエスの合図を送る）。(4)最後にBがそれをおこなう。これはAのイニシアティヴにつづいてAとBとが合意する瞬間があることをあらわしている。

社会諸科学を論じる著作において、イニシアティヴと合意のあいだの時系列順序（time-sequence）があいまいにされたり無視されたりすることがはなはだ多いのを、わたしは遺憾に思っている。評議会が全員一致の決定に到達するところを考えよう。そのような全員一致の決定を一気に生じる分解不可能な事実とみなすのは、時間の経過にしたがって生じたことに分割するのにくらべてたしかに現実的でない。まず、ひとりのメンバーがある決議を提議した。すると別のひとりがそれを支持し、かくして累積的に全員一致に到達した。誰でもそういう経験があれば、現実にある決定において全員一致に到達しても、会議の冒頭まったく別の決議案が提出されていたら賛成多数を獲得することはなかったという証明にはならないとみとめるだろう。Aの示唆とBの応答のあいだの関係は、AにたいするBの従属を含意するものではない。わたしは注意深くそう強調してきた。しかしそこには、Hの示唆とその遂行のあいだに時系列順序があるという含意がたしかにある。すなわちそれは、イニシアティヴの役割を強調するのである。これを強調することは、もろもろの集合体はそれ自体で動くものと人びとがみなしがちな時代だからこそ有益である。集合体のいかなる運動も、現実的人格によるなんらかの示唆からはじまるに相違ないのだ。

前節はありうる誤解の解消にあてられた。それは本章の最初の節への脚注以上のものではなく、最初に述べたことが確実に額面どおりに受けとめられれば無用になるだろう。しかしそういうことは道徳科学《モラル・サイエンス》においては期待すべくもない。道徳科学はわれわれ自身を論じるので、まるで角度や原子でも論じるかのように感情をまじえず議論をたどるのは困難に思える。実際、幾何学そのものにおいても、直線の形式的観念を一本の棒についてのわれわれの経験的知識から切り離すには、はじめに若干の努力を要する。示唆と承諾の関係にかんする形式的観念をわれわれの経験から切り離すには、比較にならないほど大きな努力を要する。おそらくこの努力は、純粋政治学(Pure Politics)が一個のサイエンスとして確立される(そのむずかしさは純粋経済学においては克服されているようにみえる)につれて軽減されていくだろう。だがそれまではこれを考慮に入れねばならない。それがここまで警告的な言辞が数多くなされた理由である。加えてこのむずかしさは、できるだけ具体的例証にうったえたいという気持ちにさせる。「政治的動物」のかの主たる特性、すなわち承諾性向を例証するためにこれをやってみよう。

わたしは夜中にひとり、暗い道を猛スピードでドライブしている。前方で灯火が上下に振られている。誰が合図を送っているのか、あるいはそれにどんな秘められた目的があるのか、わたしにはわからない。わかっているのはただ、誰かがわたしにスピードを落とすか、停車してもらいたがっていることだけである。ただちにわたしはブレーキをかけてスピードを落とし、灯火の振り手の真横に停車する準備をする(わたしがはじめに承諾したことに注意せよ。かれ——X氏——の最初の示唆は実効的だったことになる)。さて、わたしはかれに近づき、かれの二番目の、あるいは手の込んだ示唆を受けとる。

かれは道路作業員で、路上の障害物をわたしやほかのひとに知らせるために配置されているのかもしれず、するとわたしがスピードを落としたのは、まさしくかれがわたしに要求していたことだったという場合もある。しかし同様にかれは警察官であり、わたしの運転免許証の確認を要求していたという場合もあるし、立ち往生した車の運転者で、もちあわせない工具を借りたかったという場合もあるし、はたまた疲れきったヒッチハイカーで、車に乗せてもらいたかったという場合もある。出くわしたのが事故の被害者で、最寄りの病院への搬送を必要としている場合もあれば、与太者の一団で車に乗り込まれると怖いという場合もある。それどころか待ち伏せされることだってある。みただけで即断し、要求も聞かずにアクセルを目一杯踏み込んでしまうこともある。だがそういうことになるのは、わたしがきわめて臆病な人間であるか、危険が明白な場合だけである。たいていわたしは停車して、それが示唆するものをつきとめようとするだろう。仮にわたしの交渉相手が警察官なら、走り去ってしまうことはまずありえない。だがわたしの相手が事故被害者の場合にも、そういうことは同じくありえない。このふたつの事例で、わたしの承諾の動機はまったく異なっているが、わたしが承諾することにかわりはない。最後に、相手がヒッチハイカーの場合、わたしの応答はかれらのみてくれに大いに左右され、ある程度はわたしの急ぎ具合や気分にも左右されるものである。

実生活からとってきたこの些細な光景は、われわれがよく知る人間の特徴の一端を明らかにする。命令をあらわす合図に進んでしたがう人間は、自分に要求されていることはなにかと自分から耳をそばだて、それをしないよりもする傾向にある。かれの決断は、もちろん事情次第でありかれの性格次第であろう。だが要求自体もある圧力を行使し、反対する強い動機がない場合にはそれが有効打になる見込みが大きい。

こうした特徴は、いわゆる承諾への性向を構成し、あるいはあらわにするものであって、社会的人間の一枢要徳と考えられるべきである。ひとがひとに提供するあらゆるサービスは、この気質に由来し、また依存しているからである。およそ徳がそうであるように、その発揮にはもろもろの見きわめを要する。

示唆－応答パターンはもちろん空虚な形式であるから、具体的な特定内容で充当されねばならない。「Aによって要求される行為HをBが遂行する可能性はどのくらいあるか？」そのような問いは、記号を現実の名辞におきかえてはじめて明確になる。このおきかえを例示しよう。わたしはたまたまいま友人のオフィスにいる。かれの電話が鳴る。かれは受話器を取り上げる。命令的な合図への自動的な応答である。わたしには電話の相手がなにをいっているのか聞こえないが、明らかにまず自分の名前を告げ、さらにつづけて要件を語っている。友人の様子から、かれがA、つまり電話の相手に敬意を抱いており、したがってこれから切り出される要求にも、それがなにかを知るまえから快諾する気でいるとわたしは推測する。ところが、一方的な会話が進むにつれ友人の顔色が曇っていくので、わたしはその示唆がかれの意に添わないのだと推理する。ついにかれがいうのが聞こえる。「では、その件についてはは十分に考慮いたしますが、わたくしではむずかしそうですね」。もちろん「ノー」という意味だ。この事例では、実験対象は応答しなかった。

いまの実例は「誰が」要因と「なにを」要因の対照を提示している。「誰が」要因は承諾に有利にはたらいたが、「なにを」要因が不利にはたらいた。わたしの友人がその提案の本人にたいしていくら受容性があっても、提案の性質が友人の意にかなうものではなかった。もしその行為が友人の意にかなうものであったら、かれにとって煽動者がどんなひとであろうが承諾していただろう。その行為の遂行に少々乗り気でなかったというだけなら、電話の相手への友人の友好的ないし慇懃な気質だけで気乗りのなさを克服するには十分であったかもしれない。しかしこの事例では、気乗りのなさはAの信望（その本性はともかく）の力をもってしてもBをその気にさせることができないほど大きかった。しかし仮に友人の気乗りのなさがさほど大きくないとして、かれに最初のAよりもっと大きな影響力をもつ別のAや、個々の影響力はさほどでもないが、一人ひとりの信望を合計すると結果としてこれに匹敵する複数のAに要求されたら、考えをあらためることもある。こうしてBの応答は、提案の性質によっても、また提案の本人の影響力によっても左右される。あるいはもっと正確にいえば、提案そのものとその本人についてのBの主観的な価値評価によって左右される。

価値評価は主観的である。さまざまなBがいれば、同じAでもおよぼす影響力に軽重ができるし、同じHでも意にかなう程度が違ってみえるものだ。さらにさまざまなBがいれば、ある提案の中身よりそれが誰の提案かを重視する程度もまちまちになるものだ。この最後の点が鮮明に示されているのは、シェイクスピアの『ジュリアス・シーザー』である。その最初の二幕こそは煽動の物語である。

遂行されるべき行為（H）はシーザーの暗殺である。キャシアスが煽動者である。かれはブルータスを唆す。ブルータスがその気になるのは、キャシアスへの敬意からではなく、提案された行為が自分にふさわしいという確信の高まりによってであることを、シェイクスピアは明らかにしている。ブルータスははじめに自分が動かされるための条件を、「もしそれが公のためになることなら……」〔福田恆存訳『ジュリアス・シーザー』（新潮文庫、一九六八年）、一七頁〕と述べている。こうしてHがブルータスによって遂行されるのは、それが自分にふさわしいとかれがみなす行為である場合、そしてその場合だけである。応答がAの人となりになにも負わないという意味で、これを純粋H動機づけと呼んでよかろう。このような態度は、「シーザーがこうせよとお命じになれば、何事もかならず果たされましょう」〔邦訳、一三頁〕と述べるアントニーの態度とはきわめてうまい具合に好対照である。こちらは、Hの内容がBの応答を決定も左右もせず、もっぱらAの人となりによって応答が引き起こされるという意味で、純粋A動機づけと呼んでよかろう。仲間の共謀者たちはこの両極端なふたつの態度のあいだにおかれたものとして表現されている。暗殺に心は傾いているが、それでも決定的な一押しが必要なのだ。すなわち、キャシアスに代わってブルータスが形のうえで煽動者の役を演じることである。偉大な果樹園の場面で、ほかの者に「さあ、みんな、手を。一人ひとり」〔邦訳、四〇頁〕と命じるのは、キャシアスではなくブルータスである。かれは事実キャシアスの役目を引き継いでいる。というよりも、むしろキャシアスがその役目をかれに割り当てたのだ。なぜか？　キャシアスにない人望がブルータスにはあるからである。なぜブルータスが必要なのかをキャスカが説明するとき、この人望の要素が見紛いようもなく強調されている。

そうだ、あの男は万人の心の偶像だ。
おれたちの場合なら罪と見えることも、
あの男の支持を得れば、あたかもみごとな錬金術よろしくだ、
そのまま美徳と価値に変貌する〔邦訳、三四頁〕。

かくして、のちにブルータスは共謀者たちと民衆のあいだに立つことになるだろう。かれの「支持」が民衆を味方につけ、暗殺者たちの所業を快挙と信じ込ませる。だがそれ以前に、すでに共謀者たち自身がキャシアスでなくブルータスを自分たちのリーダーとみなせるようになっており、そこから確信を引き出していたのである。

わたしになにごとかが依頼される。依頼するのは誰か、そして依頼されていることはなにか？　好意的な応答が得られる見込みは、わたしからみた*A*の信用度と*H*の魅力から成り立っている。しかしこのふたつの比重は、わたしの性格次第でさまざまな程度で組み合わせられる。先の引用におけるアントニーでさえそうだったが、わたしはおおむね依頼するひとを考慮する性向《たち》かもしれないし、あるいはブルータスのように依頼されることがらを考慮する性向かもしれない。

それゆえ、*A*要因の影響をもっとも受けにくく、誰の示唆かを度外視して示唆の内容のみに留意する主体という

一部類をもうけたい誘惑に駆られる。実際そのような分類は運用上も重要なのである。とはいえ、これを道徳的優越性という観点から解釈しないよう気をつけねばならない。というのは、こうしてもうけられた部類は道徳的には種々雑多なものだからである。それには、強い信念の持ち主で人望などには無頓着なため、もっぱら提案が自分の原理原則にかなうかどうかだけを考慮するひとが含まれる。そうかと思えば、知恵に秀でた者を嘲笑し、自分の気まぐれや情念に合致するどんな示唆にも応じてしまううかつな愚か者も含まれるのだ。かくして純粋H動機づけは、極端な軽卒さとも極端な厳格さとも結びつくことがある。それが導く行為はきわめて多様であり、それどころか同じ行為でもまったく異なる心境から遂行されることもある。ごろつきと狂信家が秩序破壊運動において手を結ぶことも稀ではない。

応答する主体の動機づけに深入りしようとは思わない。ほかの条件が同じなら、応答の見込みは提案の本人と内容に付される主観的価値の関数であること、主体が異なればこのふたつの価値評価に付与される比重が変わること、以上を指摘しておけば十分である。この価値評価は主体ごとにまちまちであるだけでなく、事情によって、また実際気分によってもときどきに変わる。こうして、ある本人によってなされるある提案へのあるひとの応答には、つねになにがしかの不確実性がある。陰謀の達人たちは、時を違えていたら不発に終わっていたところを、狙いすましたタイミングの示唆で応答を手に入れた自分の手腕を鼻にかけてきたのだ。

AがBを動かす。この単純至極な命題において、Bがあらわすのはひとでも石ころでもよい。つまり実際のところ重要なのは、煽動が「あと押し」だという点に注意することである。Aからの「ひと突き」の結果としてBが動くという事態は、物理学にとっても政治学にとっても同じく基本的な現象である。だが違いに注意することもやはり重要なのだ。石ころを動かす「力」は客観的で測定可能だが、人間を動かす「力」はそうではない。実際Aの煽動にわたしが応答するとき、わたし(この実例では主体B)を動かす力はAに宿っているのではなく、このわたしに宿っている。たとえわたしが要求された行為*H*を遂行するのは、それをふさわしいとみなすからでなく、たんに*A*の信望の魔法にかかっているからにすぎなくても、それでもこの信望はわたしにとって存在するからこそ、つまりわたしの想像力内部の主観的現象であるからこそ、わたしをその気にさせるのだ。人間的な主体の場合には、「動かされる」というのが実はこの主体の活動のことであると銘記しておくのが肝要である。

ラシーヌの悲劇では、エステルの嘆願の結果、ユダヤ人にたいするアハシュエロス王の態度が一変する（戸張智雄訳『エステル』（人文書院〈ラシーヌ戯曲全集２〉、一九六五年）、参照）。これをもっぱらエステルに内在してアハシュエロスの玉座にたまたまいるのが誰であっても同じ効果をもたらす力のせいだといってよいものだろうか。アハシュエロスの人柄が決定的であったことは明らかに思われる。いいかえるなら、応答には主体の人柄および気質があらわれる。

ナポレオンといえば、印象的な人柄で目立つことこのうえない周知の一例である。エルバ島から危険を顧みず帰還するや、かれはグルノーブルで捕縛のために差し向けられた一連隊と対峙した。かれがひとり連隊に向かって歩んでいくと、連隊は熱狂の嵐となってかれのもとに押し寄せた。これは端的な人柄の影響力が作用しているからである。だがいつでもそうなのだろうか。かれのキャリアにおけるもっとも決定的な日、すなわち権力を掌握したときに、この同じ男は五百人会の議場に足を踏み入れると、周到に根回ししておいた多数派の支持をあつめるどころか、猛反対にあったのである。事態は兵士たちの議場入室を命じたかれの協力者たちの手で収拾されねばならなかったが、およそこんな措置が必要になるとは予見されていなかった（ブリュメール一八日のクーデターの一こま。議員以外の議場入室は禁じられており、罵倒され立ち往生したナポレオンは、五百人会議長の弟リュシアンの命で擲弾兵により救出された）。

*A*が*B*を動かす。これほど単純な（あるいは重要な）人間諸関係における現象はない。しかしわれわれは、現象がいくら単純だからといってその原因も単純だと思い込み、これは*A*に内在するある特質から帰結することだなど

と述べるわけにはいかない。AがBを動かすとき、これがあらわしているのは、ある単純な要素にまで突きつめることなど不可能なひとつの関係なのである。それは単純なできごとだが、単純な原因の結果とみなすべきではない。

ある煽動は主体が誰であろうと実効的である、などとは予言できない。さらに、ある煽動はある主体の場合に実効的である、などと確実に予測することは不可能である。第一の点についていえば、われわれの気質は大いに多様で、しかもわれわれ個々の過去に深く根をおろしている。教育や手本から形成された永続的な印象、凝り固まった習慣、染みついた信念や先入見、このすべてが現在のわれわれ個々の気質に入り込んでいる。作用は存在にしたがう（*Operari sequitur esse*）。はたらきかけるときもはたらきかけられるときもわれわれは自分の存在にしたがうのだが、この存在はわれわれの過去の造物である。刑事事件では被告人の過去が大いに重視されるので、われわれは多言を要しない。反対に、われわれが適宜で高貴で称賛にあたいするふるまいのイメージにつきまとわれていると、そうしたイメージが現在の煽動によって活用されうるのである。

一八一五年にナポレオンが兵士たちのまえに姿をあらわしたとき、かれらはフランス軍を勝利に導いたこの偉大な将軍についての自分や他人の記憶によって動かされ、かれを捕縛するという命令は馬鹿げたものに思われた。ボナパルトが五百人会に姿をあらわしたときには、かれの権力掌握を受け入れる腹づもりであった人びとでさえ、突然かれがシーザーにみえ、自分たちがブルータスを讃えていたことを思い出し、それがかれらを反ボナパルトへと動かした。

これが強調しているのは行動イメージのこのうえもない重要性であり、それが心に植えつけられると特定の煽動を受け入れやすくし、それ以外の煽動を受け入れにくくする。ひとがなにを善とみなすかにかかわりなく、「善い」煽動にとって心に植えつけられた「善い」行動イメージは、アルキメデスの梃子にとっての定点にもひとしいものとなる。

ほぼひとしい、だが完全にではない。われわれの気質には流動的なところがあり、そのために、われわれがいかによく知る人間であってもその応答を予言することは不可能である。劇的な状況下で、わたしは自分のよく知る人びとを例にとり、競合する煽動にたいして逐一どのように反応するか言い当てようとしたが、結局わたしの正答率は低かった。

ここまで論じてきたのは煽動―応答一般である。では付加的な事情として、このときBの先行コミットメントが関連する場合を考察しよう。そのもっとも単純な事例はこうである。AがBにHをせよと命じ、実際BはHの遂行をまえもって約束していた。明らかにBがいまいる状況は、かれにコミットメントがない場合に成り立つ状況とはまったく異なる。いまこの瞬間のわたしにはHを遂行したいという気持ちがないし、Aの信望もわたしの乗り気のなさを凌駕するほどわたしにとって篤いわけではない。要するに、煽動だけだとわたしはそれに応答しようとは思わないのである。それでもわたしはHをたしかに遂行する。わたしの先行コミットメントは、わたしが行動した主因とみなすこともできるし、あるいはいまの煽動の補強的な要素とみなすこともできる。この後者の提示法こそわれわれのモデルに適合するものであり、やはりシェイクスピアから拝借した例示によってお墨付きをあたえられる。

共謀者たちがブルータスの果樹園で会合するさい、キャシアスはいう。「そして、われわれの決意を誓いあおう」。ブルータスが反論する。「いいや、誓いは要らぬ」〔邦訳、四〇頁〕。それからかれは、動機が弱ければ潜在的遂行者には誓いという拍車が必要になるだろうが、いまはそれにはあたらないと説明する。かれはことのついでに重要な指摘をしている。つまり誓いは動機が弱い証かもしれないというのだ。こうしてわれわれは、先行コミットメントが人間的諸関係において必要なのは、未来のある時点で純然たる煽動に実効性がないかもしれないといま懸念されており、その未来のある時点での行為Hの遂行を確実にせんがためなのだという考えに導かれる。いかなる社会においても、AがBに約束を、誓いをもとめるということがみられるのは、未来のAの煽動に押しの強さが足らないことを見越して、それを是正するためなのである。

疑いもなくいま述べたことは、私人間のコミットメントの保証人となる公的権威のことを読者に想起させる。そして本書における公的権威への最初の言及がこの文脈で出てくるのは適切なことである。というのも、公的権威といえばどこでもその不可欠の機能は、人びとに約束を守らせることだからである。Bの約束を前提として、AがBによるHの実行を請求する民事訴訟ほど簡単なものはない。だが公的権威がどんな約束の保証人にもなるというのはおよそ真実ではない。法は約束の形式および内容に留意する。実に多くの約束が法的な拘束力を欠いているにもかかわらず、われわれはそれに拘束されると感じる。約束に公的権威の後ろ盾をあたえて権威づけるのは、付加的保証である。だが約束とはそれだけでひとつの束縛なのだ。ホッブズの言い草は、私見によれば軽々しすぎる。「ことばの束縛は、なにかの強制的な力への恐怖なしには、人びとの野心、貪欲、怒り、およびその他の諸情念をおさえるには弱すぎる」[2]。その束縛は実際、多くの場合に所詮は弱すぎるかもしれない。だがそれはけっして無視してよいものではないし、ひとによっては解き放たれることのありえない鎖になる。カルタゴ人によって仮釈放され自由の身となったレグルス〔Marcus Atilius Regulus（?-249BC）．ローマの執政官。第一次ポエニ戦争でカルタゴの捕虜となり、和平の説得をすることを条件にローマ帰国を許されたが、みずから徹底抗戦を説いたのち約束を守ってカルタゴに戻り殺された〕が、舞い戻ってかれらの手にわが身をゆだねた話は誰しも聞いたおぼえがある。

実際、公的権威の後ろ盾がある約束のことなどさしあたり忘れてしまえば、BがAによって煽動されるときには、先立つ約束によるコミットメントがBの態度決定《ディスポジション》の一要因であると称してかまわない。つまりそれは人間同士の関係という自然的領域の一部をなしているのである。

同じことが別の種類の先行コミットメント、すなわちAへの服従コミットメントについてもあてはまるかもしれない。たしかに、この性質のコミットメントがいくら拘束的だとはいえ、事実Aがたまたまなにを要求してもBはそれをおこなう、というほど拘束的ではありえない。催眠術にかかってAの手にわが身をゆだねるときですら、B

は一定の命令にはけっして応答しないものだ。だが他方、人びとがあるAに約束した忠誠ゆえに特定行為をおこなうべく拘束されていると感じることは、経験上の事実である。この現象は、院内幹事の要請があればしばしば自分自身の判断に反する票を投じる議員たちのふるまいにあらわれる。共産党の内部では、忠誠によるコミットメントが怖気をもよおす絶頂に達している。だがそれも幸いにしてもっと狭い限界内にあるうちは、きわめてありふれた社会現象である。「組織への忠誠」なることばは、政治の領域を大きく越えて流通している。概してそれが引き合いに出されるのは補強的要素としてであり、Bがやりたがらないことを、それどころかするべきでないことをBにさせるためである。またこのことばは、Bがするべきでなかったと自分でも承知していることを、他者からみて、あるいは自分でみて正当化したいと思っているときにも心をよぎる。

　もちろん、先行コミットメントは所与の煽動にたいして有利にも不利にもひとしく作用しうる。わたしがいかに乗り気でなくても、約束したからにはHを遂行し、Aに忠誠を誓った以上はその要求を承諾することがあるように、いかに乗り気でなくても、先立つ約束や先行する忠誠に矛盾するから煽動の承諾を拒絶するという場合もある。この後者の状況では、煽動がコミットメントを凌駕することもあるし、しないこともある。たとえば、先般の大戦中、シリアのフランス軍兵士が心は連合国側にあってもイギリス軍への合流がもつ魅力に抗ったのは、ヴィシー政府への忠誠のためだった〔一九四一年、フランスの委任統治領から独立したシリア自治政府がヴィシー政権を支持したため、シリア駐留のフランス兵士はド・ゴールの自由フランスに協力するイギリス軍と対立せざるをえなかった〕。反対に、一八一五年にネイ元帥〔Michel Ney（1769-1815）. フランスの軍人〕は、ルイ一八世に忠誠を誓い、実際ナポレオンを「檻に」戻すと約束していたのに、皇帝の煽動に堪えきれずナポレオン側についたのである。

　本章ではシーザー暗殺が行為Hの具体例として用いられた。明確を期して、『リチャード三世』でシェイクスピア描くクラレンスの暗殺と比較してみよう。短い引用で対照は明らかになる。

暗殺者2　うーん、まだ良心の滓がちょっとばかし残っているようだ。
暗殺者1　やったあとのご褒美を思い出してみろ。
暗殺者2　よおし、やろう、ご褒美のことを忘れていた。
暗殺者1　で、良心はどこへ行った？
暗殺者2　グロスター公の財布のなかだ。

〔小田島雄志訳『リチャード三世』（白水社〈シェイクスピア全集〉、一九八三年）、六五頁〕

この男たちはいかなる点においてもキャシアスの一味とは似ていない。後者はキャシアスに説き伏せられて自分たちの悪行を善行とみなすにいたり、いまや自分たちの良心によってそれに駆り立てられていくのだからである。[3] かれらに向かってブルータスは「われわれの場合、事の正しさ、不羈の志」とあげつらい、「このうえどんな拍車が必要だというのだ、……このわれら自身の大義名分のほかに？」〔『ジュリアス・シーザー』、四〇、四一頁〕と叫ぶことができる。

クラレンス暗殺者たちはグロスターの大義を支持したわけではけっしてない。かれはクラレンスの死を欲し、かれらは金を欲している。取引が成立し、履行される。グロスターと暗殺者たちのあいだの等価交換（*quid pro quo*）関係は、キャシアスとその仲間のあいだの関係とはまったく異なる。政治的領域で等価交換関係の重要性を否定すれば馬鹿げたことになろうが、それをこの領域に不可欠の特徴とみなしてしまうのも、このうえなく大きな誤りを犯すことになるとわたしは感じる。政治的活動に典型的なのは、キャシアスによって成就される「動員《ムーヴィング》」のほうなのだ。

本章は政治にかんする一論考の基本部分をなす。国家、主権、憲法ないし公的権威の諸機能、政治的義務、等々にいっさい言及がなかったのは、強調にあたいする重要なことだとわたしは思う。政治史から若干の事例がその力に鑑み引き合いに出されたが、一貫して論じられてきたのは私的個人間の関係である。それを概略すれば以下のようになる。人間は他の人間をある行為に向けて動かそうとする。われわれには応答する一定の一般的気質がある。われわれの現実の応答は、示唆される行為の性質と煽動者の人柄にかんするわれわれの主観的印象で決まる。とはいえこれらの印象も、われわれの過去や確信事項から形成されているわれわれの人柄の影響を受ける。われわれの応答は、おこないや指導者との関連でのわれわれの先行コミットメントによって若干の制約が科されている。これらはことごとく、政治の領分と考えられているものよりはるかに広範なフィールドにあてはまるのだ。

実にふつう政治と考えられているのは、人間たちがひとつにあつめられ、そのためにたがいにはたらきかけあう機会ができるといつでもおのずと生起する基本的な政治的諸関係が、自然的かつ必然的に突出したものにすぎない。社会的諸関係と政治的諸関係のあいだに本質上の違いなどない。本質はまさしく人間間の諸関係のことがらなのである。

第二章　応答

他者に語りかけ、自分の欲する行為へとかれらを運び去る人間。歴史を創造する人間がいる。然り、だがわれらが「英雄」が実際に歴史を創造することになるかどうかを決定する人間がいる。語りかけられるひとである。

一六八八年のオレンジ公ウィリアムのイングランド上陸は、歴史秘話で終わっていたかもしれない。応答がそれを「名誉革命」にしたのである。愛しのチャーリー王子〔Charles Edward Stuart (1720-88). 名誉革命によって追放されたジェームズ二世の孫。革命に反対するジャコバイトにより擁立され、一七四五年にイギリス王位奪回のため一時帰国するが失敗した〕の上陸のほうが「名誉革命」になっていたかもしれない。応答の欠如がそれを歴史秘話にしてしまった。二〇世紀の二〇年代初頭、ムッソリーニが成功したところでヒトラーは最初の失敗に直面した。一九二三年一一月の失敗に終わった一揆《プッチ》〔いわゆるミュンヘン一揆のこと〕のあと、ドイツにおけるヒトラーの勝算は、ジョルジュ・ヴァロワ〔Georges Valois (1878-1945). ファシズム団体「フェソー」創立者〕という名のフランス青シャツ隊の指導者ほどもないとみえたときがあった。しかし後者への応答は急速に衰えたのに、ヒトラーへの応答は弱まったのち跳ね上がった。

応答 (response)、そこにこそ陰の実力者《キング・メーカー》がいる。

貴族どもは陛下のおことばには耳を貸そうともせず、

陛下の敵のもとに走ってその臣下たるべく忠勤を誓い(1)

かれらがあなたのことばに耳を貸そうとしなければ、あなたの力は無為に帰す。というのも、人間の力は主の力とは違って不滅で永遠の属性ではないからである。それは他者を動かす能力のことであり、しかもこの他者は、動かされるのをあくまで拒めばこの力を無にしたり破壊したりする。王の権力は氷塊のように堅固で重いもののようにみえるが、場所が変われば水のように干上がったり結晶したりすることもある。人びとをかつて動かした声がいまはその効き目を失っているかたわらで、別の声が耳を傾けられている。

移ろいやすき忠誠はシェイクスピアの史劇を貫くテーマである。王が挑戦者に応じようと召集した家臣団は挑戦者に靡いてしまい、それとともに王位も移っていく。見捨てられることが度重なって次第に王の権力が剥ぎ取られていくさまは、『リチャード二世』にきわめて衝撃的に描き出されている。ウェールズに上陸したリチャードは、急を告げる知らせにも、自分の一声に万物が応じてくれるという考えで慰めをおぼえる。

この大地とて人の情をもち、この石とて武装兵となって……(2)

だがソールズベリーとの会見は、最初のやりとりからして不吉である。

王　よくきてくれた、伯爵。おまえの軍勢はどこにおる?

ソールズベリー　どこにもおりません、陛下、ただこのやせ腕あるのみです。……

ウェールズ軍は……

ボリングブルックのもとへ走ったのです、一目散に。(3)

王のためにソールズベリーのかきあつめた「軍勢《パワー》」が消え失せるのを手始めに、リチャードは支持を失い絶望して叫ぶ。

おれに従っていた兵たちはただちに解散させよ、
夜に閉ざされたリチャードから離れ、
朝日と輝くボリングブルックのもとへ行かせてやれ。(4)

「夜に閉ざされたリチャード」なる素朴なイメージは、「朝日と輝くボリングブルック」と対照される。自分自身の返り咲きを戻ってくる太陽に喩えるリチャードの勇猛なせりふのあとの場面だけに、きわめて効果的である。

この盗賊、この謀反人、ボリングブルックも同じこと、
おれが地球の反対側をまわっているあいだは
夜の酒盛りに浮かれ騒いでいたかもしれぬ、が
おれがふたたび東の空、玉座にのぼるのを見れば、
そのまぶしい光をまともにふり仰ぐことあたわず、
やつの謀反は恥ずかしさにいたずらに顔を赤らめ……(5)

こうして昼がリチャードの属性であり、夜がボリングブルックの属性であった。いまやふたつのイメージは逆転

している。その間になにがこの逆転を正当化したのだろうか。王の帰還もボリングブルックの追従者たちを蹴散らすことはなかったたし、王の呼びかけにも呼応する声は上がらなかったのだ。

応答とは一個の事実、過酷な事実、測定可能な事実である。これをリチャードの妃に向かって庭師が明らかにする。庭師は彼女の懊悩には憐れみをもって応じるが、彼女の不信には醒めた説明でつぎのように応じる。

王様のほうの秤皿に乗っかってるのは王様ご自身だけ、
あとはいっそう軽くするようなお気に入りの軽薄者が少々、
それにひきかえ、大ボリングブルックのほうの秤皿には、
ご自分のほかにイギリスの貴族という貴族が全部、
というわけで、リチャード王はかないっこありません(6)。

君主や統治者にとってはなんというおふざけだろうか！　権力の本質をなんとも鋭く暴露することよ！　心もとないのはソールズベリーの軍隊にしても同じである。

ああ、時をもどらせ、昨日を呼び返してください、
そうすれば一万二千の勇敢な兵士が陛下のものです。
今日では、ご不運の今日この日では遅すぎました……(7)

高雅な悲劇から日常生活に降りるとしよう。個人たちはもろもろの示唆に、それもたがいに競合する示唆にさらされている。さまざまな声によって、こちらから、あちらから呼びかけられる。そのような状況はごくふつうに経

験することなので、著作家たちは内面の葛藤に苛まれる人間という若干異なった状況を活写するのにもつねにこの経験を活用した。この人間は、寓意的に外形をもつ実在をあたえられたある誘惑と闘うか、あるいは多様な動機――やはりかれをよろめかせようとする外部の声として表現される――がいい争う一部始終を聞かされるものとして表現される。こうして悩める人間という特殊な事例が、さまざまな教唆のもとにある人間というより一般的な事例の観点から記述されるのである。

個人がこうして包囲されているのは驚くべきことではない。そうでない場合が考えられるとしたら、隣人にとって役立たずのどうでもよい人間の場合だけであろう。実際、周知のとおり、およそエゴが自分の地位を高めたり自分の目的を推進させたりできるときには、他人の態度、行為、ふるまいになんらかの変化をもたらすことに成功している。それゆえそれらをエゴが、他人をよろめかせて、自分の目標達成に資する「手段」とみなすのは自然なことである。エゴの立てる目標で、その成否がある他者のなんらかの黙認や加勢にかかっていないものなど、皆無に近い。エゴのもくろみの展望は小さかったり広大だったりする。性格のあさましいものも高貴なものもある。どの場合でも、他者を動かすことが必須条件である。エゴが本人のためを思って他人のふるまいをあらためさせたがる場合も実際ある。それにあえて触れないでおくのは現実離れしてシニカルなことだろうが、それもたやすく一般的イメージにはめ込むことができる。つまりエゴの関心事としては、およそエゴが興味をおぼえるどんなものでも考えられ、自分自身の個人的栄達から同胞《ブラザー》の魂の救済にまでおよぶのだ。ここでわたしが強調したいのは、手招きするメッセージがおのずとすべてのひとをターゲットにしているということである。

そのような仕儀とならざるをえないのも、個人が究極のエネルギー源だからである。われわれは大規模な社会的団体の力と個人の弱さとを対照させることに慣れている。これは一部まやかしである。裕福な個人の所得でも巨大企業の所得にくらべれば些少であることは、疑いもなく真実である。だがその企業の所得が、各自の所得の一部をその企業が提供する商品に支出するというきわめて多数の個人の決定の確保にかかっていることも、また真実なのだ。さらに真実味があるのは、どんな社会的力も多くの個人のエネルギーがその利用に供された結果であるということ、そしていかに偉大な人間的権威といえども、応答が手に入らなくなればロウソクの炎のように消えてしまうということである。

個人には示唆に応答するかしないかの選択肢がある。複数の示唆が眼のまえにあれば、どれにするかの選択をする。きわめてリアルな意味において、個人に最終決定権《ラスト・ワード》がある。しかし個人がそれを自覚することはほとんどなく、同時に同じ促しが向けられる個人の数が増すにつれ、この自覚はますます小さくなる。ある新型車が生産可能になるという研究開発部署の示唆に応答して決定を下す自動車メーカーが、この新型車を購入するかどうかを決定する顧客よりも重大な決定を思案していることは明白である。しかし、そのメーカーが下す明らかに重要な決定が正しいかどうかを究極において立証するのは、個々の顧客が下すどうみてもつまらない決定なのだ。同様にして、いかに絶対的な統治者があの助言よりこの助言にしたがうと決定しても、その決定は最終的に臣民たちが承諾するかどうかのテストにかけられる。

どんな歴史的な語りも、多数者が遂行する行為に首尾よく趨勢を生じさせた「第一起動因」に焦点を合わせざるをえない。そのような英雄（ずさんこのうえない意味での）への注視は、辻褄を合わせるのに必要なのだ。ルターやカルヴァンの名を挙げずに一六世紀の歴史を書くとなったら、どれほど空しいことになろうか！　しかしその現象を深く理解するには、社会というフィールドにいきわたっているもろもろの気質を、所与の応答性向を探求することが欠かせないのである。

煽動とは初期投資であって、いくらかはまったくの損になっても多少の払い戻しがあれば万々歳と考えるのがよい。つまり損した話はその後も語られない。だが煽動の成功はかなりの程度までそれが応答性向に調和していたためなのである。

つねづね人びとは、自分の心はいかなる示唆にも開け放たれているという。これはまったく真実ではないし、真実でなくて幸運である。もし実際に心がそこまで開きっぱなしだと信じられたら、心はありとあらゆる種類と発信源の示唆であふれてしまうだろうし、それが干渉しあって結局は「ノイズ」以外になにも産まないことだろう。人間の心は、もろもろのメッセージを受け取り、解読し、評価して、適切な行為を決定していると考えてよい。明らかに個人によってはメッセージを理解する能力に限界があり、評価の能力にはさらに大きな限界があり、行為に踏み切る能力となるとそれに輪をかけて大きな限界がある。それどころか、自分であるメッセージを是認した結果として行為に踏み切ろうとするとき、同時に別のメッセージについて思いめぐらせると、やりかけの行為を失念してへまをするはめになることを、われわれは経験から知っている。それに、受け取ったあるメッセージについて思いめぐらせているときに別のメッセージを取り入れようとすると、かならず集中力を切らして考え足らずの決定に終わってしまう。さらには、ある特定の示唆にたいして「イエス」か「ノー」かを選択するだけでなく、多くの示唆のなかからひとつを選ぶことが課題であるときには、われわれが判断を下すのは余計にむずかしくなる。これらおおまかに述べたことから帰結するのは、われわれのメッセージ摂取量には限界がなければならないということである。ある性質の示唆がわれわれには無益になると概してわかっていれば、われわれは煽動の過剰流入から保護される。われわれを動かす見込みが多少ともある示唆は、その射程が重要な特徴になる。ある任意の瞬間になされる一定の示唆が、ある任意の社会のごく少数の人びとだけを動かす傾向がある場合、それを社会的特徴とみなすことができる。ある任意の示唆が一定の人格を動かす狭小な見込みだけを有する場合、それを個人的特徴とみなすことができる。応答性にもろもろのパターンを考えることもできるし、「消点」も考えられる。社会のなかできまってあるひとりの人格に受け入れられる、すなわち受け入れられる見込みがあるのはひとりの人格だけという示唆と、社会のなかでいかなる個人の応答もない、あるいは任意の個人からの応答の見込みがない示唆のあいだの臨界を形成するもののことである。

前段落は多くの領域をきわめて早足でカバーするものである。早足だからといって、この主題がこれ以上の詳説にあたいしないという意味ではない。むしろそのような詳説は、現段階でできる以上の、あるいはわれわれ個々の努力でできる以上の作業を要するという意味だ。社会的および個人的な「応答性のパターン」という観念を導入し、応答の可能性にしたがって1から0までの示唆の序列化を考えることができれば、われわれの現在の目的には十分である。応答の見込み0だと示唆と思われることすらないだろうし、応答の見込みがほぼ1の示唆は自動的に行為を引き起こすものだろう。

この両極端における示唆は値踏みや決定に仕事をさせない。自動的に成就してしまう示唆ではたらいているのは、それらとは種類が異なるものである。この両極端のあいだのどこかに収まる示唆は、どうしても個人の側に時間と注意を消費させるということが生じる。つまり面倒なのである。

決定形成の苦労をわたしは大いに重視する。決定形成は人間の生得権だが、負荷でもある。裁判官ほど名誉ある職務もないとはいえ、容易な仕事ではない。誰もが裁判官席に座っており、自分で下した判決を自分の力で実行するのに先立って、内面の法廷で決断を下している。個人は裁判官と同じで、所与の時間内に熟考できる決定はせいぜい二、三である。それゆえ、個人のもとに届く教唆の大多数は、熟慮の機会をあたえずに、1「自動的に遂行」か0「吟味せずに拒絶」かに即刻分類してしまうことがきわめて重要なのだ。そうした場合に個人が自由を発揮することにならない、などというべきでもない。即時受容および即時拒絶の基準は個人の人格に組み込まれてその要《かなめ》の一部になっているからである。内面の法廷での論争を要する場合、われわれの原理原則や習慣が、裁判官にとっての法や先例のようにわれわれの助けになることは明らかである。裁判官が法や先例に頼るように、個人は自分の確信や性格といった内的構造に頼っている。

裁判官なら、一連の判決にまったく一貫性がないと、すなわち類似の訴訟に正反対の判決を下したり、昨日肯定した原則を今日否定したりすると、裁判官席に座る資格なしとみなされるだろう。同様にして、態度や行為に整合性がみられない個人は信用できないと思われてしまう。そのような人格とつきあうのは避けるべきだ。適切にいえば、そのひとは無性格の人間である。われわれの性格は、われわれの行動の内的整合性にあるというのが正確だからである。あるひとの性格とは、そのひとの自由と、他者によるそのひとの行為の予測可能性とを仲裁するもののことなのだ。自分の性格にしたがって行為するひとは、たしかに自由に行為している。だがそのひとの行為は、その性格を知る別のひとには予測可能でもある。不幸にして現代では、人間の自由は他人の期待をどれだけ裏切るかによって測られるという見解が台頭している。そのような自由はでたらめ以外のなにものでもない。各人の性格こそはまさしくそのひと自身のものである。それはあたえられてそれっきりではなく、ひとが他者の国と対決し、また自分自身と協議した果実として成長する。しかし、ある所与の社会に生きる人間、所与のある立場にあり、所与のある職務を占有する人間に、この社会なり立場なり職務なりに付随する性格のあらわれをわれわれが期待することも理にかなっている。そのような期待は、この個人の隷属状態を暗示するのではなく、この個人がもろもろの義務を雄々しく受け入れていることを暗示する。

このすべてが干渉して、ある人格の行為にかんして他者が抱く不信の幅を狭める。この人格のためらいの幅を狭めてくれるからである。にもかかわらず、エゴが自分に届く教唆を逐一もっぱら「その真価によって」考量するには不都合なことがほかにもある。それが先に「純粋H動機づけ」と呼ばれたものなのだ。それにつきものの難点が強調されて然るべきである。

「わたしは自然的ないし偶然的な影響力をなにひとつ発揮しえない立場にあるゆえに、たとえわたしの提案が不毛もしくは危険なものとして、そしてこの構想が弱くその時期も不適切だとして退けられるとしても、その外観が諸君を畏怖させ幻惑し瞞着する力をもつはずはないという揺るぎない確信をわたしはもった」[8]。ここに引用したバークの演説の前置きは、ある示唆の内在的な魅力（示唆された行為Hにはそれ自体の魅力がある）と、示唆に付加された魅力、すなわち本人の人柄（自然的影響力）か本人の職権をともなう地位（偶然的影響力）ゆえに、ひとがその本人にたいして抱く敬意のおかげで示唆に生じる魅力のあいだに、われわれが引いた境界線をうまく強調してくれる。

バークにあらわれるようなやや修辞的な控えめさを真に受けるならば、聴き手の態度決定は、かれが誰かにはなにも負わず、提案は「その真価によって」のみ評価されるだろう。もちろんこれは、聴き手各人による提案の真価についての主観的評価にしたがって、という意味である。前章のターミノロジーに立ち返っていえば、人格Bに行為Hを遂行せよと命じるのは人格Aであるが、人格Bは行為Hについての自分の判断にしたがって反応し、人格Aについてはいっさい顧慮しない。はじめのうちこれは、Aを顧慮した反応よりも優れた種類の反応に思える。わたしがもっぱらHは自分にとって善いと思われるがゆえにHをおこなうと決定すれば、たしかにその行為は、それを要求ないし推奨するのが特定のAだからという理由でHをおこなう場合よりも、いっそうわたし自身のものである。これはきわめて明確であるように思われる。しかしそのようなみかけの明確さこそがまやかしなのである。

まず低レベルの問題を取り上げ、Hをおこなうかおこなわないかは単純に損得の問題であると想定してみよう。たとえば、銀行家が貸付をみとめるか拒否するかを決定するという問題である。もしそれが使途不特定の無担保貸付なら、引き受けるか引き受けないかの決め手が借入方の性格や地位にかんする銀行家の値踏みになることは明らかである。この場合のBの応答は、徹底してHでなくAにかんするBの評価に依存する。では、貸付に抵当による担保があるとしよう。その場合、貸付方の決定の決め手は借入方の人柄にはならず、抵当に入れられた資産の評価額になるだろう。ただしこの評価額は不動産鑑定士によって決められることになるだろう。それゆえ銀行家は、実際には別人の、つまり不動産鑑定士の意見に頼って貸付をおこなうことになるだろう。もう一歩踏み込んでみる。こんどは、借入方があるプロジェクトを実現するための資金をもとめている。すると銀行家が資金提供するのは、そのプロジェクトが健全なものだと自分で納得できる場合にかぎられるだろう。それゆえ決定はもっぱらHの真価にもとづいて下されることになる。だが銀行家は、そのプロジェクトの真価にかんする自分の判断をどうやって決めるのだろうか。専門家の意見をもとめて判定すれば、当然かれは誰か他人の推奨に頼って行為することになる。この最後に挙げた作戦行動は、つぎのようなやりかたで分析できる。

A_1がBにHをおこなうよう依頼する。BはA_1をいっさい顧慮せず、Hの真価だけにもとづいて決めようと決心している。しかしこの真価を測るために、BはA_2、すなわち専門家に頼る。それゆえ、最終的にBはA_2の「二次的」な煽動によって資金を提供することになる。こうして銀行家の場合を吟味してみると、Hを自律的に値踏みするという考えは雲散霧消してしまう。Bの応答はおそらくA_1への敬意からはまったく独立したものであるだろうが、BのA_2への敬意には依存している。この単純な例証からふたつの重要な結論を引き出すことができる。ひとつには、「真価のみにもとづいてあるケースに決定を下す」とは、もっともなことだが実際には、第三者の意見を保証にして、つまり「二次的」な本人性（authorship）を頼りに決定することである。しかるにこれとは逆に、二次的本人性は当てにすらできないと感じているひとは、多難なプロセスに乗り出したことになる。この最後の点が明々白々になるのが銀行家の場合であり、貸付の見通しを逐一自分で調べるはめになって、本来の業務を果たせなくなってしまうのである。

こんどはもうひとつの極限例に向かうことにしよう。Hをおこなうかどうかが道徳的な正しさの問題になる場合である。行為HがA_1によりわたしに推奨されている。わたしはそれが正しい場合にかぎってする決心を固めている。だがわたしがA_1の道徳的性格を高く評価していると、それがわたしの心のなかでHは正しいのだという強固な仮定を構成する。この仮定を自分の決断の決定因にしてはならないと考えるわたしは、倫理の良き判定者だと考える他の人格の助言をおのずともとめることになるだろう。そうすればわたしは人格的決断を避けることになるというのはほんとうだろうか。まったくそうはならない。どの助言者にするかの選択は、どの原理を受け入れるかと同程度に人格的な選択だからだ。この人びとは良き人びとだというわたしの信念は、わたしの信念総体の一部である。もしこれらのA_2がHは為されるべきだという点で一致したら、この二次的煽動はA_1の一次的煽動を強化するだろうから、このコンビをまえにしたらわたしはほぼもち堪えられまい。わたしはA_1を高く評価しており、かつA_2たちを選んだという基本的前提に留意しよう。そこから帰結するのは、一次的本人性と二次的本人性、あるいは本人と保証人とが結合するときの道徳的重みである。煽動するA_1がわたしになんらの敬意も呼び起こさない場合、またわたしが頼みもしないのに結束してお節介を焼くA_2たちにそれと同じことがいえる場合、そのような道徳的重みがないことは明らかだ。たとえばルターを取り上げよう。かれは当時の教会の高位聖職者たちをはじめあまり高く買ってはいなかった。その結果として、ルターの説にたいするかれらの一致協力した反対論も、かれにはほとんど道徳的な影響力をおよぼさなかったのである。ある提案を評価するにあたって、われわれが考慮に入れる「誰が言い出しっぺか」と「誰が支持しているか」の重みも、当然ながら一次的本人と二次的本人にかんするわれわれの主観的評価の関数なのだ。

ここまで述べたことを凝縮してみたい。わたしはHをおこなうよう要請されており、この要請はもともとある特定のA_1に発しているが、あるA_2たちの保証によって多少なりとも直接的に支援されてもいる。いま述べたのは、「本人性要素」のわたしにとっての意味は、一次的・二次的な本人たちについてのわたしの主観的評価に比例して深まるだろうということである。煽動するA_1についての（また結果的にはそれを支持するA_2たちについての）わたしの好意的な評価そのものが、その示唆に重みを加えることは事実なのだ。われわれがいま論じているのは、道徳的な決定を下す最善の方法はそうした重みを除外することだ、という公理（むしろ疑似公理）である。これは不自然である。わたしによって主観的に評価されるそのような重みは事実存在する。だがさらに、この公理は不合理であることをわたしは示そう。

実行を依頼されたことがらにわたしが少々の疑念を抱いている場合には問題が生じる。この問題を解消するために、わたしは手持ちのありったけを総動員しなければならない。示唆の値打ちを評価する十分な手段がたまたまわたしにはないが、このとき示唆の本人（あるいはわたしが当てにできる特定の助言者）がその示唆の真価に判断を下す適任者だと知る（あるいは信じる）ための手立てなら、たまたまあるかもしれない。これらの個人についてのわたしの評価は、こうして自分の問題を解消するわたしの資質の一部をなしており、手持ちの手段の一端の活用をみずからに禁じるというのは意味をなさない。それどころか、他の個人の判断についての自分の判断を信用する必要が出てくるというのが大半の場合だろう。自分が誤った決定をする見込みと、正しい決定をする見込みが五分五分だと思っている場合を考えてみる。それゆえわたしは、自分は正しいという見込みがかなり大きくなるまで決定を先延ばししようと決める。だがそうして事態が好転するには相当の時間がかかるかもしれず、これはたいてい事実上「ノー」の決定も同然になるだろう。とはいえこの決定も誤っている見込みが五分五分であるのだから、高い確率で正しいとわたしがにらんでいる答えの持ち主が要請ないし推奨する決定よりも、誤っている見込みは大きくなる。

本人性にもとづいて応答するというのが、人間に一般的かつ不可避の習慣である。知識人たちにはこれに反対する根づよい先入見があるが、ある明確な問題について「考えをまとめる」（make up our minds）ためとあらば労も厭わずタイム・リミットも気にしないのがわれらが種に特有のはたらきだ、と考えるならそれも十分に納得がいく。そう考えるからこそ、近道をするのはわれわれ自身へのまったき背信行為になってしまうのだが、即決ないし即決に近い決定がもとめられるときにはいつでも近道が必要なのだ。それにわれわれ人間の種に特有の任務の場合ですら、われわれは研究者仲間の権威にもとづいて多くのことを当然視している。(9)

いま「権威」（Authority）なる語が発せられた。この語には実に多様な意味があるが、(10)もっとも単純な語義は「本人性《オーサーシップ》」なる語と密接に結びついている。つまりある言明が権威的なのは、その特定の本人に帰せられている信用のおかげである。仮にわたしが光速を上回る速度が存在しうると述べたら、嘲笑を招くだろう。しかし仮にハイゼンベルク教授〔Werner Karl Heisenberg（1901-76）. 不確定性原理によって量子力学に絶大な貢献をしたドイツの理論物理学者」がそう述べたら、かれの権威によって全世界規模の注目をあつめることになるだろう。誰が言い出したのであれ、この言明にひとしいチャンスをあたえよと科学者たちに要求するのは、まったく理にかなったことにならないだろう。言明が本人性を無視して考察されたら、目新しい真理のチャンスばかりが増すだろう。これは間違っている。もしわれわれ各自が言明を自分自身の判断にもとづいて評価し、本人性を顧慮しなければ、われわれの大多数は太陽があらゆる星々のなかでももっとも矮小な星のひとつでしかないことを信じなくなるだろう。ある言明がわれわれの知識の一端となっているのは、適任の権威者たちからそれを受け取ったからなのだ。われらが近代という科学の時代を性格づけているのは、信じるべく差し出された言明をことごとく自分で批判的に吟味することなどではない。反対に、適任の権威者たちが太鼓判をおす言明ならなんでもこのわたしが無批判に受け入れることなのである。(11)

わたしの心には「かくかくしかじかである」式の言明が多数ストックされており、疑いもなくそのなかには誤っているものも若干ある。だが総体として「かくかくしかじかである」式の言明でできたわたしの富は十分であり、それどころか必要でもある。「かくかくしかじかである」式の言明は自分で検査しなければひとつも受け入れない、というのであれば、そのめぐみを享けることもままならなくなる。その例証をしてみよう。わたしは自分の実験室で分析したあとでなければ薬は飲まないし、健康によいことが検証されるまでは食物を口にしないことにした、等々と考えよう。わたしの生は不可能になってしまうだろうし、そのうえこの過程はどこかで自己矛盾をきたす。なんでも自分でテストするといっても、テストに使う手段は信頼に足る本人《オーサー》たちからわたしに推奨されたものになる。ある人間の確約をわたしがチェックするというときには、どこかの段階で誰か他の人間の確約にすがるという含意がつねにある。「チェックすること」の深層の含意を調べ上げるのは、まったくわたしの手にあまることである。チェックすることには「コスト」の含意があり、ときにそれはチェックすることを不可能にするほど高くつく場合がある。そのことを指摘しておけばわたしの目的には十分である。われらが疑り深い消費者はいつしか餓死しているかもしれない。同様に疑り深い学習者も、いつしか知識にきわめて乏しくなってしまうだろう。[12]「かくかくしかじかである」式の言明の場合、すべての言明を信じることもすべての言明をチェックすることも、ひとしくわれわれには不可能である。それゆえに、大多数の言明をその出所《ソース》を根拠にして受け入れることがどうしても必要になるのだ。

「為すべきである」式の言明の場合もまったく同じことである。そのどれにも応答するということはまず不可能である。その真価を逐一考量すれば、背負いきれない負担がわれわれにかかってくる。だからこそ本人性という判定基準があるとこのうえもなく有益であるし、実際それがなくてはならないのだ。応答の選択にわれわれが適用する、あるいは適用するべき基準はこれだけだ、というつもりは微塵もない。だがこれはきわめて重要な要素であり、またそうならざるをえないとわたしはいいたい。

先入見および権威は、ふつう能動的な個人的選択と対照される。その関係は実はかなり複雑なものだ。もしわたしがするように、能動的な人格的選択を人間的尊厳の至高のあらわれとみなすのなら、そのような活動に必要な諸条件が十分なものとなるように気を配らなければならないことになる。これは時間と注意という点からみて高くつく。したがってどんな目的にも小出しにしてよいわけではない。慎重に店をはしごして、できるだけ自分に似合ってしかも安価なシャツを買おうとするひとは、それで際立った決定形成能力を示すことになるというよりは、決定形成にかかるエネルギーをつまらない目的に浪費しているだけなのだ。疑問の余地なしと思われる見解を、わたしはつぎの三つの言明に要約しておく。

・決定形成は人間的尊厳の至高のあらわれである。
・決定形成はエネルギーの消費である。
・このエネルギーは賢明に支出されるべきである。

この三つのうち第一の言明は、近代西洋社会の基底をなしており、キリスト教から引き出されている。神を力とみなしていた人間精神が神を善とみなすようになると、「なぜ至高の善性のうちにある神が、悪の道に惑うようなまねを神の子らにお許しになったのだろう?」という問いが生起した。この問い[13]に答えるやりかたはただひとつ、神は神の子らが自分の自由意志で決定することを欲した、すなわち神は神の子らの自由に至高の価値をおいたと仮定することである。つまりこれはすべてわれわれが神学から受け継いだものなのだ。ここで述べた第一の言明が西洋倫理学の基底となっているのにくらべて、第二の言明がおよそ注目を浴びたためしはない。近代の社会と思考においては、決定形成はつねに喜ばしき権利としてあつかわれ、苦痛に満ちた任務としてあつかわれることはない。実際にもジッドの極論[14]はかなりの程度まで容認されてきた。それによると、人間の自由が最高度に示されるのは、人間が自分の自由を経験すること以外の目的をもたず、またそれ以外の動機なしに行為するときである。ところがわれわれ自身の経験にあたってみると、自分で決定を下さねばならない機会があるたびに、われわれは自分で正しいと思える——この「正しさ」が道徳的なものであるか、たんなる「損得」であるかにかかわりなく——決定を選ぶのにかなりのストレスをおぼえることがわかるのである。

そのような決定過程に取り組んでいるとき、わたしは裁判官席に着いている。そしてある訴訟で自分なりの決定を下そうとすればするほど、そのほかの訴訟は法廷の外へ追い出し、先入見や権威にもとづいて即座に決着をつけてしまいがちになるのは、論理的にいたしかたないことである。わたしにはこれがまったく明白なことに思われるが、その論及を眼にしたことはないので、誰の眼にも明らかとなるように論点が詳説されねばならない。注意というものがわれわれの誰にとっても稀少品であることはたしかであるから、ある問題に適量の注意を注ぎ込もうと思えば、ほかの問題に注意を払うことはあきらめねばならない。多くの問いを浴びせられる立場が望ましくないことは、記者会見に臨んだ経験の持ち主なら誰もが証言できる。したがって、ろくな議論も経ずに多くの示唆をしりぞけたり受け入れたりするのは、臆病ではなく節約であり、慎重な吟味を要するとみなした示唆に集中するためかもしれないのだ。「未決《イン》」箱が一杯になった机に向かうひとを考えよう。もしかれが、さほど重要でないものや迷いのない案件をさっさと処置してしまえば、悩ましくかつ重要な案件に取りかかる見通しも開けてくる。実際、その性質や出所からして承認か却下が必要な問い合わせをかれの秘書が「未決」箱に入れないだけでも、かれはめぐまれた重役なのだ。このありふれた光景で秘書がはたす役割は、受け取った示唆をわれわれが日常あつかうさいに無意識ないし潜在意識がはたしている。煽動への応答の選択は決定形成過程である。それには倹約《エコノミー》という一般法則が妥当するのだが、決定形成一般へのその適用は別の段階にいたったときに論じることにしよう。

「先入見」は評判のよくない語である。だがそれこそ馬鹿げている。それが意味しているのはただ、われわれにはある組み込まれた《ビルト・イン》原則があって、そのおかげで訴訟のいくつかはわれらが法廷で取り上げるまでもなく、われわれの原則が暗黙裏に判決を下している、ということだからである。先入見はわれわれの手間を大いに省いてくれるし、われわれと多くの予測をやりとりしている他者の手間も省いてくれるから、他者は「頼んでも無駄だ、*B*は断るだろう」とか、「*B*に頼めばきっとなんとかしてもらえるだろう」といえばよくなる。「権威」もやはり評判のよくない語である。しかし、ある行為に疑念を抱く*B*にそれを受け入れてもらうための保証と考えるなら、別の色合いを帯びてくる。

第Ⅳ部　権威——〈ポテスタス〉と〈ポテンティア〉

第一章　傾聴されることについて

わたしはアラビアの町で目を覚ます。住民はぎゅう詰めになって暮らしているため、多くの声が聞こえる。ぶらぶらしているとそれらに意識が向く。わたしはその言語を解さないから、不謹慎なことをしているという感覚で注意が削がれることはない。それゆえ、さまざまな調子の声が心でたわむれるがままになっている。この声はできごとを物語っている。このふたつの声は交渉に没頭している。その近くで遊んでいる子どもたちがおたがいをなじりあっている。こうしたことがたやすく聞き分けられる。しかしいま突然ひとつの声があがって、すぐそのあとに足を踏みならす音がつづく。声に応答して子どもたちがあつまったのだ。しばらくするとわたしは議論が沸騰していることに気づく。声は次第に大きくなって怒りを帯び、ほかの声が興奮しながら加わっていく。すると新しい声が割り込み、叫び声は止む。こうしてわたしはわずかな時間で、ふたつの声の直接的な効力を音だけで観察した。すなわち結集させた声と宥和した声である。そしておのずとそのどちらをも「権威の声」と呼びたくなる。

ふたつの声は、政治にとって中核をなす現象を明らかにしている。つまり他者の行動にたいすることばの圧力である。あるひとによって発せられたことばが多数者のふるまいに影響するなら、これはそのことばに重みがあるという客観的な証明である。活動の流れが新しい要因によって逸らされれば、その要因が効力をもっており、そのエネルギーの証明となることをわれわれは一般に知っている。行動に作用することばは基本的な政治的行動なのだ。シェイクスピアはマーク・アントニーがシーザーの亡骸越しに演説する場面でそれを描いてみせた。演説が終わると、聴衆は突如としてかれが示唆する方向に動きだす。それをみたアントニーの脇台詞に曰く、「あとは成りゆきに任せればいい。禍の神め、やっと腰を挙げたな」（福田恆存訳『ジュリアス・シーザー』（新潮文庫、一九六八年）、八九頁）。

この場面からわれわれはつぎのように考えたくなる。このときの発話の効果は、演説を許可したときにブルータスが予想した程度をはるかに上回っていた。つまりシェイクスピアはきっと、市民たちの態度のこの大逆転が劇的不意打ちとなって観客公衆を襲うよう意図したのだ、と。事後に（*ex post*）観察される発話の効果と事前に（*ex ante*）予期される発話の効果を区別することは有益である。いま仮にわれわれが外部観察者として事前的な立場にあるとしたら、われわれには発話者がこれからなにを語るかも、それをどのように表現するかもわからない。それゆえわれわれの推測は、聴衆にたいする発話者の相対的優位を前提とせざるをえない。これは活動開始時に発話者が用いる初期「資本」なのであり、それが多少なりとも実を結ぶかどうかはあとで判明する。

本論考の第Ⅳ部においては、発話者の資本が主題になる。この資本が「物自体」（カント哲学において、認識主観から独立にそれ自体として存在すると考えられるものを示す概念）でないことは明らかである。それは発話者と聴衆との事前的関係を表現している。「資本」という語は資産を暗示するが、われわれが論じているのはここで・いま有効な信用という性質を有する無形資産であることをはっきりさせよう。同じ発話者であっても、同じときに別の聴衆に対峙すれば、まったく異なる信用を得るかもしれない。同じ設定のもとでも時が経つにつれ、かれの信用は増大したり低下したりすることがある。

それがむずかしさの原因になるのではない。むずかしいのはこの資本の名称なのだ。わかりやすい名称は「権威」である。しかしここでわれわれは意味論上の困難につきあたってしまう。

たまたま*A*との関係において*B*たちが「*A*を仰ぎ見る」、「*A*に耳を貸す」、*A*の言いつけを承諾する強い傾向性をもつとき、このAの地位を指示するためにわたしは「権威」（authority）という語を用いたい。するとこれはもろもろの次元をもつなにかである。あるAを仰ぎ見るひとの数は多かったり少なかったりする。つまり権威には外延的次元がある。また内包的次元もある。Aにたいするこの傾向を有するひとでも、その程度には強弱がある。このどちらの次元においても、Aの権威は時間の経過とともに増大したり減少したりすることがある。

しかし、権威という語のこの用法は法学者たちの語法と一致しない。かれらにとって〈権威（Authority）〉（以下、法学者たちの意味で用いる場合はこのようにあらわす）は命令する権利を意味し、それに対応する服従の義務も包含している。憲法は〈権威〉の地位とその権能を制限する。つまり、それは統制がおよぶ範囲にかんする不確実性を一掃し、またそのような統制の使途を限定しようとしている。あるBがあるAの（わたしのいう意味での）権威に服するかどうかは、それが観察されるかどうかの問題である。法学的な〈権威〉の場合はそうではない。もしあるAの地位が周知のものであれば、あるBがいまこの〈権威〉の行使圏内にいるのか、それとも圏外にいるのかはたちどころにわかる。そして〈権威〉の地位を占める人物が交替しても、その範囲になんらの違いも生じない。さらに法学者は、不確実さの程度ははるかに小さいといいながら、〈権威〉の地位にある人物が〈権威〉をもって要求できる行為と要求できない行為のあいだに少なくとも一線を画そうとしている。これについてはもう少しあとで詳述しよう。

〈権威〉と権威とは明らかに異なる概念である。〈権威〉は静態的な概念であり、その健全な目的を考えるにつけても、静態的な概念でなければならない。行政官たちの〈権威〉が絶え間なく変化したら社会にとってどれほど悲惨なことだろう！　かたや権威は動態的な概念であり、もろもろの人格がいつ果てるともなく「声望」や「影響力」を手に入れては失う現実の政治過程を記述するのに必要とされる。このふたつの別個の概念をあらわすふたつの別個のことばは、残念ながらわたしには見つけられなかった。

ことばはおこないを産む。その効果は権威をもって語られれば高まるが、〈権威〉の地位から発せられればもっとずっと高まる。この差異は測定可能である。高い評価を受け尊敬をあつめる人びとの集団によって、なんらかの慈善を目的としたアピールがなされることがある。そのようにして募られた基金も、〈権威〉によって同じ目的で徴収される租税収入とくらべたら些少である。あるいは医学の最高権威が予防接種を推奨すると想定してみよう。その応答は、予防接種が〈権威〉によって要求されるときに得られる応答にはとうていおよばない。

それゆえ、おこないを産み出したいと欲する人びとは、当然のことながら、現存する〈権威〉の壇上に登ろうとする。そこから降ってくるかれらのことばには、高所によって付与される加速度がつくのだ。もしそのような登壇が成功すれば、かれらのありのままの権威では達成のおぼつかないものでも容易に獲得できるようになるだろう。

それでは、既存の壇上への足がかりを手に入れるにはなにが必要であろうか。この地位は人びとの選択によって充当されるのだと想定しよう。そこでわれらが候補者も、実際自分の当選に向けて行為主体たちを動かそうとしている。いま口を開いても、自分の念頭にあるおこないへとかれらを動かすことはできないと感じているからである。しかしかれの当選に向けてその人びとを動かすことなら、実にたやすい仕事なのだ。仮定により(*ex hypothesi*)その地位はすでに存在し、開かれており、充当されねばならない。それを勝ち取るためにわれらが候補者に必要とされるのは、競争相手より好まれることだけである。同胞市民にとってのかれの信用は、競争相手のそれよりも幾分か大きくなくてはならない。いいかえよう。かれが人びとと同じレベルに留まっているうちは、自分が唱道することを人びとにおこなわせるのにかれの権威はまったく不十分である。だが、自分の念頭にあることを人びとに命令できるその地位に昇るには、かれの権威で十分なのである。

さらに踏み込んで分析しよう。われらが男は命令の壇上にひとりでいるのではなく、決定「団体《カレッジ》」の一員である。この団体は決定を下さなければならない。われらが男が同僚たちの眼に権威のうえで幾分かの優越性をもっていると映るのなら、かれは決定過程において優位に立つことができる。この記述のなかで重要な語は「幾分か」である。

当初われらが男は、自分の念頭にあるおこないを生じさせるのに必要な権威の重みを欠いていた。最終的には、確立された〈権威〉の力のおかげでまさしくそれを生じさせる。つまりかれがそれに成功するには、その職位をめざす競争相手たちやその職位における同僚たちの権威を上回る剰余分さえあればよかったのである。

例を挙げて説明しよう。いまひとりの立法者が、ある行動を規定した法案に署名したところである。かれの私人としての能力では、自分の選挙区内はおろか、自分に投票してくれたすべてのひとからさえ、この行動を手に入れることはできなかったであろう。確立された〈権威〉のシステムが、かれの意志を際限もなく増幅してくれたのだ。確立された〈権威〉のシステムには、それを操作する人びとの人格的な権威でそれとは不釣り合いに大きな結果が得られるという特徴があるといえる。それどころか、システム内で這い上がっていくのに必要な「権威」は、単刀直入な承諾に必要とされるよりはるかに小さいだけでなく、異なった種類のものであるかもしれない。それを注釈するのはのちの機会にしよう(1)。

十分に確立された〈権威〉のシステムは、凡庸な権威しかない人びとでも運営できる。それどころかわたしは、このシステムにはそのような人びとが必要なのだと強調したい誘惑に駆られている。なぜならその権威増幅効果はあまりに大きく、並はずれた人格的権威を備えたひとりの人間の手に握らせると、きわめて危険なものとなるからである。それゆえ、昔ながらの確立された〈権威〉のシステム内に、自力で人びとを動かす能力に乏しい個人を登用する傾向があっても、それは理にかなっていないとはいえない。しかしそれがいずれはこのシステムの集合的〈権威〉をゆっくりと腐食していく。他方で、対抗する権威がこのシステムの外部で頭をもたげる。これらの現象が結びつくと、最終的に暴力的な変化に帰着する。

社会のなかにもろもろの関係が潤沢にあると、権威の多様性があれば維持されるし、なければそれを生じさせる。親族の細分化が重要な意味をもつ社会では、父系氏族の長が自分の母系氏族に語りかけると大きな効果があり、だからこそ親族以外の人びとに語るさいにも敬意をもって耳を傾けられる。氏族組織がすっかり消滅してしまったところでさえ、由緒ある家名（たとえばアメリカでなら「ルーズヴェルト」）は発話者にかなりの重みをもたらしうる。また、宗教が社会における中心的な地位から転落したところでさえ、宗教的ヒエラルヒー内での卓越した地位は信者たちにとってかなりの重みとなるのはもちろん、信者以外の人びとにとってもなんらかの重みとなる。ここで引き合いに出されたもろもろの権威は「自存的な権威」と称してもよさそうなものだが、古い制度に結びつけられており、それが聴く耳を獲得するのも実は確立された地位のおかげなのだ。そのような地位は非政府的な性格のものとはいえ、その位置のおかげで聴衆を確保できるのは〈権威〉の場合と同様である。だからわたしはむしろ、そこにあるのは「権威」というより「準〈権威〉」だといいたい。

ここでわたしが強調したいのは、ある所与の地位と結びついた承諾への要求と、徐々に信用を築き上げているひとが目下積み上げつつある承諾への性向との対照である。後者の場合、われわれは「新興権威」[2]という現象をみる。

〈権威〉の枠組みの外で権威が築き上げられる実例は、一九世紀の労働組合運動である。組合の最初のリーダーになった人間たちは、確立された〈権威〉の地位を占めるために競争相手に優越することなどもとめなかった。かれらはゆっくりと骨の折れる過程を経て、同志たちをなじみのない行動様式に誘い込んでいったのである。ある創設者の出世過程をたどってみよう。

この発起人は仲間の尊敬をあつめる一労働者である。かれは身近な人びとに自分の企画を明かす。するとかれらが説得されていくにつれて、発起人の地位は人びとからみて高まる。こんどはかれらがそのアイディアを広めていく。そして発起人を中心にかれらが結集していることが明らかになるにつれ、つづけて話を持ちかけられる人びとの眼にその発起人がより重要な人物として映るようになる。かれの最初の仲間たちはかれの副官にして、同時に諮問機関になる。ここには政治構造の端緒がある。

会議が招集されるまえに、話は相当に進んでいなければならない。この会議は、ホッブズやルソーにおけるコモンウェルスの創設のための最初の寄り合いと同等のものとみなすこともできる。しかし現実は理論といかに異なっているということだろう！　理論では会議がすべてのはじまりである。しかし現実はそうではない。もし企画者たちが会議の場所や日時を設定しておかなかったら、そもそも会議など開けるだろうか。もし企画者たちが好奇心や興味を刺激するようはたらきかけていなかったら、出席者が見込まれるだろうか。もし企画者たちが一人ひとりと会話して態度決定の準備をさせ、それが集合的に表明されるばかりになっている、というのでなければ、会議に成功の見込みなどあろうか。さらにいえば、会議がどれほど成功を収めても、ホッブズとルソーがともに要請したように、万人の臣民としてふるまう各人の一回かぎりのコミットメント、個人の権利を放棄したのち、それを万人に（ルソー）、あるいは若干名に（ホッブズ）委託するという結果にはたしかにならない。期待していいのはせいぜい、連帯感が産み出されること、そして発起人への敬意が高められることである。終わってみれば、はじまるまえより発起人のことばにしたがって行動しようという気質の聴衆たるメンバーの割合が増し、その気質も強まっている、つまり発起人の権威が外延的にも内包的にも増大している、というのが良い会議なのだ。

とはいえ最初のストライキとともに決定的な瞬間が訪れるだろう。もしそれが悲惨な失敗に終われば、リーダーの権威は傷つくか地に墜ちるだろう。後者であれば、その団体は存続できなくなる。団体が耐久性のある緊密さの獲得にいたっていなかったからである。それはリーダーが創り出したものであり、かれの権威とともに消滅する。反対に、ストライキがともかくも勝利とみなされうるのであれば、リーダーの権威は増大し、団体はさらに緊密さを増す。やがて団体は一個の制度たる性格を帯びていくことだろう。そうすればリーダーが退場しても組合は存続するから、つねに埋められるべき確立された地位ができる。その地位を埋めるのにより好ましい誰かが必要になる。その誰かではこの制度を構築することはできなかったかもしれないが、最初の継承時にこの対照は鮮明になりにくい。その後の選択においてはそれが次第に鮮明になっていくだろう。

先述の例で示されたように、発起人はそのもてる権威をことごとく自分自身の努力に負っている。かれは勇敢で賢明で信頼できるリーダーであることを証明してきたし、敬意と確信を強めながらかれを仰ぎ見るひとの数は年月を重ねて増えてきた。いかなるときにも当てにできる承諾性向は、その瞬間までかれがひねり出してきたものである。もしそれらが資本とみなされるなら、この資本はかれの努力の賜物である。

既存の〈権威〉の地位を継承するひとの場合は、たしかに事情が異なる。かれに期待できる承諾は、かれ本人ではなくかれが占める地位に宛てられたものである。ほかの誰がその地位を占めても、同じ恭順の礼と臣従の証を受ける有資格者になれるだろう。この後者の点については、シェイクスピアが苦々しい嘲弄とともに強調している。

リア　なんだ！　気違いか？　この世の成行きを見るのに目は要らぬ。耳で見ろ、向こうのほうにいる裁判官が向こうのほうにいる薄のろの泥棒に噛附いている。耳で聞け、ふたりが所を換えて、「どっちの手？」となったら、お前には解るか、どっちが裁判官で、どっちが泥棒かが？　今までに百姓の犬が乞食に吠え附くのを見たことがあるだろうな？

グロスター　はい、ございます。

リア　で、そいつは逃出したろう？　そこに権威というものの偉大なる姿がある——犬でも職権をあたえられれば、人はこれに随う。

〔福田恆存訳『リア王』（新潮文庫、一九六七年）、一四一頁〕

これは辛辣なことばである。自分の発することばの重みが王冠と王衣もろとも失われたことを驚愕とともに悟るのは、ここでは退位させられた王であるが、自家製権威のひとには、「職権をあたえられた犬」宣告のほうがおのずと心に響く。マントの着用におよぶだけで、たゆまぬ精進によって自力で得るよりずっと大きな傾聴をたちどころにあつめることができるとわかり、衝撃を受けるのである。

かれは、不労所得生活者にくらべて自分はより高い評価にあたいするが、同時にさほど厚遇されていないと感じて奮闘する起業家のようだ。このふたつの表現は別の分野から借用したものであるが、ここでもふさわしいように思われる。実際わたしは政治的起業家精神（*political entrepreneurship*）および政治的企業（*political enterprise*）という概念を大いに活用することにしよう。政治的起業家精神については、別のところで[3]「規模の大小にかかわらず、社会というフィールドに圧力を行使できる勢力を創造するために、人びとを結束させる傾向のある活動」と定義しておいた。目下のところ、それについてこれ以上述べる必要はない。ここでわたしが提案するのは、政治的起業家と政治的不労所得生活者の地位の差異だけではなく、むしろそれ以上に、両者のあいだに通常蔓延《はびこ》っているに違いない相互の反感を強調することである。

起業家は既存〈権威〉の占有者をみると、嫉妬と多少なりともあからさまな軽蔑をおぼえる傾向があることが指摘されていた。翻って、確立された地位に任じられたひとは、この成り上がり者（*parvenu*）によって築かれた「新しい力」を脅威とみなす傾向にある。「新しい力」はその本質がどのようなものであれ、職権をあたえられた者には脅威なのだ。

手短に三つの可能性を考慮できる。第一に、新しい力が政府の管轄外の目的をもっている場合（たとえば労働組合）。それはモグラ塚のように社会というフィールドに盛り上がり、新しくかつおそらくやっかいな問題を提起して職権をあたえられた者を悩ませる。第二に、新しい力が確立された政治的構造の内部での正統な活動を企図している場合（たとえば新しい政党）。その狙いは既存の政治的拠点や正統な〈権威〉の地位の占拠である。その場合に脅かされるのは現在の占有者の終身在職権である。第三に、新しい力が革命的な性格を帯びている場合。その狙いは承認されたゲームのルールの範囲内で既存の政治的拠点を少しずつ占拠することではなく、体制と化した政治の全機構の転覆であり、その倒壊と道づれに、社会的・非政府的な体質の確立された地位の多く、ないしは大半を倒壊させることである。

これは網羅的な列挙ではなく示唆的な列挙を意図したものである。言外にいいたいのは、起業家精神はふたつ以上のやりかたでもろもろの既存〈権威〉に挑戦しているということなのだ。わたしにはつぎのように思われる。政治学は右の第二の事例としてあらわれるもの（たとえば確立された職権をめぐる正統な競争）のみを考慮する傾向にあった。第一のカテゴリーを、重要でないからというのではなく、狭義に定義された政治（たとえば政府）の領域からもれ落ちるものとして排除してきた。また第三のカテゴリーもやはり重要でないからというのではなく、スキャンダラスで化け物じみて……云々として排除してきたのである。なるほどたしかに！　しかし実際には無視してよいものでないことはたしかなのだ。

〈権威〉の確立された地位は、周辺地域を統制する拠点である。その地位の占有者たちは、その職務そのものが要求するある心理的傾向性を備えている。かれらは砦が永続して辺りを統制することを否応なく欲している。これはかれらが砦の守護者たる資格を有することからの帰結である。それを欲すればこそかれらは、森林地域で発生する徒党が自分たちの統制を逃れて隔絶した一味になっていくのを、不安を抱えながら見つめざるをえない。たとえその集団の目的が自分たちの地位との関係で攻撃的とはいえなくても、その目的が要塞の乗っ取りなどとは無縁であるとしても、かれらはそれを疑わざるをえない。分離主義的な集団形成や別個の権威は一種の反乱なのだ。もし森林武装集団の目的と称するものが要塞の襲撃なら、またかれらが要塞を壊してまったく別のなにかを建設することをもくろんでいるのなら、事態はずっと悪化する。

前者の場合、周縁の集団を統制下におくことは職務の一環であり、もしかれらの目的が許容できるものであれば認可することもある。後者の場合、森林武装集団を解体することが職務の一環である。

デモクラティックな諸制度の枠組み内では、拠点への包囲攻撃を企んでいる周縁集団の活動を十分に確立された「政治的包囲攻撃」のルールに則って許可することが、要塞占有者に課された義務である。仮に包囲軍が勝利しても、現司令官の追放および攻撃軍司令官によるその地位の継受以外に懸念するべきことはない、と理解されるからである。

これは一八世紀の慣行であった慇懃で格式張った人情味のある包囲戦の政治的等価物である。暴力的な衝突を幸いにも抑え込んでいたこの慣行はあまり長続きせず、お上品にもそれに執着した人びとは、革命軍とナポレオン軍の無作法のまえに屈することとなった。

やがて新興権威がつねに勝利するようになり、その勝利は確立された地位内でのたんなる人事異動をはるかに越えていく。確立された〈権威〉の地位は、政治的企業のたわむれによって産み出され、横取りされ、膨らまされ、破壊されては元に戻される外殻になる。歴史は壊れた外殻の展示館にしてあらたな外形の工房である。

本章がカバーした地所には、もっと慎重な探求を要する箇所がいくつかある。だが新興権威という政治の能動的な力の重要性を強調するためには、やや概観的な視点からみることが必要に思われた。よくある錯覚を手短に取り上げることも有用かもしれない。それによれば、確立された〈権威〉以外のあらゆる権威の不在によって特徴づけられる事態というものがありうるのである。

そのような事態を多数者からみて望ましいものにする理由は大きな倫理学的争点を含んでいるが、わたしはここでそれを論じるつもりはない。実行可能性の問題に専念する。

確立された〈権威〉以外にいかなる権威も存在しない状況を実現するにはふたつのやりかたがある。ひとつは、社会というフィールド内での権威の形成を挫いたり妨げたりすることである。もうひとつは、社会というフィールド上で現に自己主張しているあらゆる権威を、確立された〈権威〉構造内に取り込むことである。第一の道筋は反対すべきものというだけでなく、抑圧の実行上の難問をことごとく含意している。第二の道筋のほうがはるかに望ましいうえに、実行可能性も高そうである。一見して明らかに思われるのは、ある所与の権威ある地位の保有者を選ぶためにその地位のもとに服する人びとを招集する直接選挙制では[4]、事前に（*ex ante*）もっとも多くの注目をあつめた人間に合法的な命令を下す各地位を帰する結果に終わるのではないか、ということである。

しかし、多くの理由が介在してそのような結果にはならない。そのひとつはつぎのように説明できる。リーダーに寄り添って離れないのは、内包的に強い同意があるという意味である。所与の地位を埋めるひとりの人間を多数者が選択すれば、外延的に広い選好があるという意味である。広外延の選好は、内包的に強い同意を喚起できるひとにしばしば有利にはたらく。定義によって、帰依者たちはリーダーの呼びかけに応じ、進んで多くのことをする。他方で有権者たちが、自分たちに多くを要求できる地位の占有者を選出するにあたって、多くを要求しそうにないと判断する候補者を選ぶのは至極当然である。

おそらく些細な比較がこの主題になんらかの光を投じてくれるかもしれない。大多数の投資家の資金は、好むと好まざるとにかかわらず、その大半が巨大な投資ファンドに繋がれており、かれらはその管理運営者を選ぶために招集される。大胆な候補者1に熱狂的な信頼を寄せる投資家も少しはいて、自分たちの自由な資金を操作するさいにはその助言にしたがい、莫大な資金の運用を任せたいと思っている。しかし投資家たちの大半はこの向こう見ずな輩におそれをなしており、その選択は実際のところ、さほど派手ではないふたりの人物、すなわち候補者2と候補者3のどちらかに落ち着く。候補者2が勝者であるとしよう。しばらくして、候補者2は経営手腕に乏しく、候補者1の帰依者たちが儲かったことが明らかになる。多数者からみて候補者1の信望が高まる。自由な資金の管理にあたってかれのことばにしたがおうというひとの数はますます増えていくだろう。確立された〈権威〉と権威の懸隔は拡大していくことだろう。

この例が嘆かわしいほど瑣末であっても、状況に別の要素を導入する一助にはなる。正統でない候補者1が、管理運営者の地位に立候補しようという気をおこすことはまずありえない。十分に確立された〈権威〉の地位がある場合には、たとえ選挙過程が原則としていかに広く門戸を開いていても、つねにある程度は「インサイダーたち」による統制がはたらき、それが結果として候補者を選別している。こうして候補者1は、たとえ立候補しても多数票をあつめられないだけでなく、立候補もできないことがある。

それゆえ、〈権威〉の地位をもっとも権威ある人間で埋めようとしているかに思われるシステムにおいてさえ懸隔が存在し、システムが古くなるにつれて、おそらくその懸隔はいっそう明瞭になる傾向にある。現行制度の論評はここでなすべきことではない。[5] われわれが論じるべきは政治の理論である。この目的に直結するのが、確立された〈権威〉と新興権威の区別を強調すること、後者の大いなる重要性を力説すること、通常このふたつは混ざり合わないことを明らかにすること、それゆえ両者は多かれ少なかれあからさまな緊張をさまざまな瞬間に生じさせることを示すことであった。

第二章　ひとつを残して排除するという掟

煽動については第Ⅲ部で論じた。われわれは政治的活動の「根元《ラディカル》」(1)を「*A*が*B*に*H*をせよと命じる」こととおいた。そして、*B*の応答は不確実であること（これを*A B H*?と表記することができる）、また応答がプラスとなる確からしさは、一部は行為*H*についての*B*による肯定的評価の関数であり、一部は*A*についての*B*による肯定的査定の関数であることを指摘した。さて第Ⅳ部で注目の焦点になるのは、*B*との関係で相対的に権威の地位にある*A*（これは*A*!*B*と表記することができる）の発話を強化する要因である。この関係が発生する可能性があるのは、確立された〈権威〉の地位を*A*が占有している場合、あるいはもっと単純に、*A*が*B*の側に承諾に傾くなんらかの性向を構築・蓄積した、すなわち純然たる（*simpliciter*）権威の場合である。

いままでわれわれは確立された〈権威〉の陰のもとに生きてきたので、純然たる権威こそが遍在的で、動態的で、論理的に先行するひとつの現象であることを強調する必要があるようにみえた。前章の最後で、確立された〈権威〉のほかにいかなる権威も存在しないという事態は実現するはずがないということが簡潔に示された。本章では、確立された〈権威〉がいっさい存在しないと耐え難い事態になる、ということが然るべく証明されるだろう。この論証のために、われわれはまずそのような事態を想定することにしよう。そうすればその考察から、なんらかの確立された〈権威〉の必要性が明らかにされるだろう。

こうした証明は冗長に思われるかもしれない。首尾一貫したアナーキストで、命令などあるまじきものという信念をその論理的結論まで追求する、というひとはまずいない。万人を拘束するようななんらかの宣言がなければならないことは、事実上すべてのひとが当然視している。しかし「政治の理論」ともなれば、ぼんやりとした意識の代わりに、明確に定義され論理的に接合された諸観念からなる整然とした建築物を据える役目がある。

もろもろの事実から命令の必要性が生じる次第を明晰にみてとれば、命令の範囲にかんする論争に光を投じることになるだろう。話が進むにつれそれが明らかになるはずだ。

ここでは、「AがBにHをせよと命じる」を政治的活動の根元とすることにたいして提起された反論を出発点にしよう。これは卓越した精神から出たものとしてわたしが多大なる敬意を表している反論である。この時点でそれと向きあうのは、場違いなことではまったくない。なぜなら、それを議論すれば〈権威〉という主題の核心に直行することになるからである。

この反論はつぎのように定式化できるだろう。「この著作でおまえがしているのは、ひとがひとを動かす、あるいは動かそうとすることについての概論だ。動けという呼びかけは人間的諸関係におけるきわめて一般的な現象であり、このことは否定できないとおまえは主張する。だがそれは一般的すぎる。動けという呼びかけは人間の社会生活のいたるところに存在しており、その大部分は、たとえどんなに想像力を逞しくしても、政治に属するものとはみなされない」。

ひとがひとを動かすことは社会というフィールドのいたるところで生じる。この自明の理をわたしは否定しない。それどころか肯定する。そしてそのような活動の大半が「政治的」とはふつう考えられていないこともただちにみとめる。わたしが考えているのは、ひとがひとを動かすということが原理的《エレメンタル》で基本的な政治的活動と定義されれば、ふつう政治と認識されているものをもっと動態的に理解できるようになる、ということなのだ。わたしの対峙するまさにその反対論は、政治的活動にかんするわたしの定義こそが、政治というフィールド内にあると一般に承認されている諸問題に踏み入る王道であることの証明になってくれるのである。

反対論が立脚しているのは、人びとが一緒にいればどこでも「ひとがひとを動かすこと」があり、しかもそれは不可避なことだという事実である。わたしの論証もそれに立脚することにしよう。

一群の人びとを考える。この群れの内部に、他人を動かそうとするひとはいついかなるときにもいる。これはわれわれが合意している点である。簡略化のため、「動かす者《ムーヴァー》」の数はふたり、ポールとジョンだけにしよう。かれら動かす者たちが動かそうとするのは誰かを考察するまえに、かれらがなにを呼びかけているかに注目しよう。ポールは行為H_Pを、ジョンは行為H_Jを呼びかけている。このふたつの異なる呼びかけは、ふたりの別々の呼びかけ人からふたりの別個の人物に宛てて発せられたものかもしれない。われわれは後者が呼びかけに応答すると仮定して、かれらをB_PおよびB_Jと指示することにしよう。

未開の村落に場面を設定して描けば、状況はより具体的になるだろう。ポールはあるひとに一緒に釣りに行こうと呼びかけ、ジョンは別のひとに木の伐採に手を貸してくれと呼びかける。この状況からはいかなる困難も生じない。なんらかの困難が生じるとすれば、ふたつの呼びかけがたまたま同一人物に宛てられる場合である。かれに要求されるふたつの行為は、個人Bのレベルでは両立不可能である。かれは選択せねばならず、またそうすればポールあるいはジョンの反感を買うおそれがある。それでもこれはかならずしも深刻な状況ではない。

ならば、ポールとジョンが両立不可能な行為H_Pと行為H_Jを村人全体に宛てて呼びかけるという場合を考えてみよう。村人のうちには、ポールの呼びかけに応答する者もいれば、ジョンの呼びかけに応答する者もいるし、おそらくどちらの呼びかけにも応答しない者もいると想定する。こうしてH_Pを引き受けるポール帰依者とH_Jを引き受けるジョン帰依者とに村人を分類すると、H_PとH_Jは集合(2)レベルで両立可能という仮定により、やはり困難は生じなくなる。N_P人の村人がポールと一緒に釣りに行くという事実は、N_J人の村人がジョンと一緒に木の伐採に行くという事実と衝突しない。

この状況は、競合する合図《シグナル》S_PとS_Jが全体集合に宛てて発せられ、個人レベルでは両立不可能であるのに、集合レベルでは両立可能になる状況として記述することができる。もし指示された複数の行為が集合レベルで両立可能であるなら、複数の合図は競合しても衝突はしない。

主題が複雑になればなるほど——そしてわれわれはいま複雑怪奇のなかに入り込みつつある——喩えはよりなじみ深いものであるべきだ。というわけで、競合しても衝突はしない複数の合図の例として、暗い道に隣り合って立つふたつのネオン広告を挙げよう。ひとつはドライバーたちにポールのレストランに立ち寄れと呼びかけ、もうひとつはジョンのレストランに立ち寄れと呼びかけている。これは競合する合図だが、その競合に害はない。もしこのふたつの電灯サインを別の一対と交換して、ひとつが「右側通行」を指示し、もうひとつが「左側通行」を指示するとしたら、そうもいっていられまい。「右側通行」の合図にしたがうと決めたドライバーと、「左側通行」の合図にしたがうと決めたドライバーが出てきて、大混乱は必至である。そのような複数の合図は集合レベルでは両立不可能であり、どちらかひとつは破棄されねばならない。

この単純な観察から、われわれは政治的組織の核心へ導かれる。ある点で相互に依存している人びとの集合は、集合レベルになると衝突するような複数の合図を排除するなんらかの規定を——明示的であれ暗示的であれ——備えなければならない。集合レベルで衝突しない複数の合図は自由に競合してかまわないが、集合レベルで両立不可能な複数の合図は競合を許すことはできない。これがいかなる政治体にも不可欠な「ひとつを残して排除するという掟」(the Law of Conservative Exclusion) である。

「ひとつを残して排除するという掟」は、いかなるときも不可避的に作用するという意味での法則ではない。なんらかの〈権威〉によって公布されたという意味での法でもない。それは、政治体の存続にとっての一必要条件という意味で掟なのである。いつでもどこでも競合する煽動が衝突しあう場合には、さまざまな行為への合図からひとつが選ばれ、それ以外は廃棄される。ひとつの合図だけが許容され、しかもこのひとつの合図への承諾は強制されねばならない。この単称的、独占的、承諾強要的な合図には名称がある。つまりそれが命令《コマンド》なのだ。示唆－コミュニケーションと命令－コミュニケーションの対照は明確である。前者の場合、集合内のどの要素《メンバー》にも広範でさまざまな機会があり、自分が欲する行為に向けて自分以外の全部あるいは一部の要素を動かそうとするのはかまわない。また集合内のどの要素も、あれこれの示唆からどれを選んで応答しようが、どれにも応答しなかろうがかまわない。命令の場合はまったく違う。命令は、それと衝突しそうな競合する示唆はいっさい締め出し、承諾を要求する。「ひとつを残して排除するという掟」に自然的な基礎があることは、きわめて簡単な例で示すことができる。ある部族が、その狩猟地に異邦人たちが近づいていることを聞きつける。ポールは自分の同胞戦士たちにこの侵略者どもへの攻撃を呼びかけ、ジョンは新来者たちを贈物をもって迎えようと人びとを急き立てている。こうして、待ち伏せしようと槍をとる者もいれば贈物にする果物をあつめる者もいるというのでは、ポール派の攻撃は失敗するし、ジョン派は報復を受けるだろう。ポールの示唆あるいはジョンの示唆への選好に応じてメンバーの行為が二分すれば、かならず大惨事を招くことは明らかである。集合の全要素の行為は一致したものでなければならない。だからそのためにも、ふたつの衝突する行為への呼びかけが社会というフィールド上で鳴り響くことは許されない。許されるのはひとつだけだ。

それはどの呼びかけのことだろうか。武器をとれという呼びかけか、それとも果物をもっていこうという呼びかけか？　ポールの政策とジョンの政策は、行為への直接の呼びかけとしてではなく、あの行為をせよ、あるいはこの行為をせよと呼びかける相反する提案として提示されるかぎりでなら、どちらも提案してさしつかえない。

本論考で重要視されてきた*ABH*関係よりも、このほうが広く出回っている政治の理解や説明に似ているようにみえる。たとえば、アテナイ民会へのアルキビアデスの提案はシュラクサイ遠征を敢行すべしであり、ニキアスの提案は敢行するべからずである。衝突するふたつの提案はどちらが選ばれるかで競合する。一方が残って命令となり、他方は完全に排除される。

しかし、たとえわれわれが長い回り道の末に先刻承知のことを述べたにすぎないとしても、無駄な道のりではなかった。というのも、ひとが直接ひとを動かすことを理解しているわれわれは、実際つぎのように認識するにいたったからである。すなわち、行為への煽動が衝突すれば、結果として集合の要素も、機能するシステムとしての、秩序あるフィールドとしての集合にとって破壊的な姿勢をとるようになるだろう。その場合には、衝突しあう煽動はひとつを残して排除しなければならず、残ったただひとつの煽動が「命令」の地位にまで高められる。それだけが発せられ、それと衝突するいかなる煽動の発話も封じる。

さて、以上からただちに明らかになるのは、いかなる政治システムにとっても根本的である三つの特徴である。

(1)複数の煽動が同時に成り立つ余裕がなさそうなとき、つまりふたつあるいはそれ以上の煽動が集合レベルで両立不可能だとわかったときには、いつでもなんらかの選抜がなければならない。そしてそれゆえに、なんらかの選抜手続きがなければならない。

(2)選抜過程が完了したら、その結果の布告がなければならない。この布告は、いま発せられた「〜せよという呼びかけ」が、応答するもしないも自由な煽動とは本質的にまったくの別物であると万人に間違いなくみとめられる、そういうものでなければならない。これはいまや命令であるから、その観念上の違いが可視的な威厳によってよくわかるものにされねばならない。

(3)命令が布告されたのちは、それと衝突する煽動を発する自由はいっさいない。

ここで追求されているのがふるまいの衝突の駆除であることを思い起こすなら、布告の受諾こそなにより重要であることがはっきりとわかる。こうしてわれわれは、布告には威厳がともなわねばならないことを強調せざるをえない。それゆえ、「高い地位」が存在し、そこから発せられる布告の文言が、たんなる煽動の文言とは装いからしてまったく異なったものとならねばならない。

世界中のほとんどの国で、ほとんどの時代、命令は王座から下されてきたし、その王位は徐々に高められてきた。命令は、王位に座し、威厳ある王衣を纏い、王冠を戴き、王笏を手にした人間の口から発せられた。そしてかれのことばの先触れにトランペットの音が響いた。いまのわれわれには空虚な儀礼とみえかねないこのすべては、それが煽動ではなく命令であると聴衆に印象づけるのに必要だったことがわかる。語る者を王位にのぼらせることは、鍾をある高さまで持ち上げてそれだけ大きなエネルギーで落下させることに劣らず不合理ではなかった。発言に威厳をもたせる手段は時代とともに移り変わるとはいえ、なにかしらの手段はかならずなければならない。

命令という身分をめぐって複数の提案が競いあっていると論じたここまでの議論が、たとえ冗長かつ周知のものだとしても、それで不必要になるわけではない。論争の幕が降り、公衆のメンバーたるわれわれの多くは、選抜された提案は最善ではなかった、それどころか悪しき提案だと感じる。同様の感情が最終決定形成評議会のメンバーたちにも見うけられたり、表明されたりするかもしれない。もしそうなったら、当の評議会の発する宣告は厳粛さを削がれることになるだろう。初期段階では奨励して然るべきであった提案でも、選抜過程を経てしりぞけられたら、われわれの頭のなかからそれを「抹消」してしまうことが必要になる。そしてそれを成就する最善の方法は、最終的に選抜された提案を論議にかかわっていない代行機関《エージェンシー》に布告させることである。そうした威厳ある代行機関がない場合は、最終決定形成評議会がその議論調の声色を布告調に変えねばならない。

敗れ去った競争相手たる提案を一掃するのは、たとえ威厳の印璽とともに命令が発されたあとであっても、またそれがなければなおさら（*a fortiori*）むずかしいことがわかるかもしれない。これはひとつの必要条件であるにもかかわらず、わたしが知るかぎりいままで考慮されたためしがない。

それを「命令が布告されたら、それと競合する煽動を発する自由はない」と言いあらためよう。これは以下にくり返す命令の正当化から論理的に帰結する。

前提A　煽動の多様性は、もろもろの行動の明確な衝突を導くようなら許容できない。

前提B　Zはそのような一事例である。

結論　ゆえに、争点Zにかんして煽動の多様性を許容することはできない。

命令の正当化とは、多様な煽動があって有害な衝突を引き起こしそうなときに（Zは仮定により（*ex hypothesi*）そのような事例である）この多様性を駆除しておくことである。したがって、目下の争点にかんして命令C_Zを布告したあとにこの命令と衝突する煽動を復活させたり持ち込んだりすれば、命令が排除を意図していた当の多様性を蘇らせてしまう。実際それだけではすまない。こうして布告の効力に一回でも異議を申し立てれば、布告はその実効性一般を弱めることになるのである。

そのような煽動をどうすれば正当化できるか？　わたしは前提Aと前提Bに同意しており、わたしの提案は命令の選抜手続きにしたがって検討済みであったとしよう。すると命令の一候補としていったん排除されたものをわたしが煽動として採用するのは「政治的ごり押し」（political interloping）である。たとえば、ポール派がある課税案に反対したとする。それがかれらの反対を押し切って実施されると、かれらは納税者に納付拒否を呼びかける。こうした政治的ごり押しはつねに政治システムへの挑戦であり、政治体の存在そのものへの挑戦になることもしばしばである。政治的ごり押しの極限形態は、負け組となった和平派が自分たちの反対にもかかわらず決定した戦争への不参加をアピールしたり、逆に負け組になった主戦派が戦争行為に手を染めたりすることだろう。(3)

政治的ごり押しは正当化事由を探して、ついには選抜手続きが遵守されていないと申し立て、挙げ句のはてに現行の選抜手続きを受け入れたおぼえはないとまでいいだす。良心のうったえというもっと高尚な正当化をもとめ、両立不可能なふるまいの破滅的な効果から政治体を守ることよりも、自己の良心に合致して行動するほうがはるかに重要だと考えることもある。つまり前提Aを否定するのだ。だがもっとずっと簡単な抗弁は、前提Bの否定である。すなわちごり押し屋は、Zは煽動の多様性が許容できない争点ではないと申し立てるのである。そしてこれはきわめて興味深い論点を提起する。

先にわたしが引いた単純な例では、これをせよという呼びかけとあれをせよという呼びかけが同時に発話されても、政治体の害にならないことはきわめて明白だった。呼びかけられている別々の行動は、個人レベルでは両立不可能であっても(ひとは両方をすることはできない)、集合レベルでは両立可能である(一方をする者と他方をする者がいても問題にならない)。それとは逆の単純な例も引き、ふたつの異なる行動への呼びかけが同時に発話され、かつ一方にしたがう者もいれば他方にしたがう者もいるとき、破滅的な状況が産み出される場合を示した。これらの例を選んだのは単刀直入だからである。競合する複数の行為への合図を排除する必要がないという場合や、ひとつの合図を容れる余地しかないという場合も、当然のことながらありうる。

概括すれば、考えられるすべての「~せよという合図」(*signals to do*)はふたつのクラスに分類されるという理解におのずといたる。クラス1は、競合する複数の合図が集合レベルで両立不可能になってしまうような事例からできており、ただひとつの合図だけが許容される命令の領域〔ゾーン1〕を定義する。クラス2は、競合する複数の合図が集合レベルで両立不可能にならない事例からできており、それゆえ自由な煽動の領域〔ゾーン2〕である。

このような分類は意味深長である。ゾーン1では、この合図にしたがって行為せよ、あの合図にしたがって行為せよという競合する複数の提案があってかまわないが、それらの提案のなかで選抜がおこなわれ、ひとつが栄えある命令にまで高められねばならない。したがってそこには選抜および威厳付与をおこなう代行機関が存在しなければならない。これは政府と主権という観念に対応する。

この分類が有用であるのは、それがゾーン1では命令の正当化を可能にし、ゾーン2では命令の正当化を不可能にするからである。

しかし実際にそのような分類は容易にできるであろうか。ゾーン1とゾーン2のあいだに一回こっきりの確固たる境界線を引くことなど可能だろうか。答えは否である。命令の領域と自由な煽動の領域のあいだの境界線は時とともに変動し、いつでもそれ自体が争点となる。しかもそうなってしまうのが自然なのだ。

ポール派のチームが争点Zにかんして行為H_{ZP}を推奨しようとする、と考えよう。ある時点t_0でポール派チームは、政治体メンバーの多数ではないにしても数名に行為H_{ZP}をさせることができると感じている。「多数ではないにしても数名」と予想したら、ポール派はZを命令の領域に分類されない争点として提示する。仮にこの時点t_0においてZが命令の領域にあるとしたら、政治体の全メンバーは争点Zにかんして同じやりかたでふるまうべしという提案は、H_{ZP}以外のなんらかの行為を採用するにいたり、それゆえに、ポール派の欲するこの行為の煽動は排除されてしまうだろう。しかし、しばらく時間の経過した時点t_nになって、ポール派の見通しは変化した。いまやかれらは、行為H_{ZP}が命令として発せられるべしという提案に多数者が賛成すると期待できる。そこでかれらはいまや、争点Zは命令の領域に属すると述べる。

こうして、同じ人びとの集団が同一の争点について論じても、異なるふたつの時点でみると、これは諸個人に競合する示唆に自由に応答させるべきことがらだと弁じ立てることもあれば、これは諸個人がひとつの命令を承諾すべきことがらだと弁じ立てることもある。この変節の理由は、早い時点で後者の路線をとると自分たちの煽動がそれと矛盾する命令によって締め出されてしまうので、もっとあとで後者の路線をとれば、自分たちの提案が命令の地位に就いて、競合するもろもろの示唆の締め出しを確実なものにできると期待するからである。

この単純なパターンは、めぐりめぐって「自由」なる鬨の声の変わり身の早さを説明してくれる。示唆および応答の自由は、目下のところ弱い応答しか期待できない集団には高く評価される。しかし、同じ集団がその提案を万人の義務として強要できる地位に就いたら、そのような自由の維持は当の集団にとって非効用になる。たとえばアメリカにおける労働運動の歴史を考えよう。初期の段階での要求内容は、組合結成の自由と加入の自由である。のちの段階で強調されるのは、組合組織のある事業所に所属するいかなる労働者も加入を必要とするという要件である。

このような変節はシニシズムを露呈しているわけではない。ポール派がある行為ないしふるまいをよしとするのなら、それをかれらができるかぎり多くの人びとにもとめるのは当然であるし、またそのためにも、多くを期待できないときには寛容をうったえ、期待できるときには協調をうったえるのだ。ある争点を命令の領域に含めるか除外するかをめぐるある集団の態度はその期待の関数であるから、観念上の境界線についての主観的な評価が変わりやすくてもなんら驚くべきことではない。だが客観的な評価そのものはむずかしい。

それがむずかしいのは、単純にいえば、整合性が人間たちの行為の問題であるだけでなく、人間たちの行為についてのかれらの感情の問題でもあるからなのだ。実際には行為H_{ZP}と行為H_{ZJ}とが両立不可能なのではなく、行為H_{ZJ}がポール派の反感を煽るあまりかれらをH_{ZJ}とは両立不可能な行為H_{ZP}に駆り立てている、ということもある。換言すれば、主観的評価は状況の客観的要素なのである。

第三章　場所と顔

コリントのとある博物館所蔵のふたつの彫像は、芸術的には無価値であるが、見晴らしの良い場所に統治者の立像を建てる風習がローマ統治下にあったことを証明している。その彫刻家は、他に君臨する国（*civitas imperans*）の代表者が国家行事に臨んで着用した軍服をあらゆる細部にいたるまで陳腐なまでに正確に甦らせた。頭部だけが失われているのは偶然ではない。両肩のあいだの穴から、がっしりした胴体に付け替え可能な頭部を装着するための溝がのぞいている。このようにして市民たちは、新しい支配者を顕彰するためにあらためて彫像を建てる費用を惜しんだのである。古い顔ははずされ、代わりに新しい顔が据えられたのだ。

これが確立された〈権威〉のシンボル化に役立つことになる。先行する時代に建立された彫像は幾世代にもわたって残るが、顔は存命中の実効支配者のものでなければならない。寿命や在任期間が尽きたら、肩から下は残してかりそめの頭部を取り外す。いまや満たされるべき空白があり、新しい男が彫像の両肩の上に自分の頭をのせる番というわけだ。野心的な政治家は、立像のてっぺんに自分の顔を掲げようと思い立ったら、彫像そのものの建立とはまったく別の作戦に着手する。それに要する努力は少なく、能力は種類を異にする。それゆえ、確立された〈権威〉の地位の占有者となる人びとがこの地位の創設者たちと同じタイプであることはめったにない。そうはいっても、現存する彫像が証明しているように過去に創設者たちが存在したからには、現在にもまた潜在的創設者たちが存在するのである。確立された地位の占有者になる見込みが小さいほど、かれらは立像に挑戦する傾向を強めていくことになる。

新しい顔が既存の影像の両肩に据えられるには、四つの主たる手続きがありうる。世襲、上からの指名、互選、下からの選挙である。複雑な政治システムはたくさんの影像からできているので、影像に頭部をのせる手続きも多様である。本書執筆時の英国を取り上げてみよう。王位継承は世襲による。貴族院の議席は世襲によって充当されるが、上からの指名の場合もある（新貴族）。大いなる決定権力をともなう職務は、文官であれ武官であれ、上からの指名によって充当される。裁判官の選出においては互選が大勢を占める。〈権威〉の地位に就く者がその〈権威〉のもとに服する人びとによって選挙される、というのがデモクラティックな政体の不可欠の思想であるが、実際それで充当されるのは〈権威〉の地位のごくわずかなのだ。それが主要な思想であり、また鍵となる地位に適用されるのであるから、われわれはこの手続きに傾注しよう。

正式な手続きを知っていることと、実効的な手続きを理解していることとは違う。単純な例で説明しよう。庶民院で議席を得るには、選挙のさいにいずれかの選挙区で相対多数票を獲得することが必要かつ十分条件である。われわれがもしこう述べておしまいにしたら、野心的な政治家に実用的な手引きを授けることにはならない。最初の具体的な特記事項として、かれは既存三政党のどれかによって候補者として採用されないかぎり、およそ成功の見込みに与ることはないと付け加えてやらねばなるまい。こういうからには、ただちにこの指名にかんしてやや詳細に踏み込む必要がある。この詳細によって、われらが候補者は、全国民に向けて名乗りを上げるまえに、少数の人びとを満足させなくてはならないことが明らかになる。成功への道はかれらが牛耳っているのだ。

われわれが論じているのが補欠選挙であると仮定しよう。われらが候補者の名前は、党本部から選挙区へ送付されるる候補者リストに載らなければならない。党本部は、たまたま届いたというだけでどんな名前でも添えるわけではない。つまりそこで少数者による最初の選抜がなされる。その結果はまだきわめて長々しいリストであり、それが送付された選挙区でもっと絞り込まれるが、これもまた少数者の手でなされる。こうして短くなったリストに名前が残った候補者たちが、その後選挙区委員会に召し出される。それを構成するのはわずか数十人で、かれらが最終選抜をおこなう。(1) これらはすべて、われらが候補者が(いくらか当選の見込みがあって)有権者に向けて名乗りを上げる以前のできごとである。最終的に国民の票をめぐって競いあう若干名の個人たちは、それぞれに「インサイダーたち」によって選ばれているのだ。

これ以外のやりかたなどまずあるまい。選択肢を絞らずに人びとに選択の機会をあたえるなど、できない相談なのだ。今日のおそらくもっとも偉大な〈権威〉の地位、アメリカ大統領を取り上げよう。選挙戦開始に先立つ選抜プロセスなどやめたほうがいいというのは、立候補を決めた個人全員を平等に遇するという意味になって、まったくの混乱が帰結するだろう。事前選抜の論理的な必要性は、かつて機能したもっともデモクラティックなシステムを参照すれば容易に証明できる。すなわち紀元前五世紀のアテナイのシステムである。そこでは、すべての重要な決定は、年に一〇回から四〇回開かれる一日がかりの会合のために全市民が招集される民会により下された。たとえ出席する市民がごく少数にすぎない場合でも、各自平等な発言権をもつ三〇〇〇人から五〇〇〇人の参加者一人ひとりに「発言の機会をあたえる」ことは明らかに不可能であった。(2) それゆえ、発言者を指名するなんらかの事前的な(*ex ante*)手続きがあったに違いないが、われわれはそれについてはわからない。一般命題としては、潜在的な参加者の数が多ければ多いほど、選抜プロセスは険しくなるといえる。(3)

決定形成団体の規模が大きければ大きいほど、そのまえに提示される選択の幅は単純な二者択一になるまで狭められる必要が高まるというのもまた真である(それが競合する複数のチームでなく単一のひとないしチームによって提起され、問題を歪める危険な場合もときにあるが)。それはまた別の主題であって、本章でのわれわれの主たるテーマとの結びつきは、大人数が招集されてひとつの選択をする場合につねに必要になる絞り込みをそれがやはり強調しているからという一点に尽きる。

このような絞り込みは運用上の必須事項なのだ。われらが英国庶民院議員仮想候補者のくぐり抜けねばならない関門に戻ろう。これらの関門は人びとの選択を限定するといえるが、整然とした選択をしつらえるという点を強調するほうがよほど理にかなっている。体制がデモクラティックであればあるほど、関門の役割は大きくなる。

野心的な政治家が通らねばならない「難関」は、インサイダーたちによって、つまり「選別《スクリーニング》」ないし「監視《モニタリング》」集団によって守られている。明らかに、大抵のことはインサイダーたちの性格次第である。もしかれらがある特別の関心にもとづいてあつまっているのなら、最終的に人びとの選択に差し出される競合選択肢の採用にはバイアスがかかっているだろう。だがそれより自然なのは、かれらは個々に高い程度で公共の利益を優先視するがゆえにひとつにまとまる傾向があるということである。

いつでもどこでも、公共のことがらを優先視する強さの度合いは市民によってかなり大幅に異なっている。もしこの関心が測定できたなら、高得点域にあるひとは少なく、測定対象者数が逓増するにつれ得点は急速に下落するだろう。(4) 関心が高い人びとが難関を警護する集団に引き寄せられ、それによってかれらの関心に相応の影響をおよぼすのは当然である。(5) さらに、公共のことがらへの関心はさまざまな形態をとりうる。誰が仲間に入るかを気にする人びとにくらべると、なにがなされるべきかを主に考える人びとには、難関をわがものにしようとする傾向があまりない。

「仲間入り」はもちろん政治家の当面の問題である。あるひとが「政界に入った」と述べることは自然に思われるが、デモクラティックな理論の観点ではきわめてショッキングな表現である。デモクラティックな理論にしたがえば、市民はことごとく公共善の追求に一個人としてコミットしているのであるから。われわれが意味しているのはもちろん、この人物はエリートコース（*cursus honorum*）に入ったということ、より重要な〈権威〉の地位に順次就くつもりでいるということである。管制高地にはさまざまな標高に多くの地位が点在し、上へ上へとつづいている多くの道もある。これらの道をのぼっていく多くのひとがいて（なかには滑り落ちていく者もある）、その途上には道をのぼらずに往来を警護する者たちがたくさんいる。かれらが「インサイダー」と呼ばれた人びとである。これらすべての人びとから高地住民は構成されており、あるひとが政界に入ったとわれわれがいうのは、かれがこの高地住民の仲間入りをはたしたことを、心の中で自分の帰属する平地住民と明確に対比しながら意味しているのである。平地住民にして公共善への熱烈な関心ありということもあるし、かならずしもすべての高地住民が公共善に献身するわけではない。区別の原則は人それぞれでも、区別そのものは十分明瞭にされてきた。

平地から高地への移動は他者の国への移動であるから、事情に通じてなじむことが必要になる。この点で、第Ⅱ部で述べられたことをふたたび持ち出してみるのがいいだろう。管制高地をよじ昇りそこねたひとが、平地に自分で小丘陵を築き上げるのに成功することは十分可能なのである。

いかなる確立された出世街道もなんらかの集団によって警護されている。たいていきわめて小規模な集団が通行を管理する。関にさしかかって入場を許可される者もあれば、追い返される者もある。複雑なシステム内には多くの道があり、きわめて多様な集団によって取り締まられている。(6) 各集団にはそれぞれ特有の性質や流儀があり、集団の存在を永続化しそのカラーを保とうとする傾向にある。要するに、たとえ革命的な政党であっても、昇進を管理するのがそのような集団ならば、それ自体の内部にかんする気質は伝統主義的で保守的なのだ。こうしてフランス共産党の場合、昔ながらの既得統制権を手放そうとせず、スターリンを賛美しプロレタリアートの境遇の漸次悪化を言い立てることから一歩も踏み出そうとしない(7)「守旧派《オールド・ガード》」の保守主義について、近頃では若手が苦々しげに文句をつけている。そのような集団の「守旧派」的態度は英国労働党の場合にもみられる。そこでは党インサイダーの多数派が、党首や国会議員たる党員の大半が時代遅れと感じ、選挙区の党支持者の大多数が気にもとめない教(8)条的な立場から、一歩もまえに進もうという気がないのである。

このような集団に特徴的なのは、集団の外では影響力のない人物がその集団内ではきわめて重きをなしているということである。このためもあって、そのような集団で行使される統制権はしばしば「秘教的《エソテリック》」であるといわれる。

しかし、ある特有の精神をもっている集団が、この精神の観点からその最良の代表者と思われる人びとを重んじるのは、至極当然のことである。こうしてかれらはその集団自体の名望家となる。

これら「集団名望家」（フランスではしばしば「大御所」(*bonzes*) と呼ばれている）が集団の基調音を設定する。新参者が「使える」("do") かどうかを決めるのはかれらである。かれらは間違った流儀、不適切なふるまいの可能性をめざとく摘発する。このうえなく急進的なサークルの審査員ともなると、会員限定クラブの審査員よりはるかに情け容赦がない。のちにみるように、その抜かりなさには語るべき多くの利点がある。だがそこに精力的な人物を締め出したり抑え込んだりする傾向があることもたしかなのだ。そのような集団を「政治的ギルド」と呼んで論じたマックス・ウェーバーは、つぎのように述べている。

> 些々たるポストに生き甲斐を感じるこれら名望家仲間のなかでは、変わり種の出る幕はなかった。指導者の資質をもちながら、それをもっていたがために名望家たちから白眼視され、悲劇的な政治生涯を送った人びとは、どの政党にもたくさんいたし、もちろん社会民主党も例外ではなかった。ドイツのすべての政党はこういう名望家ギルドへの発展の道をたどってきた(9)。

先に英国の政治システムに言及したが、庶民院に潜り込めたひとでも、重要な役割から締め出される場合があることを指摘できる。内閣の役職に就くには、職位の高低を問わず首相によって任命されねばならないが、首相がほかならぬその人物の能力を脅威とみなしたり、たとえもっと寛大であっても、他の閣僚たちとの軋轢を懸念してこの才人の登用を憚ったりすることがある。有名なのはウィンストン・チャーチルの例である。かれは挙国一致内閣と保守党政権のもとで、一九三一年から一九三九年まで内閣の役職から組織的に排除されたのであった。

システムのはたらきに精力的な人物の締め出しや抑え込みの傾向があるとき、かれらは自らの才能の登用機会をシステムの外部に、別種の分野（たとえば組合の結成）にもとめたり、自分を快く迎えない枠組みの外で政治ゲームに興じたり（たとえば革命運動を形成することにより）しがちになる。既存の〈権威〉の地位から排除されたかれらは、自分たちなりの地位を築き上げていく。そしてこの過程をつうじて、確立された〈権威〉のあらゆるシステムは最終的に頓挫するのである。

高い地位にある人びとは凡庸なことが多く、その命令にしたがう義務を課されてわれわれは苛立っている。同時にわれわれは、およそ確立された〈権威〉を欠いた人物のけしかけにはすぐさま応じる。そうだとすれば、われわれが後者（権威2）との関係を前者（権威1）との関係より好ましく思うのは自然なことである。権威2のほうがすぐれた人物だ。それが証拠に、われわれはかれが彫像の高みから語りかけるわけでもないのに耳を傾けるが、権威1がたとえわれわれと同じ目線の高さで語りかけても耳を貸さないだろう。さらにわれわれの感覚では、権威2への承諾はわれわれの自由の行使だが、権威1への承諾はわれわれの自由の毀損をともなう。わたしは権威2の依頼を実行するよう拘束されてはいない。かれの示唆がわたしの意に沿わなければ、それにしたがわなくてもかまわないのだ。権威1が高みから語るときには、そうはいかない。好むと好まざるとにかかわりなく、かれの要求どおりに行為せねばならないという自覚がある。それゆえわたしの選好の天秤は、非公式の権威の側に大きく傾く。

これはわたしが、日ごと折にふれて、個人的に承認する権威である。われわれの選好がそのようなタイプの権威にあるからこそ、権威1の〈権威〉をもその光に照らして考えたくなってしまうのだ。しかし法的擬制をどれだけたくさん積み上げても、わたしはある過去の瞬間に権威1の選出にかかわった（かれに反対する一票を投じたのだろうが）からいまこの瞬間にかれが命じることを自分でしたいと思う、ということは心理的に真になるまい。それが真実でないことをわれわれは百も承知である。権威1の指図にしたがっておきながら、権威2の煽動に応答するのと同じくらい自由に感じる。そんな統治の形式など存在しない。

非公式の権威のほうが好まれる。だからといってそれが最善だということにはならない。非公式の権威は自然的であり[10]、それがもたらす権力も自然的である。しかし権力はことごとく危険であり、自然な権力ともなればその危険も極大になる。たしかに、権威1はある人工物を、すなわち影像をつうじてわれわれに枷をはめる。しかしそのおかげで枷は明確にされ限定されている。公式の〈権威〉が服従を要求できるのは、それが権利を喚起するからである。しかしそれが喚起する権利は、一個の権利であるからこそ正統なる範囲があり、定められた限界がある。〈権威〉がその適切な対象から逸脱している、あるいはその行使が権限踰越（*ultra vires*）であると述べることには意味がある。そのような陳述は、非公式の権威の場合には意味をなさない。もしある町の首長が特定の工場や商店への商品運搬の禁止を町警察に命じたら、かれの〈権威〉の行使が権限踰越であることは明らかだろう。しかしもし、トラック運転手組合の「ボス」がすべての運転手たちにそのような運搬をやめるよう指示し、運転手たちがそれを承諾したら、「ボス」はかれの権威がそこまでおよぶことを実証することになるのだ。その場合に、かれの行為は権限踰越だというのは馬鹿げている。川の流れが橋を押し流すとき、川がその力を超えて力を行使していると述べるのが馬鹿げているのと同じことである。自然の力の場合、その力は自然の作用が立証してみせるより小さいなどとはけっしていえない。それどころか、自然の力の大きさを測る唯一の方法はその最大効果を検証することなのだ。

公式の〈権威〉と非公式の権威の大いなる差異がここにある。どちらも人間たちを動かすことができる。それゆえ、起動させた人間たちの力を結集し、それが達成できるかぎりのことを結果としてもたらす能力はどちらにもある。そしてこの他人のエネルギーを用いておこなう能力が権力である。ところが非公式の権威の場合、それが実際に成し遂げさせることのできるすべてのものは、ことごとくその権力である。公式の〈権威〉の場合にはそうではない。それは権力の行使を限定し制限するある理念にもとづいており、結果としてその正統なる達成物もその潜在的実効性とは異なってくる。

この点はロックからの以下の引用において十分明らかにされている。

強力な軍隊を指揮する将軍が有する権力は、敵軍からふたつ以上の町を奪うのにも、自国内の擾乱を鎮圧するのにも十分であるかもしれない。しかし、もしかれに課せられた任務がある場所を包囲して奪取することだけであるならば、かれの手の内にあってそれらの利益を獲得できる権力は、軍隊の力をそれに用いる権限をかれにあたえない。コモンウェルスにおいても然りである。[11]

この考えかたは十分に明瞭である。将軍の合図で進軍する部下は、ふたつ以上の町を奪うにも自国内の擾乱を鎮圧するにも十分な人数である。したがって将軍の手のなかにある力《パワー》はそのどちらの目的にも十分なものだ。ただし、兵士たちが将軍への服従義務を負うのは、将軍にあるひとつの町だけを奪取せよと指示している任務《コミッション》のためである。かれの権力《パワー》とはそのようなものだ。このふたつの別個の観念内容を指示するのに、それぞれ別の語があれば都合がよいだろう。キケロの著作、とりわけ『国家について』を注意深く読むと、かれが力のある人びとについて語るときは〈ポテンティア〉(*potentia*)といい、たとえば執政官職にともなう権力に言及するときには〈ポテスタス〉(*potestas*)ということがわかる。この一対の語はきわめて有益であり、それを用いてロックの思想をつぎのように表現しなおすこともできる。すなわち、将軍の手のなかにある〈ポテンティア〉はもっと大きな目的や別の目的をかなえるのに十分であるが、かれの〈ポテスタス〉はひとつの町を奪取することに制限されているのだ、と。

〈ポテスタス〉は〈ポテンティア〉の源である。部下たちが将軍に服従するのは、かれらの服従を受ける権原がかれにあるからだ。しかし〈ポテスタス〉は〈ポテンティア〉の使用をその妥当な目的に制限する。実際はつねにそうであるわけでないと多くの歴史的事例が証言しているのだが。たとえばシーザーの〈ポテスタス〉は、かれが「軍勢《パワー》」の先頭に立ってルビコン川を渡ることをたしかに禁じていた。[12] それにもかかわらず、かれはルビコン川を渡った。だがかれの胸中には、純然たる〈ポテンティア〉をふるう山賊のリーダーにはない若干のためらいがあったに違いないのだ。後者の場合はいかなる〈ポテスタス〉もないから、その一味もかれにしたがう義務のもとにはない。それでもかれらがリーダーにつきしたがおうとするかぎり、かれは自分が恣《ほしいまま》にする自発的勢力に達成可能なことをなんでもやってのける。そしてこれが危険なことは明らかである。〈ポテンティア〉は害をおよぼす可能性が大きいので、野放図にさせておくよりも、〈ポテスタス〉に根拠をおいてその制約を受けるほうが安全だろう。

帰依者たちが自発的にしたがうからといって、それによって成り立つ〈ポテンティア〉が〈ポテスタス〉にくらべて自由とより調和的だということにはならない。ポールなる人物は、わたしやその他大勢から熱狂的な応答を呼びおこしている。われわれはかれの合図で行動し、「ポール派」としてまったく自由にふるまう。実際われわれは、かれのリーダーシップのもとに結集することで個々の自由が増大する、われわれの強さが結び合わされば、ひとりずつでは望むべくもないことを成就できるからだ、とややもすると感じる。だが、われわれポール派の結集が他の人びとにもたらすインパクトはどのようなものだろうか？

もしなんらかの点で「良い」と感じなければ、われわれはポールに帰依しないだろう。だから、かれに帰依しないのは相応に「悪い」ことだとわれわれには思われる。われわれは意志薄弱なひとや意気地なし、つまり結局ポールに応じない人びとを哀れんだり蔑んだりする。かれらを柵のなかに追い込んではいけないだろうか？　こうして乗り気な一味が気乗りしない人びとをぐいぐい急き立て、威嚇によって巻き添えにする。そのような現象は、気の進まない個人が強引な一団に引きずられてしまう少年たちの交際で観察される。さらに、つきあいがよくないだけでもわれわれの眼に「間違い」と映るのなら、われわれに叛旗を翻すのはもっと悪いことになる。反対派は打ちのめして屈服させるべきなのだ。

こうしてわれわれの一味が有する諸特性は、それ自体としてみるとそれぞれに快いが、他者へのインパクトを考慮するとそれぞれ不快な対応面がある。われわれは自らの意志で、つまり自由にポールに帰依する。だがそうすることで、他者にかれらの意志に反して、つまり不自由にポールへの帰依を無理強いする一個の力になる。一味のメンバー間には暖かい同士意識があり、それが同輩市民にわれわれが日常のなりゆきで示す生温い思いやりなどよりはるかに優れたものであることはたしかだ。そこにはほんものの共同体が甦っている。然り、だがわれわれのサークル内部でこうして情愛が増した分は、非同調者への軽蔑感、反対者への憤り、怒り、慷慨、憎悪といった感情で対価が支払われる。われらがリーダーを敬愛するのはなんと喜ばしいことか、たまたま〈権威〉に鎮座する素っ気ないジョンにわれわれが払う堅苦しい恭順に引きくらべ、なんと好ましい感情であることか！　なるほどたしかに。だがわれわれがポールを支持することで、かれは他の人びとにとって威圧的で恐ろしい、悪魔じみた人物となる。愛に根をおろした〈ポテンティア〉は恐怖という実を結ぶ。

　唱道者の周囲に自発的に結集した一味は、戦闘的な部族ないし征服軍と化し、その力である者をねじ伏せ、ある者には条件をつきつける。歴史のなかで際限もなくくり返されてきたひとつのパターンがここにはある。それがこのうえなく顕著になるのは、一味が他国を乗っ取るときで、征服王ウィリアム〔William I（1027-87）. ノルマンディー公（ギヨーム二世）としてイングランドを征服し、ノルマン朝を開いた〕やコルテス〔Hernán Cortés（1485-1547）. メキシコのアステカ帝国を征服したスペインの探検家〕の一味の所業がそれである。だがそれよりも多いのは、一味がその生まれ故郷で政治権力を丸ごと分捕るために活動する場合である。われわれの時代もその実例には事欠かない。さらに、カティリナ〔Lucius Sergius Catilina（c.110BC-62BC）. 古代ローマの政治家。共和政の転覆をはかった「カティリナの陰謀」の首謀者〕やクロディウス・プルケル〔Publius Clodius Pulcher（92BC-52BC）. 共和政期ローマの民衆派政治家で、元老院およびキケロと対立した〕のような人物の所業については、いまなおキケロがわれわれの典拠になるとはいえ、今日そうした現象の記述や評価にはさまざまな遠来の観察者を引き合いに出すことができる。観察者がポール派の熱狂、活動、献身ぶりを、大半の市民の政治的無気力と「総愚劣化《イディオティズム》」（すなわち、狭隘な私的関心事への耽溺）と対照させるうちは、そして大胆不敵に歩むポール気質を、バクチ的な手を嫌う〈権威〉に鎮座した人間たちの臆病さと対比するかぎりは、評価は好意的なものになりがちである。ポール主義一派のダイナミズムに向けて後者があらわにする恐怖は、精力的な競争相手を警戒する寡占の防衛機制であると安易に解釈されてしまう。たしかにそのようなものではある。しかしそうした防衛機制が公共の利益にかなっていることもあるのだ。

もろもろの確立された〈権威〉からなるシステムのもっとも明白な特徴のひとつは、「高地住民」のあいだの不言の連帯である。かれらは往々にして例外的な人物を排除し、その城外（*extra muros*）活動も妨害する。「生まれながらのリーダー」を起用しないとシステムは弱体化するし、その代わりをやや特色に欠ける個人たちで穴埋めするうちに次第に「顔が立たなくなる」、というのは簡単である。さらに、自然的な権威を有する人間たちを冷遇すれば、かれらは城外に温もりをつくりだすようになり、それが確立された〈権威〉の伽藍を倒壊させせかねないことも、容易に指摘できる。これはすべて疑いようもなく真である。それでもポールをのさばらせるほうがはるかに喫緊の危険なのだ。キケロの生涯から引き出される事例がこの点を証明してくれる。

執政官職を望んで二度挫折し、結局〈ポテスタス〉を拒まれたカティリナは、恐るべき〈ポテンティア〉を築き上げた。しかし〈ポテスタス〉を欠いていたために、かれの党派の大部分もろとも比較的あっさりと破滅した。はるかに小粒の男クロディウス・プルケルは、護民官という〈ポテスタス〉を獲得したためにもっと先まで歩を進めた。かれはそれで自分の〈ポテンティア〉を増強させ、ローマを自分の一派の支配下におき、キケロを亡命へと追いやることができた。ミロ〔Titus Annius Milo（?-52BC）．共和政期ローマの政治家。元老院派でキケロの友人〕によるプルケル殺害が、ようやくその災厄に終止符を打ったのである。シーザーがローマ掌握を成就できたのは、軍隊のリーダーとしてガリアで五年間にわたり享受した〈ポテスタス〉があればこそであった。共和政の最終的崩壊とキケロ自身の死は、オクタヴィアヌスに〈ポテスタス〉をゆだねたことにより決定づけられた。記録が明らかにするところによれば、危険な人間は、〈ポテスタス〉を拒まれるときより〈ポテスタス〉に迎え入れられるときのほうが危険になる。ワイマール共和国にたいするナチスの挑戦を迎え撃つのに、ヒトラーを首相職に就けてもうまくいかなかった。それゆえ、「後宮の宦官たち」がより精力的な人物たちを排斥するのを悪しざまにいうのはかまわないが、それを擁護していうべきことはたくさんある。

ここでのわれわれの目的は、なにが賢明な政策でなにがそうでないかを論じることではない。われわれが意図したのは、〈権威〉と権威の対、およびこの点に存する自然的な緊張関係、つまりあらゆる政治システムの一特徴を明らかにすることである。

第V部　決定

第一章　人民

決定を言いわたす高所というものが存在する場合は、つねに具体的な問題が生じる。その高所をどういう人間（あるいは人間たち）が占めるのか？　数ある提案のうちどれが命令として選択されるのか？　そこには人間たちの競争と提案同士の衝突があり、それが政治のもっともなじみ深い一面をつくりあげる。こうした表層の背後には根本的な問題がある。その高所をめぐって競い合ったりそれを占有したりする人間たちの精神とはどのようなものか？　ふたつないしそれ以上の提案からひとつを選択することに含意されるわざの特殊な性質とはなにか？　この役割にたいしてとられるさまざまな態度にはどのようなものがあるか？

これらの根本的な問題に向かうまえに、完璧なデモクラシー、すなわちいかなる確立された〈権威〉もなしに存立する政治体という極限事例[1]を考察しておくと役に立つかもしれない。これはその後につづく内容に少々の光明を投じるかもしれない。

こうして本章では、純粋状態における、すなわち自己統治が現実のものとなった場合に存在する人民（People）について語ることになる。そこからなにかを学べるのであれば、これが端的にいってひとつのモデルであることなど問題ではない。

ゆっくり系統立ててみていこう。われわれが確立された〈権威〉について考えるという場合、この観念そのものにはわれわれが人民の三つのカテゴリーを考えているという含意がある。命令が発せられている臣民（*subjects*）、命令を実施する代行者（*agents*）、命令の内容を決める選択者（*choosers*）である。

〈権威〉にはかならず臣民がいることは明らかである。〈権威〉を「確立された」と呼ぶとき、われわれが意味しているのは、ある人びとの集合がそれを命令の発信源とみとめており、それが布告によって厳粛に発せられるのを受け入れる心構えが総じてできている、ということである。〈権威〉とそうした関係にある人びとは〈権威〉に服しているのであるから、かれらをその臣民と呼ぶのは適切である。臣民という語が廃れてしまったのは、従属関係を記述する語に代わって耳当たりのよい曖昧な語が長きにわたり優勢であったせいなのだ。「ある権威に服している」状況は付随的で一時的なこともあるという点に注意されたい。自動車を運転しているとき、わたしは交通当局という〈権威〉に服している。さらにもっとも厳格な〈権威〉との関係においてさえ、わたしがそれに服するのは事項的管轄権（*ratione materiae*）によると理解される。たとえば、わたしが一兵士として妻に書く手紙の内容は、軍当局という〈権威〉に服従する領域にはあたらない。

臣民はある〈権威〉への忠誠を承認しているひとと定義されるが、だからといって逐一すべての命令が逐一すべての臣民によって十分に受け入れられるということにはならない。命令の受容という問題がある。また命令の実施という問題もある。

〈権威〉にはかならず代行者があるというのは自明ではない。だが代行者を欠いているのは次第に稀なことになってきている。こう考えることができるからだ。わたしがドライバーとして交通規則を十分に身につけてしまえば、交通当局職員がわたしの行動を監視していなくても、勝手に自分で交通規則を遵守することだろう。わたしが納税者として所得税率について十分に心得ており、勝手に自分で査定して国庫に納入すれば、税当局職員がわたしの申告を修正して納入を強制するまでもない。要するに、命令の実施はそれぞれの臣民個々に任され、臣民が各自自分の強制代行者としてふるまうと考えることはできるのである。

このように臣民と代行者を一対一対応で同一化できるなら、理想的な状態だろう。しかし、臣民の大半が自分との関連で代行者として機能し、さらに隣人との関連で監督者として機能すれば、同一化が不完全でも理想に近似した状態になる、と信じるのは大間違いである。隣人の監督者として機能する臣民が行使する横からの圧力は、専門化した代行者の圧力よりもはるかに抑圧的になりがちなのだ。

命令が布告されるのに先立って、その内容が選択されていなければならない。こうしてわれわれは選択者について考えざるをえない。さらにわれわれは選択者と臣民が同一である場合を想像することができる。もしそれが完全な（一対一対応の）同一化であるならば、確立された〈権威〉など無用になり、正当化も不要になってしまうことは明白である。われわれは純粋形態の自己統治的な政治体を手にするのだ。そこからはじめよう。

われわれが想定している政治体では、万人に宛てられたあらゆる命令は一体となった万人によって選択されたものである。臣民と選択者の同一化が完全であるのは、それが一対一対応のとき、つまり選択過程において、選択された命令を各人がみな支持したという場合である。このときには明らかに受容の問題は存在しないであろうし、その命令の実施の（運用上以外の）問題も存在しないだろう。各臣民は自らが選択者として支持すると決めた命令を十分に受容し、それを実施する自発的代行者である。

これははじめのうちまずありえそうにない状況にみえる。いまは全員一致の決定という観点から考えるのではなく、多数決という観点から考えることにする。仮に多数決しかないとしたら、選択者としてこの命令に反対した人びとが臣民としてそれを気に入ることはないだろうし、代行者として多数派のメンバーと同じように自発的にそれを実施することもないだろう。先に挙げた臣民と代行者の不完全な同一化の不都合は、選択者と臣民の不完全な同一化からおのずと帰結する。

選択者と臣民の完全な同一化がいかにありえそうになくても、それは想像もできないというほど不可能な事態ではない。ルソーはそれをつぎのように記述している。[2]

それらを提案する最初の者は、すべての人びとが、すでに感じていたことを口に出すにすぎない。それで、各人が他人も自分と同じようにするだろうと確信するとき、各人が実行しようとすでに決心していることをそのまま法律化するのであるから、法案を通過させるためには、術策も雄弁も問題ではない。[3]

ルソーの「万人集会」の内部には意見の差異というものがない。たったひとつの提案だけが提示され、万人がそれに同意する。実際、構成員の意見が一致するのは、かれらが最初の発言者によって抱き込まれ、納得させられ、説得されたからではなく、その発言者のことばが唱導する方向にかれらの気持ちが流れていくからなのである。そのような状況下ではそもそも命令など必要ないといってよかろう。ルソーがこれに返答したら、先のパラグラフのなかの「他人も自分と同じようにするだろうと確信するとき」ということばを強調するだろう。別の箇所でのルソーの議論によりこの一文に光が投ぜられる。すなわち、ひとは他人が背く命令にしたがっても自分の不利にならないという確証を必要としているというのである。[4]

ルソーのモデルは想像の産物である。しかし現代の人類学は、それが荒唐無稽ではないことを証明してきた。全員一致の決定の原則にもとづき機能する「キャンプファイヤー・デモクラシー」というものがある。ただしその決定に到達するのは、ルソーが思い描いたほど自然発生的ではない。ナヴァホ族〔アメリカ南西部を中心に広く居住する先住民〕にかんする話に耳を傾けてみよう。

ナヴァホ族には代表制統治の観念がない。すべての個人――女性を含むのは当然至極である――が参加する対面集会によってあらゆる問題を決定するのが、かれらのならわしである。ある問題を決定する土着のやりかたは、意見が全員一致になるまで、あるいは反対派が自分たちの論点をこれ以上論じ立てても埒があかないと感じるまで議論することである……。

この種族〔ナヴァホ族〕にとって、たったひとりの個人があえて集団のために決定を下すというのは基本的に図々しいことなのだ。かれらにとってリーダーシップとは、「傑出していること」や他者の行為を自在に操る力のようなものを意味しない。各個人は、諸人格のヒエラルヒーの頂点から下される拘束力ではなく、横からの拘束力によって管理されている。集会での決定が全員一致でなければならないことが想起されよう。白人たちにとって、これは信じられないほど面倒かつ時間を浪費する過程である。だが興味深い例を記しておこう。軍需産業における「集団決定」実験により、生産量の増加が最大になるのは一ユニットの全労働者の意見が一致したときであることが明らかにされた。多数決はしばしば破滅的な決定をもたらすのである。(5)

われわれはここで、決定には全員一致が要求されること、しかしそのような全員一致はルソーが想像したほど自然発生的でないことを明瞭に理解する。全員一致は、ものごとを論じ尽くす骨の折れる過程により、同意を累積的に築き上げていくなかで到達されるものである。おそらくこれは、ナヴァホ族より小規模で未発達な共同体の場合にははるかに急速に起こることだろう。最初の政治団体がそうであったに相違ないような、(6)夕刻になると自然に全員が車座になって肩肘張らない評議会ができあがる、そんなきわめて小さな一団をわれわれは論じているのだとする。これはブッシュマン族〔アフリカ南部の先住民〕やダマラ族〔アフリカ南西部の先住民〕についてわれわれが耳にしていることである。

実際このどちらの種族のなかでも、ある団体のことがらはその団体の人間たちによって処理されるのが通例である。毎晩かれらは中央のキャンプファイヤーの周りにあつまってくる。そしてなにがなされるべきか議論する必要が生じるたびに、翌日の狩りの計画を練り、ほかにもキャンプの移動や新しい植物の生長を刺激するための野焼きのような問題について定期的に決定する。ダマラ族のあいだでは、しばしば近隣のヘレロ族〔アフリカ南西部の先住民〕の家畜襲撃を計画したり、果物がまだ熟していない生育地での食料採集を禁じたりすることもある。ときには男子の通過儀礼を執りおこなう。ダマラ族では女性たちと相談して若い男の妻を選び、ブッシュマン族ではしばしば、即座の移住を強いられると虚弱な高齢者たちを遺棄する決定をしなければならないこともある。かれらは友好的な近隣部族への交易その他の訪問を調え、攻撃に抵抗したり敵に報復したりするための手段を講じる。(7)

全員一致の決定と共通の行為は、根気強く主張する努力の積み重ねによってもたらされる。それが印象的に例証されているとわたしに思われるのは、「石器時代の人間たち」のなかで暮らしたある宣教師の語るきわめて原初的な政治体のこの光景である。

ある一日が終わろうとしていたころ、わたしは茂みを抜けてキャンプへ赴いた。そこではヤカンガヤとかれの結婚した息子たちが火のそばで静かにかたまって座り、魚を料理しながらかれらの妻や母が焚火や薪をもってくるのを待っていた。小一時間ほどのあいだ、ヤカンガヤの最年長の妻であり少々視力の弱いダミリピが、素っ裸でハエを小枝で追い払いながら大股で行ったり来たりして熱弁をふるい、男たちを罵った。先祖代々の敵たちを襲撃もせず、相互の同意によって薄れかけた宿恨を持続させているかれらの臆病と怠惰を叱責しているのである。ダミリピのキャンペーンは二日間つづき、ほかの女性たちが彼女に加勢するにつれ、群は殺人集団を組織するまでに発奮した。数週間後、男たちは攻撃をしかけ、その報復のなかでダミリピの息子ふたりと義理の娘ひとりが殺された。(8)

ここにあるのは、実のところ多少なりとも公式の評議会に上程された提案などではなく、ひとつの煽動である。それが度重なる刺激の過程によってついには政治体全体を動かすのだ。わかりきったことだが、共通の行為は、確立された〈権威〉によって発せられる命令に応答して為されるのではなく、政治体内部の強固な一体性ゆえに、つまり一緒に動かないことなどそのメンバーには思いもよらず、集団内部で勢いがついた雰囲気に抵抗する意志をもてなくなる、というほどの一体性があればこそ為される。ここでわれわれはルソーが望むような合意の一形態を手にすることになるが、それはかれの頭にあるとおぼしき賢明きわまる決定にはかならずしもいたらないのである。(9)

団体の感情的一体性がそれほどにも強まると、選択者、臣民、代行者という諸部分の区別がなくなってしまうのは明らかであり、多数派という観念が意味を失うことも同じく明らかである。連鎖反応が多少なりとも急速に生じ、各人がパートナーとなり提案に次から次へと肯定的に応答して論証効果を増しながら、それまで沈黙を守っていた残りの人びとをいっそうたやすく引き込んでいく。

基本的な政治の過程を理解するにはこのような現象の観察がこのうえなく重要であるが、この種の事例では、政治体はたしかにあっても確立された〈権威〉はみられない。事実、政治体内部の横の紐帯は〈権威〉が必要とされないほどにも強いものである。人間たちが仲間とともに行動するよう強制されるのは、多数派がそう決定して布告が発せられ、少数派がそれに服従しなければならないからではなく、そのような社会的状況では他者と足並みをそろえるのが自然であるからなのだ。

臣民からの承諾を受ける資格のある確立された〈権威〉が自然の事実とみなされている国々の出身者にとって、そのような既成事実のない政治体なるものを理解するのは至難である。だからそうした探検家や征服者は、程度の差はあれ原始的な民の「族長たち」が主権者であると信じる傾向にあった。これは以下の引用にあるビルマの人びととの事例において十分に明らかとなる。

わたしが本章をつうじて強調してきたのは、族長（ドゥーワー）という地位がまずなによりも威信を象徴するものだということである。だから、族長の職は司祭職とは意味が違うが儀礼的役職だということができよう。たとえば、ロンドンの市長職は司祭職ではないが儀礼的なものでもあるのと同じことである。ところで、カチンの族長職はどこまで現実の権力をもつ政治的役職なのだろうか。ここで（一九四〇年当時の）現実の状況をおそろしく複雑なものにしていたのは、英国行政庁がカチンの族長は独裁者なりという前提をまったく自明視していた事実である。族長は、原住民行政官を経て下される英国地方行政官……のすべての指令を、疑問をはさまず執行するよう期待されていた。さらに族長は、家屋税の徴収に責任をもたされ、その徴収金から手数料を取る権利をあたえられていた。族長はまた自分の地域社会の法と秩序に責任をもたされ、土着の法と慣習の問題に採決を下す責任をもたされていた。こうした機能のほとんどすべてはドゥーワーの伝統的な役割とはまったく異質のものなので、英国統治下の多くの族長たちは自分たちが奇妙に曖昧な立場にいると感じていた……[10]。

英国統治下では、政府公認の族長は膨大な量の日々の行政決定に責任をもっていたが、その決定はたんに最高権力の代行者としてのものだった。上部の命令を待たずに、カチン人自身によってなされる行政決定は、どこを開墾するか、切り倒した木にいつ火を入れるか、いつ最初の種まきをするか、どこに家の敷地を定めるか、といった類のことがらであった。この決定は族長によってでも、ほかの特定の個人によってでもなく、サラン・ポーン議会（つまり主要な一族の長たちによる協議会）全体によってなされた。この長老の集団はもっぱら先例にしたがって行動するようだ。先例によって明確な方針が出せない場合には、予言や占者に頼ることになる。そこでふたたび、理論と実際のあいだに矛盾がおこる。カチンの理論によれば、族長は独裁的権力をもって支配するのである。わたしがフィールドワークをおこなっていたあいだ、族長が自分自身のイニシアティヴをもって指示をあたえるような事例はほとんどみられなかった。族長が命令を発するのは、政府か、サラン・ポーンか、それともかれがすでに得た神託の代弁者としてなのであった(11)。

実際、もっと単純な種族の事例における族長の地位は、本質的に人民の一定の一体性を維持することが職務になっており、その一体性に高い価値がおかれているようにみえる。万人が服する決定を下すということが問題なのではない。人民を分裂させる衝突を解決するかどうかが問題なのである。

ポーニー族（ネブラスカ州）の族長は、主権的統治者などではなく、なによりもまず村落の平和構築者にして守護者であった。ヒダーツァ族の族長は、「あまねく慈悲深い人間で、老人には煙草を差し出し、貧者を歓待した」。平原クリー族の族長は、寛大さを発揮するだけでなく、秩序維持のためには自分の財産を犠牲にし、それどころか自分の一族の誰かが殺されても仇討は自制するものと期待されていた。同様に、ウィネベーゴ族（ウィスコンシン州）の族長は絶えず自らの持ちものを分けあたえ、加害者と復讐に燃える被害者とのあいだを取りなしていた。かれは、虐げられた者への憐憫を喚起すべく、自分の肉体を痛めつけさえした。したがって、これらの部族において、族長とは本質的に甘言によって宥和をもたらすひとであった(12)。

ダマラ族あるいはブッシュマン族の族長は立法的役割も司法的役割もになわず、かといってほかになんらかの種類の裁判機関が存在するわけでもない。たしかにダマラ族では、ときに年長者に論争を調停するよう頼むひともあるが、そのような要求は強制的ではないし、その決定もかならず受諾されるわけではない。ダマラ族でもブッシュマン族でも、たとえば度重なる暴力行為や近親相姦の罪などで広く敵意を呼びおこした者は、鞭打ちや集団からの追放、ときには死をもって懲罰されるだろう。正式な裁判など存在しないようである。資料によると、背信者にたいする処置の決定はキャンプファイヤーの周りで形式張らずになされ、必要ならば若い衆がその執行を命じられるというだけなのだ。他方、私的な論争はふつう自力で決着がつけられる。[13]

こうした趣旨の引用は無尽蔵に積み上げることができ、われわれが理解しているような確立された〈権威〉が人類史の新参者に相違ないことを納得させてくれる。それを必要ならしめるものはなにか、われわれはすでに確認済みである。すなわち、分裂をもたらす煽動の可能性である。

われわれにもっとなじみ深い状況を論じるまえに、われわれがごくふつうに使っている表現——「人民《ピープル》」——の基礎にある道徳的内容を明らかにしておくことが重要だとわたしは考えた。わたしの理解では、この用語がもっとも適切に使用されるのは、横の紐帯によって固くひとつに結ばれた人びとの集団が念頭にある場合である。結合がきわめて固いため、集団の各構成員は他者と歩調を合わせる性向が強く、自分が賛同しなかった決定も名誉にかけて、あるいは義務として受諾・執行しなければならないと感じている（「あとづけ」の態度）ばかりか、提案当初は好ましく感じなかった決定でも、他者たちがそのもとに馳せ参じるのなら、それを理由にこの決定に賛同するのである。いかなる社会的設定においてもこのような伝染現象はみられる。だが複雑であるがゆえに内部で利害や態度がますます多様化していく社会になると、それがきまって弱体化する。

ルソーもマルクスも、原始的な社会では利害対立の程度が低く、共同体感情は強いと想定する。両者ともに、歴史の行程をこの初期状態からの漸次的乖離、利害衝突の昂進、反目の激化にともなう共同体精神の衰微の過程とみなす。ルソーはこの発展を、より巨大化してより複雑な社会に不可避的にともなうものとみなす。[14]マルクスはさらにそれを、生産諸力の発展に不可欠であるとみなす。[15]ルソーはこの発展の結果を取り返しのつかないものとみなし、ホッブズ的な政府を要求する。マルクスはU字型の政治的発展を想定する。経済発展の過程がある十分な段階にまで達すると、発展の渦中で激化した反目が危機的状況にいたり、その結果として反目そのものが根絶やしにされる。

しかし両者ともに、合意の決裂をこの発展過程の特徴とみなしている。もちろんホッブズの関心は、利害衝突に対抗するべく、確立された〈権威〉の地位を高めることにある。過去の偉大な著述家のうちでひとりマキァヴェッリのみが、内部の反目を政治体における動態化要因として称賛することばを見いだしたのであった(16)。

しかし、偉大なる著述家たちを離れて、わたしがこの論考で一貫して心がけてきた卑近な例へ移ろう。ある劇団のなかに場面を設定する。いまからはこれがわれわれの政治体である。そこでわれわれは、この劇団が一個の自己統治的な団体であり、全団員が劇団に影響をおよぼす決定にあたって平等な発言権を有していると仮定しよう。わたしは若い役者としてこの劇団に加わっている。これはシェイクスピア劇を上演するために結成され、伝統的にシェイクスピア以外は上演しない。それゆえわたしはシェイクスピア劇の役を演じられるものと期待しており、ほかの団員もわたしにそれを期待している。ここまではよい。もろもろの期待には基本的な同質性があるといってかまわない。

しかし、『ハムレット』のお決まりのパターンのなかでは、演じるならバーナードー役からホレイショー役へ、さらにはハムレット役になりたいとわたしは思うかもしれない。これは確立された構造内部での昇格であるから、「地位の政治」〔本書第Ⅳ部第三章参照〕の名のもとに、ハムレット役を手に入れようとするわたしの努力は、ライバルの志願者たちとの比較優位で評価することができる。単純明快を期して、わたしのライバルはひとりだけであると仮定しよう。したがって、劇団の多数派が投票でそのもうひとりでなくわたしにこの役をあててくれれば、わたしの野心は満たされることになる。

わたしはどうすれば勝てるだろうか？　問題を仔細にみてみよう。わたしは劇団に数人のよき友人がいるが、わたしの対抗馬もご同様である。それぞれの期待はこれら個別の交友関係をあてにできるだろうか？　あまりあてにはなるまい。各団員にとって重要なのは、ハムレット役が集合的な成功を保証するように演じられることである。

この役をつとめあげるわたしの能力と対抗馬の能力について、各団員にはなにかしら思うところがある。個人的な相性よりもこの能力の判断によって決めたいという気持ちがかれらにはある。候補者たちの能力にさほど大きな差異をみとめない団員たちだけが、わたしの宣伝活動によって心揺らぐ可能性がある。団員のどのひとりにとっても重要なのは、劇が万が一にも失敗しないことである。たまたまわたしが敗れてもうひとりが素晴らしい演技をしたら、わたしは悲しみに暮れるかもしれないが、昨日までのわたしの根強い支持者たちは劇がうまくいったと歓喜し、わたしの敗北に憤慨することなどきっとないだろう。

さて、わたしが一シェイクスピア劇団の俳優であるという想定はそのままで、わたしにはいま論じたものとはまったく異なる計画があると仮定しよう。わたしはこの劇団にノエル・カワード〔Noël Coward（1899-1973）．現代英国の劇作家にして俳優。洗練されたセンスで音楽やファッションの世界でも影響力があった〕のある劇を上演させたがっているのだ。わたしがそれを好む理由などどうでもよい。おそらく、自分はシェイクスピア劇の役で脚光を浴びることはなさそうだが、カワード劇の役ならすばらしいと感じているのだろう。この場合は、個人的な欲求不満がわたしの動機である。あるいは、ノエル・カワード作品を上演すればわれわれは莫大な収益を得られると感じているのかもしれない。この場合は、「集合的な福利」がわたしの動機である。あるいはまた、「当世風」であるべきだとわたしが信じているのなら、これは漠然とイデオロギー的動機と称してよい。ともかく、「シェイクスピアでなくカワードを」がわたしのスローガンなのだ。さて、なにはともあれ明白なことは、わたしは劇団を抱き込むために、団員たちへのはたらきかけをハムレット役の確保のためにするよりずっと多く、しかもまったく異なるやりかたでしなければならないということである。そのアイディアは突飛きわまる。団員たちにとっては、ハムレット役を演じているわたしを想像するよりも、カワード劇を演じている自分たちを想像するほうがはるかにむずかしい。この一大変革の成否についてはさらに大きな不確実性があるし、評価が賛否両論になる余地もさらに大きくなる。多数決でわたしへの支持をもぎ取ることも、こんどはまったく別の話になる。まえにわたしが人びとに頼み込んでいたのは、(とことん周知の)ある役を演じる(かれらにはそこそこ周知の)わたしの能力を信頼してくれ、ということだった。いまわたしがかれらに頼み込んでいるのは、わたしの判断を信頼して一緒に一か八かの賭けにのってくれ、この賭けの成功をもたらすわたしの能力をあてにしてくれ、ということなのだ。多数派形成という仕事の種類がこんどは違ってくる。だがそれ以上に、多数票を勝ちとることがかならずしもまえほど決定的ないし最終的ではなくなるだろう。仮にわたしがカワード劇の上演に賛成する多数票を勝ちとったとする。少数派になった団員が劇団を去るということは十分にありうるのだ。

この少数派のスポークスマンがなにを述べるか容易に想像がつくだろう。「われわれ[劇団員たちの意味である]はシェイクスピア劇の役者として参集した。いまやあなたがた[多数派の団員を意味する]はうってかわってノエル・カワードを上演すると決定した。しかしわれわれ[こんどは少数派を意味する]はこんな突飛な活動には関心がない。だからわれわれは退団する」。この仮想スピーチに出てくる「われわれ」という用語の連続的かつ対照的なふたつの使用法に留意していただきたい。はじめの「われわれ」が多数派に当てはめられる。この分裂は、ひとつの「われわれ」が少数派に当てはめられ、もうひとつの「われわれ-みんな」が引き裂かれ、ひとつの「われわれ」が少数派するのはわたしかもうひとりかであったときに生じた分裂とはまったく違う。もし争点がハムレット役を手にするのは「誰がハムレット役を手に入れるか?」であれば、その役にわたしを想像だにしなかった人びとは、投票で敗れてもその決定にしたがうだろう。かれらからひとりでも劇団残留拒否者が出る確率は微々たるものである。わたしのライバルを除けば、わたしにみとめられた比較優位はかれら個々の演技になんら影響しない。こうして、わたしがこの役に就くことへの反対派が投票で顕在化しても、反対派の存在は束の間で、「帰属《ビロング》」をやめる「脱退者たち」のチームができるわけではない。劇団の「われわれ-みんな」は恒常的に影響を受けないままである。しかし、わたしが多数派を獲得した争点がノエル・カワードの上演への方針転換である場合、少数派が劇団を去る見込みはきわめて高い。

カワード劇をめぐる投票の場合、劇団員たちに要求されているのは、自分たちは投票前と変わらず同じ配役を個々に演じ、もうひとりでなくこのわたしがハムレット役を演じるのを許すということではない。要求されているのは、自分たちが個々に演技を変えることに一人ひとりがみな同意せよ、ということである。多数派が同意しているからといって、同意しなかった者たちが投票後に新しい劇で自分に割り振られた役を素直に受け入れるということにはまったくならない。だから、シェイクスピア劇団の「われわれ‐集団」ないし「人民」に属していたかれらが、カワード劇団というわれわれ‐集団から離脱し、その人民への帰属をやめるのも頷けることである。かれらに物理的な離脱をさせない事情は容易に想像がつく。たとえば、代わりになる職がかれらにはない。この場合、物理的な離脱の代わりは道徳的脱退がつとめるだろう。少数派は外見上「劇団の一員」のままだが、心理的には「劇団のなか」にはいない。もっと大げさなことばづかいをすれば、人民のうちにいながら人民の一員ではないのだ。

先の話の論点は、既存のパターン内部である地位をもとめる場合とそのパターンの変更をもとめる場合とで、かれ「政治工作する《ポリティッキング》」個人が社会的団体に影響をおよぼすやりかたに違いがあるということにある。前者の場合、かれはあらかじめ周知の役を演じたいと思っており、選挙の全参加者は、かれがその役目をはたす最適任者であると考えるかどうかを自問しさえすればよい。かれらの判断はまちまちだろうが、各投票者がたずさわっているのは同じ作戦、すなわちその人間の器量を役割で測ることなのだ。「人民は自分の権威のいくらかの部分を委託すべき人びとについて素晴らしい選びかたをする」[17]とモンテスキューが述べるとき、かれがいうのはこの作戦のことである。モンテスキューはつぎのように考えを進める。

人民は無視しえないことがらや、かれらにとって明瞭な事実によって決定しさえすればいいのである。あるひとがしばしば戦争に参加したこと、あれこれの戦功をたてたというようなことを人民は実によく知っている。だから、人民は将軍を選ぶについてはきわめて有能である。ある裁判役が勤勉であること、多くの人びとがかれに満足して法廷から退出してくること、収賄の罪に問われたことがなかったことというようなことを人民は知っている。人民が法務官を選ぶにはこれで十分である……。

ここでわれらが著者の語ることは、明らかにそのすべてがハムレット役の演者を団員からひとり選ぶ劇団の選挙にとって有意である。全劇団員の一人ひとりにとって重要なことは、その役がどのくらい上手に演じられるかである。パターンの変更が示唆される場合は、事情がまったく異なる。パターンの変更とはすなわち、新しい劇で自分にお呼びがかかるかもしれない役が変更前の配役とくらべて多少なりとも自分により好都合かどうか、またそれ以上に、新しい劇を自分が気に入るかどうか、全団員が各自いまや考慮しなければならないということである。

最良のハムレットを選べば全劇団員に得るものがある。だがノエル・カワード劇に鞍替えする場合は、得をする（より重要な役をつかむ）者と損をする（より重要でない役をつかまされる）者が出てくる。こうして唆《そそのか》しはその本性によって、各人を自分の利益に留意するようにさせる。それは利益の問題ばかりでなく、意義の問題でもある。「利益《インタレスト》」という語は曖昧だが、客観的に測定可能な利得の意味で使えば慣用に忠実にはなるだろう。たとえば、もしある役者の台詞が新しい劇で増えるのなら、われわれはこの変更がかれの利益になるとかれに教えてやることができる。あるいはまた、たとえ台詞が少なくなっても、全体の収益増に応じてかれの取り分が増え、はるかに多くの給料がもらえると説明できれば、われわれは変更がかれの利益になると論じ立てることができる。もし「利益」でわれわれの言わんとするのがそういう類のことだとしたら、ここにあるのは明らかに、「意義《ミーニング》」という語のもとに包含される別の強力な考慮事項である。ある役者にとっては、シェイクスピア劇を上演することに意義があり、ノエル・カワードを上演させられるとその意義を奪われてしまう。ありがたや、人間はもっぱら自分の身の安泰や特別手当を理由に全面的変更を値踏みする、というのは真実ではない。人間の情動は周囲のものごとのありさま、劇の性質と深くからまりあっている。誰が否定するだろう、ローマ人のなかにも共和政崩壊によって心底傷ついた者はおり、英国人のなかにもチャールズ一世の斬首によって心底傷ついた者はおり、フランス人のなかにもルイ一六世の斬首に心底傷ついた者はいたのだ。国家の独立が進んで人びとが犠牲を払うほど確然たる価値とみなされることに、誰が疑いを差し挟むだろう。国民の屈辱によりわき起こる無念に誰が疑念をおぼえるか。危険から守られ大事にあつかわれる捕虜収容所の役人は、過酷きわまる軍事行動中よりも良い暮らしぶりだなどと誰が主張するだろうか。自分たちにとって意義深いものから引き離されると、生きるための熱意そのものが消え失せかねない。

タスマニア人は白人に果敢に抵抗したが、ついに数千人から数百人にまで人口が減って降服した。生存者には羊が贈られ、年賦金を受け取った。一口にいえば、狩猟民の不安定な生活にくらべて、生存者たちは十分な物資に囲まれ明日の生活も保証されていた。それでもかれらは死に絶えていった！　かれらの絶滅がなぜ避けられなかったのかを理解するには、生存の諸条件の変化によるかれらの内面生活の破綻を考慮に入れなければならない。何世紀にもわたってタスマニア人はかれらの島で暮らし、ときには飢餓にさらされ（そのときにはおそらく子どもたちを喰らって生きながらえたのだろう）、つねにさまざまな不安のもとにあったが、おおよそかれらの生活は幸福なものであった。かれらの移住は、森林の開拓地から開拓地へ、森林の定住地から定住地へと移動しながら、ありとあらゆるたくさんの感動と心地よいスリルをもたらしたに相違ない。かれらの共同の狩り、集会とお祭り騒ぎ、通過儀礼、その他多くの行事がかれらの単調な生活に変化をあたえ、想像力をかき立て、情緒の琴線に触れ、人生に魅力をあたえていた。しかし白人の入植者たちがやってきて、数年にわたる闘争ののち小集団を追放し、かれらはフリンダーズ島に居ついた。かれらはみたところ物質的なめぐみに取り囲まれていたが、かつての豊穣で生き生きとした感動や感情は奪われた。タスマニア人たちは狭い地域に押し込められ、長年にわたりかれらの祖先の生活をつくりあげてきたものすべてと訣別したのである。次第に心を占めていく郷愁の念がかれらを苛みはじめた。ときにかれらは、天候にめぐまれればかれらの生まれた島のかすかな輪郭がみえる高台にあつまり、あてどなくそれを眺めたものだった。哀れな原住民の女が熱烈なまなざしで指さしながら、白雪を冠して聳え立つベン・ローモンド〔タスマニア島北東部の山〕がみえるかと貴人に尋ねた。それは遠くにおぼろげにみえるだけであったが、彼女の浅黒い頬を涙が伝い落ちた。「あれがわたしの故郷！」と彼女は叫んだ。かれらにとって人生はその魅力を失ったのである(18)。

タスマニア人の態度は、パターンの変更が原因となって社会的団体のある構成員たちのうちに生じかねない反応の極端な形態を提供している。他方でこの変更は、同じ集団の他の構成員には活力となり、それによって道徳的分裂を産むこともある。

それゆえこのようなパターンの変更は、ルソーがきわめて重要と考えた心理的凝集力にとって有害である。そのような変更は、他方で日進月歩の社会の歴史に内在するものなのだから、その諸制度はこの心理的凝集力という基盤に依拠できない。これこそがまさしくルソーの主張したことなのである。政治体は確立された〈権威〉にますます依存するようになるのだ。確立された〈権威〉の役割が取るに足らない瑣末なものであってかまわないのは、小規模で素朴で保守的な共同体においてだけである。

政治体が大きさ、複雑さ、多様性の点で成長するにつれ、確立された〈権威〉の役割は不可避的に増大せざるをえない。この「規模の法則」はあらゆる古典的著作家たちによりさまざまなことばづかいで述べられてきたが、とくに明瞭だったのはルソーである(19)。しかし強調されるべき論点がもうひとつある。（先述した）「人民」とは区別される「国家」においては、〈権威〉の決定にも、人民総体というより直接には〈権威〉の代行者《エージェント》たちに宛てられた行為の指令という含意がある。ある植林計画の実施の決定を下すとしよう。これが意味するのは、大活躍するのは農務省側で市民からのはたらきかけはいっさいなく、計画実現のための土地収用に服する者がいくらか出てくるだろう、ということである。近代国家においては、確立された〈権威〉によって下される決定を逐一知っている市民などひとりもいないし、知っている必要もない。というのも、そのような決定の大多数は特定の代行者への指令を意味するからである。事実、全体としての近代の趨勢は市民たちへの直接的な指令から遠ざかる傾向にある。たとえば税金納付においては「源泉徴収」の慣行があり、膨大な納税者に宛てて要求されていたことが、ごく少数の雇用者に宛てた要求に変わっている。その時期のかれらはいつのまにやら「代行者」の立場にあるのである。

国家——本章の関心事ではないのだが——のレベルでの政治分析は、「この特定の決定の実施を要請されているのは誰か？」と問うことを含む。この問いの重要性は単純な例で明らかにされる。こう考えてみよう。民衆の選挙にもとづく政府が生物兵器戦の開始を決定する。政府はこの目的への有権者多数派の支持を取りつけてさえいる。ところが生物学者たちはこの仕事の遂行を拒否する。政府は窮地に追い込まれてしまう。この極端な例は、あまりに忘れられがちなことを明らかにしてくれる。いかなる政府も、その指令を行為により遂行するよう要求される人びとにおのずと依存しているのだ。ヒュームがつぎのように述べたのは、いかにも正しかった。

> 力（FORCE）はいつも被治者の側にあり、支配者には自分たちを支えるものは世論以外になにもないということがわかるであろう。それゆえ、統治の基礎となるものはただ世論だけである。そしてこの原理は、もっとも自由でもっとも民衆的な政体だけでなく、もっとも専制的でもっとも軍事的な政体にも当てはまるものである。エジプトのスルタンやローマの皇帝は、罪のない被治者をその意見や意向に逆らって、動物と同じく酷使することができたであろう。しかしかれは、少なくともマムルーク騎兵隊や皇帝の近衛兵は人間と同様にあつかい、かれらの意見にしたがって率いたにちがいない。(20)

この発言は、おそらくおよそ政治学でもっとも重要なものである。それによってわれわれは、抑圧的な政府の真の基礎がその長と少数派との強い連帯にあり、その少数派の組織と活動によって政府はほかのすべての臣民を威嚇できるのだということを理解する。それはわれわれのつぎのような自覚を研ぎすませてくれる。すなわち、決定形成者が執行や強制の特別の代行者をもたない単純な団体——先に記述した人民のような——では、公式に決定形成が絶対者を称する一者に宿っても、事実たいして問題にはなるまい。というのも、このような状況では決定の執行が各人にゆだねられているので、公式の決定形成者は各人の自ら執行する意欲に全面的に依拠しており、それゆえ「臣民たち」が自ら実行を意欲することしか命令できないからである。国家機構が発達しているところではそうならない。決定形成者は通常、決定を実行する人びとの善意におのずと依存している。しかしこの実行の主体が社会の構成員から国家機構の構成員に移行するにつれ、この依存の対象も移行する。そのような移行は事物の本性に内在したことはいえ、思想は実践的な効力をもつものであるから、臣民たちが「市民」であることを強調し、代行者たちを「道具」と呼ぶことによりある程度は阻止することができる。だが伏在する事実がいつ吹き出してくるかもしれない[21]。さらに、確立された〈権威〉がある決定の実行を望むなら、当然のことながら、社会において決定的な助力になりうるあらゆる個人ないし集団との協力に主として重きをおかねばならない。もし、地方地主が大いに影響力をもつような社会状況が存在するのなら、政府はその決定を強制するための特別代行者としてかれらを登用しようとするだろうし、かれらを巻き込むために決定形成へ参加するよう招くだろう。もし労働組合のリーダーたちが大いに影響力をもつような社会状況が存在するのなら、かれらは政府から意見をもとめられるだろうが、それはかれらの巻き込みと協力を確保するためなのだ[22]。

権威を授けられた決定形成者たちが、その命令の履行にあたり誰をあてにするか。それを教えていただけば、そこからわたしは、どんな国家が考えられるかについての自分なりの見解と、〈権威〉が交渉せねばならない諸力についての自分なりの見積もりを引き出しておみせしよう。一国家の性格は、口にしたことを現実にする代行者と手続き次第でどうにでもなるのである。

第二章　評議会Ⅰ（司法的か政治的か？）

確立された〈権威〉が存在する場合はいつでも、そこから発せられる決定がまず選択されねばならない。その選択をする人間がふたり以上いる場合には、いつでも見解の相違が生じうる。その相違こそが本章の主題である。

わたしの意図を明確にするために、論じるつもりがないことをこの時点ではっきりと除去しておこう。(1)特定カテゴリーの決定がゆだねられるべきはどのような人びとの集合か。(2)決定形成への参加資格がある人びとと実際に参加する人びとのあいだに完全なる一致があるかどうか。(3)見解の相違があっても決定が形成される方法にはどんなものがあるか（多数決なのか、ほかにあるのか）。(4)決定はどのようにして履行されるべきか。

わたしが思い描いている決定形成集団のイメージは、ふたり以上の人間で構成されているが、さほど大人数ではない。便宜上、この集団を「評議会」（committee）と呼ぶことにしよう。小さな集団で考えるのが理にかなっているようにみえる。決定が多数者のものであっても、討論は事実上少数者に限定せざるをえない。[1]他方で、決定がひとりのものであるとき、かれは少数のアドバイザーの見解を欲しがるものだ。それにたとえそうしなくても、かれがひとりで熟慮する複数の道筋は複数の意見とみなしてよい。

主題の範囲はこうして限定された。権威的に発せられるべき決定を選択する任にあたる人間が複数いる。かれらが見解を異にするといえるのはどのような点においてか？　この問いに答えるため、決定のさまざまな種類を考察することからはじめるとしよう。

わたしは裁判のあいだほかの一一人とともに陪審員席に着いている。わたしに要求されている決定形成の性質はどのようなものだろう。形式的にいえば、被告人スミスにたいして将来なにがなされるべきかを決定することではなく、過去のある瞬間にかれがなにをしたかを述べることが要求されている。わたしの決定は、ある過去の事件の真実、「スミスはかくかくの日時にある行為をしたのか?」にかかわっている。これをわたしは陪審員席に着いた当初は知らない。しかし、その件について調べはついている(これがもちろん「審問」(*inquisitio*)の文字通りの意味である)。審問、事実調査、取り調べは済んでおり、そのおかげで陪審員のまえには「証拠」(evidence)が並べられている。語源が示しているように、証拠が意図しているのは、隠されていたものを明るみに出すこと、いままで見えなかったものを見えるようにすることである。すべての証拠が出揃い、原告と被告の双方に提示され、裁判官によって説示されれば、わたしにも真実の認定ができるようになる。そのためにわたしはここにいるのだ。つまり、陪審員の役割は事実認定(*recognitio veritatis*)にある。

そのような認定(*recognitio*)は明らかに認識(*cognitio*)と同じものではない。スミスに不利な証拠がどれほどたくさん積み上げられても、かれがなにをしたのかを確実に知ることなどわたしにはけっしてできない。わたしにできるのは、スミスは有罪だという意見をもちつつ、それが誤認である可能性も無視できないと感じることだけである。

さて、わたしと仲間の陪審員のあいだで見解の相違が生じうるとしたら、どのような性質の相違であろうか。自分たちの役割の理解における相違ではない。かれとわたしはともに真実の認定にたずさわっている。それにわれわれはどちらも、真実があって知ることができると確信している。「真理とはなんぞや」(*Quid est Veritas?*)と総督ピラトさながらうそぶくのが流行する現代でさえ、事実にかんする問いが「イエス」か「ノー」かで答えられることはまず疑いえない。

ならば彼我の相違とはなにか。わたしを納得させた証拠が、かれを納得させなかった。「有罪」という意見がかれには疑わしく思われるのである。

かれの疑念がわたしのなかに呼び起こすのはどのような種類の感情だろうか。かれの判断は無にひとしいなどと生意気なことを思わなければ、かれの反対意見を受けて、わたしは自分の意見が真理であることに確信をもてなくなるに相違ない。わたしの見解を共有しないからといってかれに腹を立てる十分な理由などわたしにはない。あるとすれば軽率な判断から救ってくれたことでかれに感謝する理由である。

この場合に、わたしは明らかに安全説（*tutiorism*）を実践しなければならないと思われる。安全説とは道徳神学の用語で、もっとも安全な道を選好するという意味である。安全説が刑法の一般原則なのだ。それは「疑わしきは被告人の利益に」という格率に、妥当な有罪「認証」には陪審団の全員一致を要するというイングランド的要件[2]に、だがなによりも刑事手続の悠長さにあらわれている。判決が遅れる不便も、より多くの情報を収集するためのコストも、不完全な情報の危険にくらべては等閑視される。「迅速な裁判《ジャスティス》」などおよそ正義《ジャスティス》ではない。[3]

決定形成における安全説のもっとも極端な例は、ローマ・カトリック教会における列聖のプロセスである。[4]そこにはまったく瞠目すべき事例がある。というのも、確立された〈権威〉は民衆から要求される聖人の承認に異を唱える立場にあるからである。絶え間なく慈しまれてきた記憶が最終的に公認されるまでには、幾世紀もの月日がかかることもある。確立された〈権威〉は、民衆のあいだでの名声が時間をかけて高まっていくのを待ち、その成否を見とどける。「かれは待つ、かの神聖で驚くべき名声が消えゆくのを、あるいは高まっていくのを」（*expectat ut videat utrum fama ista sanctitatis et miraculorum evanescat, an incrementum capiat*）。たとえ高まっても、冗長かつかなりの時間の間隔をおいた都合三つもの連続する手続きが必要とされる。その各場合において、確立された〈権威〉はいわば守備側に立って疑念を提起する。くり返し同じ質問が発せられる。"*An...tuto procedi possit?*" つまり、十分な確信をもって安全にことを進められるだろうか、と。

さて、唐突な対比であるが、窮地に陥った軍隊（「青」軍）を考え、将軍が戦略会議を招集し、そこにわたしも含まれているものとしよう。なされるべきことはなんであれ速やかになされなければならず、それゆえ安全に（*tuto*）決定することなど不可能である。

この状況には、青の軍勢の現在の配置とそれに対峙する赤の軍勢の現在の配置のような「厳然たる事実」がある。わたしがそれを厳然たる事実と呼ぶのは、それが確固とした事実であり、本質的に知り尽くすことができるからである。しかし現時点でこの事実は、チェス盤上の白い駒と黒い駒の位置がチェスのプレイヤーに知られているように、わたしに知られているわけではない。この厳然たる事実にかんしてわたしが有する情報は、ある項目については信頼に足るが、別の項目については多少なりとも疑わしいとわたしは思っている。自分の情報がより完全なものになるまで待つというわけにはいかない。なぜなら、それは敵が動いているあいだこちらは同じ場所でじっとしているという意味であり、結局もっとも破滅的な筋書きになりかねないからだ。

たとえ赤軍と青軍の現状が完璧にわかったとしても、いま下されるある決定の結果を多少なりとも確信をもって予言することなどできはしないだろう。この決定が青の軍勢によってどのように実行されるかも、その間に赤がなにをするかも、わたしにはわからないからである。こうして、たとえ完全な情報があってすらわたしの決定はひとつの賭けになるだろう。だがわたしの情報はきわめて不完全なのだから、それだけにわたしのする賭けは無謀きわまるものとなる。

このような状況における戦略会議への提案は、知的な思弁よりも人柄がものをいう。先頭を切って大胆な筋書きを提示するひとが、気性の似た人びとを結集させやすく、それに反対するのはたいてい臆病さがまさる気質の人びとである。

われらが戦略会議は、たった一度きりの会合中に由々しき決定を下す必要にせまられているという性格をもった状況にあり、もちろん極端な事例である。たとえそうだとしても、一端に先の刑事訴訟手続をおき、一端にこの戦略会議をおくスペクトルを考えるなら、行政的決定は前者より後者の近くに位置を占める。それが後者に似ている理由は、あまり先延ばしにできないからというだけでなく、先延ばしがかならずしも情報の増加に、それゆえより安全な決定につながらないからでもある。なされるべき決定は未来に影響をおよぼすことを意図したものだが、t_0時点では開かれていた最善の道が、その吟味が終わるころには閉ざされてしまっているということも十分にある。状況のもとめるものを政治家たちが議論しているあいだにも、その状況は事実変化しつつある。状況の変化が遅々としているため、より多くの情報を収集するのに時間をかけてかまわないという場合は、疑いもなくたくさんある。もっと時間が経ってから決定を下すとさらに悪化した立場から行為することになる、というのも真実かもしれないが、情報の増加がオッズを改善し、決定された行為から好結果を得るのに有利になる、ということもあるかもしれない。だが往々にしてそういうことにはならない。完全な情報の必要を実感するのはもっぱら状況が急速に悪化しつつあるときだが、悪化が急速なあまり、必要とされた情報が利用しないうちから古びて使いものにならなくなるのがオチなのだ。

できごとのなりゆきに十分な注意を払ってきたひとなら誰でも、ものごとがたいていどのように運ぶか承知している。長い時間をかけて、ゆっくりと地中深く進行したものが、やがて問題となって姿をあらわす。あなたがモグラ穴を指さしても、「ここにはなにもありません」と言われる。あるいは、おそらくかれらはこういってみとめることだろう。「ええ、それはわれわれがいずれ対処せねばならない問題です。でも時間はたっぷりあります。事態はずっとこの調子でしたし、いまも変わりはないでしょう？」なるほど、「事態」はゆっくりと変化しておいて、カッサンドラ〔ギリシア神話のトロイア王女。トロイアの滅亡を予言したが、アポロンの呪いにより人びとから耳を貸されなかった〕を嘘吐《つ》き呼ばわりするという欺瞞的なトリックをもっている。しかしどれほど時間がかかろうとも、ある日突然、事態は陽の目をみる。

いまやそれが明るみに出て、ひとしきり論じられると、足音がして、偉大な思想と称するある提案をたずさえた人びとが意気揚々とやってくる。それは大昔の問題にかんして提案されたもので、そのときにはおそらく有効だったのかもしれない。人びとがそれを検討しているあいだも、ものごとが変化する勢いはとめどなく加速して真の危機に向かっている。公共の利益の僕《しもべ》たちが決断を下すのはそういうときである。つまりかれらは、われらが戦略会議と同じ境遇にあるのだ。そうなる必要があったわけではなく、その場合にはそうなるのである。

最初の一手に手間取ったチェス・プレイヤーは、事態がちょうど危機に達するころに持ち時間切れ《タイム・トラブル》に見舞われやすい。まったく同じことが政治ではふつうに起こるのだ。決定がどのように形成されるべきかを議論するのは、とりわけ決定が形成される実際のやりかたとの対照を目的とする場合には、大いにためになる。

われわれは陪審員席に着く場合と戦略会議に列席する場合とをくらべてきた。ただちに突出して対照的なのは、時間にたいする決定形成者の態度である。前者の場合はより多くの情報を手に入れるために時間を自由についやせるが、後者の場合はそうはいかない。時間にかんしてこのような対照が生じるのは、事実、第一の事例では日時を気にせず同じ決定が同じ結果を産み出すのに、第二の事例ではそうならないからである。これが司法的決定と行政的決定との根本的な差異を構成する。それはプロセスが異なれば「事実のふるまい」もそれに対応して異なることと関係がある。陪審員（場合によっては裁判官）が判決を下すために依拠する諸事実は、決定が練り上げられているあいだ「静止して」いる。軍事的ないし政治的評議員（あるいはひとりの執政者）が決定を下すために考慮せねばならない諸事実は、決定が練り上げられているあいだも「運動中」である。事実の「静止」は司法的決定形成にとって不可欠なので、司法手続においてとられる緊急措置は、もっぱら事実の固定化を目的としたものである。すなわち、証拠を保存したり、係争物が紛失したり修復不可能なほど改変されたりしないよう確保するための保全措置である。

正義の執行をより良いものとするために、幾世紀もかけてたゆまぬ努力が重ねられてきた。その美風を政治体の称賛すべき特徴とみなすことにわれわれは吝《やぶさ》かではない。われわれはそれを理想的なモデルとみなす傾向にあり、政治的決定形成が司法的決定形成を模倣すればよいと思っている。政治的領域で必要とされるものをわれわれが並べ立てるときには、いつでもこの模倣がさまざまとあらわれる。決定をになう政治的団体はすべての事実を念入りに掌握すべきである、自由に開陳された双方の論旨に忍耐強く最後まで耳を傾けるべきである、われわれはそう感じているのだ(5)。しかしながら、時間のプレッシャーがこれらの要求を満たす妨げになることが多い。たとえば、一九五〇年にトルーマン大統領が朝鮮介入を決定したとき、もろもろの事実をあますところなく収集し、介入の賛否両論を徹底的に議論し尽くすまで待機していたら、非介入の決定をするに事実上ひとしいことになっていただろう。実際これが、ラインラントにおけるドイツの再軍備にフランスが武力干渉で応酬すべきか否かが問題となった一九三六年三月に起こったことなのである。

多くの政治的決定——それも最重要の政治的決定——の形成が、正義の執行にあたって要求される手続きに匹敵する注意深い手続きにしたがってなされることはありえない。事後の再吟味はできるが、この再吟味が、すでになされた決定を是認するのであれ非難するのであれ、その結果をなかったものにすることは断じてありえない。そして実際、その政治的決定は結果を生じてしまったのであるから、この決定の事後的な是認や非難は、決定形成者が決定時に考慮し、あるいは入手できたのと同じ事実や論拠の再検討によって生じるのではあるまい。是認や非難は本質的に、その決定によって産み出された、あるいは産み出されたと考えられる新しい事実に依拠するものなのである。

こうしてわれわれは、司法的決定形成と政治的決定形成のあいだにある、はじめに概括したよりもはるかに本質的な差異にいたる。司法的決定形成は過去を、すなわち当事者1がある犯罪行為を犯した、あるいは民事訴訟なら、当事者2の正当な利益を侵害したと申し立てられている、そのときを振り返る。政治的決定形成は反対に、いま形成されつつある決定の帰結を前向きにみる。実際、公判や訴訟の最中はすべてが過去形を用いて語られる。政治的な討論の場合はそうではない。そこではかならず未来形が使われるのだ。

本質的に司法的決定とは、あるひとりないし複数の人物が過去のある時点で世界のそのときの状態に不当に影響をあたえた、という認定である。(6) 他方の政治的決定とは、世界の未来の状態に影響をおよぼそうとする努力である。そのような努力には、決定がどのような結果になるかを予測したり、それゆえこれから生じる事実、すなわち偶然事を考慮に入れたりすることが含まれる。

もし諸事実が、過去にありながら適切に確定され、またそれに有意な規則が然るべく適用されるなら、司法的決定は正しい。その場合に決定形成者は、自分の決定の実際の帰結を考慮することは要求されない。(7) かれらはそうした帰結を考慮すべきではないとさえ論じられうる。少なくともはっきりしているのは、あれこれの選択から発生が予見できたさまざまな帰結にしたがって自分の決定を選択するのは禁物だということである。

一例を挙げよう。一九五六年、わたしはスミスが一九五五年に犯したという申し立てのある殺人の裁判のため陪審員席に着いている。スミスの性格にかんする証拠は不利なものだが、申し立てのある行為にかんする証拠はきわめて不十分である。もしわたしがつぎのような根拠でスミスの有罪を決定したら、わたしは不適切このうえないふるまいをすることになるだろう。「スミスが一九五五年に殺人を犯したかどうか、わたしには確言できない。しかしかれは将来そういうことをしでかしそうだとわたしは思う。それゆえ、未来の悪が起きないようにするのがよいといいたい」。正しいふるまいは「無罪」を宣することである。それにたとえ一九五八年にスミスが殺人を犯すことになっても、それで一九五六年のわたしの決定が正しくないという証明になるわけではない。わたしの仕事は未来を予見することではなかったのだし、わたしは未来の結果を考慮して現在の決定を下してはならないのだった。

政治的決定の場合には、まったく逆になる。

たとえば、わたしは軍事長官として、卓越した経歴を有する立派な人物であるスミス将軍の一件を検討している。いまかれの上官が責任の重い地位にかれを任じ、わたしにはかれを昇進させるか退役させるか以外に選択肢がないものと考えよう。かれの経歴にかんしてあつめた証拠に鑑みると、後者の道筋はフェアでないようにみえる。しかしわたしの感触では、この人物の精神はめまぐるしく変化する戦争形態に適応できるほど柔軟ではない。そこで、わたしの関心は将来に備えることなのだから、スミス将軍を退役させるのがまったく正しいということになるだろう。もしわたしがスミスに有利な過去の全事実に縛られ、かれに重職をあたえねばならないと考えたら、そしてスミスがのちのち無能なことをしでかしたら、わたしの決定は非難を浴びるだろうし、かれの経歴がこの任命を要求したという理由でわたしがそれを釈明しても、見当違いで物の数に入らないだろう。わたしの仕事は、わが国の将来の防衛に最善を尽くすことにあったのだ。

ここで描写した対比はきわめて重要である。将校たちの昇進にあたり軍事長官に大きな裁量権をみとめるのは、好ましくないことのようにみえる。かれは自分の権力を濫用して、おそらくは功績に関係なく、個人的にひいきにしている者を出世させかねない。それゆえ厳格な昇進規則をもうけて、軍事長官を拘束するのが望ましい。もしそうなったら、昇格はすべてごく単純な種類の司法的決定になる。「スミスにかんする事実はどれだ？　規則に照らすとそれでかれは適格なのかね？」だがその場合に、軍事長官に結果の責任を負わせることはできないし、本人も責任を負えなくなる。結果にたいする責任の感覚は、政治的決定形成に浸透し、それを性格づけるものなのである。

以上は、公的な決定形成者を規則で拘束することに自然的な限界を設定するようにみえる。仮に規則でカバーされる領域の内部では、今後多くの決定が形成に時間をかけねばならなくなり、そのどのひとつをとっても政治体にとっての害悪の原因とはなりえない、というのであれば、有害な決定の頻度を最小化することを意図して、この領域全体を規則のもとにおくのが好都合である。しかしたったひとつの決定でも甚大な損害をもたらす可能性がある場合には、結果の予測にもとづき、裁量権をもって決定が下されることは避けられないように思われる。

両大戦間期の国際情勢を引き合いに出すと、政治的決定形成と司法的決定形成の対照性がよりいっそう強調される。当時、国際的な論争は疑似司法的決定によって決着され、国際的犯罪は疑似司法的手続きによって阻止できるという新しい希望が高まっていた。もちろん、国際連盟総会および理事会は、完全に私心なき決定形成者たちで構成されていたわけではなかった。(8) そのような団体の決定と真の司法的決定のあいだに、この主たる差異のほかにもたくさんの重要な違いがあることは、法学者なら容易に指摘できる。それにもかかわらず、その基本思想によれば、この国際評議会はそれまでの会議がはたしてきた役割、つまり実効的な妥協に到達する試みのさらに上をいき、必要とあらば、事実の検討と原則の適用にもとづき評決を出すこともできる、というのであった。われわれの現在の目的からすると、その興味深い特徴は、ひとたびそのような疑似司法的決定が下されると、評決の履行を目途とした政治的決定の形成が各国政府の仕事になったということにある。そしてこれが対照性を解明する一助になってくれる。

たとえば一九三五年、イタリアがアビシニア〔エチオピアの当時の呼称〕にたいして武力侵略をおこなったかどうか、これがケロッグ協定〔一九二八年に締結されたケロッグ゠ブリアン協定。パリ不戦条約の名でも知られる〕や国際連盟規約といった諸条約の違反にあたるかどうか、すなわち国際連盟加盟国による制裁の適用を要する契機であるかどうかの問題が生じた。裁判官の立場で考えれば、いくつかの大国の代表者はそのどの点についてもイエス以外の回答は出せないというのが、率直なところだろう。しかしこのとき実際にとられた措置は、各国政府によって個別に解決がはかられることを要求するものだった。そのような解決をはかるまえに、各国政府はその帰結を検討した。フランス政府としては、イタリアを敵に回すべきでないと考えた。かなりの難航の末にようやく対ドイツ軍事協定をイタリアと締結したばかりだったからである。(9) もしムッソリーニを怒らせたら、かれをヒトラーとの提携に駆り立てかねない。未来を見据えたこの考慮が、司法的決定の積極履行をフランス政府に思いとどまらせたのである。歴史はこの政治的決定（あるいは不決断）に無慈悲な審判を下した。しかし司法的決定に追随しないことがつねに政治的失策になるとはかぎらない。一九三九年一二月一三日、国際連盟総会は以下のように認定した。(1)ソヴィエト連邦はフィンランドを武力攻撃した。(2)これはロシア＝フィンランド合意、ケロッグ協定、国際連盟規約の違反にあたる。(3)ソヴィエト連邦は国際連盟規約違反国である。これが司法的な性質の決定であったことは明らかである。だがいまや西欧諸大国は政治的決定を下さねばならなくなった。国際連盟総会が加盟国にフィンランド援護を促していたのは明白であった。それゆえ、英仏がフィンランド防衛軍に支援部隊を派遣しても間違ったことをしたことにはなるまい。これはフランスでもきわめて真剣に検討された。[10] 実際、その実施手段も準備されたのだ。だがそのような決定をしていたら愚かしいことになっていただろう。英仏はすでにドイツと交戦中であったから、ソヴィエト・ロシアが敵に加わったら両国の立場を破滅的なまでにそこなうことになったのだ。

二種類の決定の対比を再度強調するには、ミュンヘン〔一九三八年のミュンヘン会談のこと〕を引き合いに出せばよい。このエピソードにまつわる汚辱に満ちた面、すなわち友好的な二大国の英仏がチェコスロヴァキアを見捨てたことには、触れないでおきたい。ミュンヘンの決定が中立派によってなされていたらと仮定してみよう。[11] われわれのミュンヘン「修正史」では、ランシマン卿〔Walter Runciman (1870-1949). 英国の政治家。首相チェンバレンに提出した「ランシマン報告書」でズデーテン地方のドイツ編入を支持した〕のチェコスロヴァキア使節団の目的はただひとつ、ズデーテン地方の住民にかんする真の事実を確認することである。われわれ版では「真の事実」とは、チェコスロヴァキアから離脱してドイツに併合されたいという強い要求がズデーテンのドイツ人たちから出ているということである。[12] さて、われらが四人の中立的な決定形成者たちは、民族自決原則を適用する。つまりかれらは、まさしく歴史の物語る決定を下すのだ。われらが修正版では、その過程は事実よりはるかに高潔である。四人の中立者たちは、確定した諸事実と確定したひとつの原則にもとづいて正しい司法的決定を下そうと躍起になっているのだから。しかしこの決定は、司法的には正しくても、政治的にはだめなのだ。チェコスロヴァキアはやはり（つまり実際と同じく）、要塞地区を、シュコダ社〔チェコスロヴァキアの主要な自動車メーカー〕の工場を、そして国防の手段と気概とを失うことになるのである。政治的決定を形成するにあたっては、そうしたもろもろの帰結をよくよく考えねばならない。情況が政治的決定を要求しているときに司法的決定形成にうったえるのは、深刻な政治的失策なのだ。

「その後どうなるか？」は政治的決定形成者が心に留めておかねばならない問いである。[13] この問いに完全な確実性をもって答えることはけっしてできない[14]と覚えておこう。決定 I_a はかならずや結果 O_a を導くということがいまどんなにもっともらしく思えても、それは多くの要因に左右され、そのなかにはわたしが考慮に入れていたものもあれば、入れなかったものもある。わたしが注意深ければ、代行者たちがどうふるまい、それが臣民たちにどう受けとめられ、反対者たちがこれにどう反応するかに思いいたしておくことだろう。だがこのどれにも、わたしは蓋然性を付与するのがやっとなのだ。それに加えて、結果 O_a の到来も別のできごとの連鎖の予期せざる衝撃で立ち消えになってしまうかもしれない。およそ結果とは不確実なものである。われわれは期待を根拠にして決定しているのだ。[15]

第三章　評議会Ⅱ（予見、価値、圧力）

われわれは未来を見据えた決定を論じなければならないことが強調された。単純な例、「大統領の赤字予算問題」ではじめよう。仮想状況はこうである。一月現在、景気後退が進行している。いまから六ヵ月後にはじまり一八ヵ月後に終わる期間を均衡予算でいくのか赤字予算でいくのか、大統領はいま決定しなければならない。予算はかれが経済にはたらきかける唯一の手段であり、その後はいかなる修正もできないものと仮定する。

大統領の意志とは無関係に出現しうるふたつの状況がある。予算期間中に景気回復が自然発生的に生じるかもしれないし、生じないかもしれない。もし早い段階で景気回復が生じたら、大統領の「柔軟《ソフト》な」予算はインフレーションを引き起こすだろう。もし景気回復が生じなければ、大統領の「厳格《ハード》な」予算は景気後退が悪化の一途をたどるままにするだろう。(1) こうして、大統領はふたつの悪に陥る可能性がある。ひとつはインフレーションであって、これは大統領が赤字予算を編成し、かつ「景気回復」状況が出現する場合である。いまひとつは不況であり、これは大統領が均衡予算を編成し、かつ出現する状況が「持続的な景気後退」の場合である。他方、大統領がうまく切り抜ける可能性もある。かれが均衡予算を編成し、かつ景気回復が発生する場合、あるいは景気後退が持続する傾向にあるなかで、たまたま赤字予算が繁栄を復旧する時機にかなうという場合である。これら三つの可能な結果をインフレーション、不況、好況と呼ぶなら、その結末を簡単な「利得表」に分類できる。

		将来の状況	
		景気後退	景気回復
現在の決定	均衡予算	不況	好況
	赤字予算	好況	インフレーション

さて、大統領がA、B、C、Dの四人のアドバイザーを招集したとする。二人一組にしよう。AとBはともに、インフレーションと不況を同程度の悪とみなしている。しかしそれぞれの状況が起こる見込みについては意見を異にする。Aは予算期間中の十分に早い段階における自然発生的な景気回復は高い確率でありえないとみなしているが、Bはその見込みが大いにあると考える。そこでAはより確率の高い状況に適切な赤字予算を推奨するだろうし、Bは同じ理由で均衡予算を主張するだろう。

CとDは、自然発生的な景気回復と持続的な景気後退のどちらの見込みが高いか算定するようもとめられても、明言を拒む。かれらはわからないのだ。いいかえれば、景気回復も景気後退もかれらには同程度にありうることだと思われるのである。それでもふたりが大統領に推奨する内容は明確に異なる。なぜか？ Cはインフレーションを不況よりも悪いと考え、Dは不況のほうがはるかに大きな悪だとみなすからである。

こうして大統領の諮問評議会は真二つに割れている。AとDは、根拠は異にするとはいえ、ともに赤字予算を推奨する。かたやBとCは、やはり別々の根拠からともに均衡予算を推奨する。Dは自分の主張する赤字予算にインフレーションを引き起こす危険が五分五分であることを潔くみとめているが、それでもこれは、かれの見解によるとより小さな悪である。Aは赤字予算により引き起こされるインフレーションという悪が不況の悪とどっこいどっこいであることを潔くみとめているが、それが起こる可能性は低いと考えるのだ。こうして四人のアドバイザーがとる立場は、懸念される悪をかれらがどう順序づけるか、そしてどの状況が生じるとかれらが見積もるかによって決まってくる。(2)

諮問評議会内部の膠着に気づいた大統領は、アドバイザーたちの言い分をすべて聞いて決定を下すことにする。第一にインフレーションと不況のどちらの悪が大きいかについて（価値の議論）、第二に自然発生的な景気回復と持続的な景気後退のどちらの見込みが高いかについて。価値問題についてAとBは口を閉ざし、Cはインフレーションの悪を強調するが、Dは不況の悪を強調する。大統領はDの立場に傾いている。すなわちかれは、不況のほうがより大きな悪だが、おそらく大した差ではないと感じているのだ。そこで残るは、自然発生的な景気回復と持続的な景気後退とではどちらの見込みが高いかの議論である。こんどはCとDが口を閉ざす。自然発生的な景気回復のほうが可能性のある選択肢かというと、Aの答えはノーであり、Bはイエスである。大統領はBの側に傾き、持続的な景気後退という状況になる見込みは低いと信じるにいたる。

これらのふたつの議論を経て、大統領はいかなる立場をとることになるだろうか。

不況のほうが大きな悪である。したがって、それが起こらないような手を打たせてもらいたい。そこで、これを目途としてわたしは赤字予算を選択しよう。しかしそれで確定するまえに、帰結を考えさせてほしい。わたしは自然発生的な景気回復のほうが見込みの高い状況であると考えており、それが赤字予算と重なるとインフレーションになることも承知している。それゆえ、わたしが赤字予算を決定した場合の結果としてもっとも可能性が高いのはインフレーションなのだ。

この時点で大統領は、悪い結果を産む五分五分以上の可能性がある決定を下すのは「非合理的」[3]であると考え、良い結果を産む五分五分以上の可能性がある（なぜなら自然発生的な景気回復という状況になる見込みのほうが高いのであるから）均衡予算に舞い戻るかもしれない。だがその決定を下すにあたってはより大きな悪の危険を冒すことを肝に銘じなければならず、そこでふたたび踵を返して……。

この種の状況は政治にはよくあることだ（私的な生活でも実際よくあることだが）。不確実性という条件のもとでの「合理的」な選択を論じる重要な文献が増大してきたし、また近年では、そのような状況下で人びとが実際どうやって選択する傾向にあるかを明らかにする実験的研究が実施されるようになった。

そのような考察や調査はわたしにはたいへん魅力的で、政治学において重要な役割をになうようになるものと信じている。だがこの学問分野に特有の要求に合わせるには、多くの調整が必要になるだろう。

先に概略した大統領の問題は極端に単純な「バクチ的」状況であり、合理的選択をするための格率にはほぼ疑問の余地がない。すなわち、かれは「期待効用を最大化する」(4)べきである。われわれの初歩的な例でこの格率が導くのは、見込みの比と効用の比との単純な比較である。とはいえ、不況はインフレーションより悪いと判定するにあたり、大統領はこのふたつの数値比を算定するわけではない。景気回復のほうが景気後退より見込みが高いという判定も、かれは数値比を算定するわけではない。一方が大きく他方が小さければ、それだけでかれには違いがわかり、この場合なら小さいほうを無視するだろう。

さて、われわれが論じている評議会にかんする隠された想定に注意しよう。その想定とは、〔1〕外部圧力への無関心、〔2〕全般的繁栄への共通の関心、〔3〕悪しきものについての合意、(5)〔4〕意見表明の誠実さである。最後の点から説明しよう。アドバイザーたちが招集され、アルファベット順に自分の見解を述べるとする。*A*、*B*、*C*はそれぞれ、自然発生的な景気回復の自分なりの見込みと、インフレーションおよび不況の悪についての自分の所見を述べた。つまりこうしてそれぞれの勧告を正当化した。

*D*はその一部始終を聞いて、ひどく落ち着かなくなる。かれが不況をより大きな悪としておそれ、持続的な景気後退を景気回復と同じくらい見込みがあるとみなしていることを思い出していただきたい。*A*、*B*、*C*のあとで発

言するという状況は、*D*には分が悪いように思われる。先に発言した三人の説明が終わったところで、インフレーションのほうが悪いという価値判断に賛成する（一対〇の）多数派ができてしまった。[6] *D*は自分が引き分けに持ち込むことができるとわかっている。だがかれはそれ以上のことをしたいのだ。さて先に発言した三人は、景気回復と景気後退とでどちらの見込みが高いかでは拮抗している。[7] *D*がこの点での見解を誠実に述べれば、見込みをめぐって評議会を拮抗したままにする。しかし、もしかれが持続的な景気後退という状況になる見込みのほうが高いという論陣を張れば、見込みについて多数派を確立することになる。

こうして大統領は、もしアドバイザーたちの発言にもとづいて決心を固めるとすると、つぎのように概括するだろう。第一に懸念するべき悪について。一方は他方と同程度に懸念すべきである。[8] だが第二に持続的な景気後退の見込みについて。この状況になる見込みが高いとみなす多数意見がある。[9] ゆえに、最善の政策は赤字予算である。

こういうわけで、もし*D*が見込みにかんして不誠実な言明をすれば、自分が憂慮する悪に備えるという目的を達成したことになるだろう。そのようなふるまいが愛国的な関心から生まれることは稀ではない。*D*は自分が不誠実な言明をしているという自覚さえないかもしれない。景気回復と景気後退のどちらになりそうかについて自分ではなんの見通しもないうちに、持続的な景気後退になりそうだという*A*の説明に影響されてしまった。それはかれが憂慮するものであるから、*B*の予測より*A*の予測がかれに強く印象づけられ、いまや*A*の意見を自分の頭に刷り込んでしまったのだ。

われらが評議会のメンバー間にいかなる意見の相違があろうと、かれらの心の奥には国家の繁栄という同じ目的があるとわれわれは仮定した。かれらは悪の順位づけではたしかに意見を異にするとはいえ、インフレーションと不況はともに悪であるとする点においては一致している。そうだからこそ、かれらは一般意志を共有しているとか、共通の関心事があるとか、道徳的同質性が見られるということもできるのだ。どんな言いかたを用いてもかまうまい。つぎのような場合に状況が一変することは明らかである。たとえば、*C*がインフレーションこそ国家にとって悪いと固く信じるだけならまだしも、不況がかれの考えでは「労働組合に打撃をあたえる」からといって積極的に不況を欲する場合である。労働組合に打撃をあたえることが、かれにとっては究極の愛国的な目的に資する手段になっているということもあるだろう。かれがそれを欲する情熱のあまり、いまやそれ自体が目標となるにいたったということもあるだろう。第二の場合のみならず第一の場合でも、Cの胸中には来たる予算年度における国家の繁栄以外のなんらかの目的があって、それが評議会の道徳的同質性を引き裂くのである。

さまざまなアドバイザーの脳裏にあるのが同一の利益でなく、政治体の多様な各部分の利益であるなら、この分裂は完璧になる。(10)その場合にもちろん、評議会のメンバーが露呈するのは、裁判所のメンバーなら咎にあたり政治的評議会のメンバーの場合でも咎になるもの、偏向性である。

だがそうした咎も、政治的評議会のメンバーの場合はより自然なのだ。これまでわれわれが便利に使ってきた例でいえば、大統領は四名のアドバイザーを自由に採用したのであって、それゆえ共同体のどの一部分にも特別の忠誠を負わず、えこひいきをいっさいしない部下を選ぶこともできた。だがわれわれの評議会のモデルを決定権力において対等の五人の大臣の評議会におきかえてみよう。この人物たちは、自分への支持を引き出したり、自分が共感をおぼえたりする公衆の部分には特別な関心を抱きかねないのである。

前章では、司法的決定形成と政治的決定形成が明確に対照された。だが両者の主たる差異にわたしは言いおよばなかった。裁判官は不偏独立であるとみなされている。政治的決定形成者はさほどには不偏不党でないとわたしは手短に示唆しておいた。いま強調したいのは、政治的決定形成者はけっして独立不羈ではないということである。裁判官はいかなる圧力からも免れているとみなされており、万一そうした圧力にさらされても、持ち堪えられるものと期待されている。政治的官職者の状況はまったく異なる。

かれが外部圧力にさらされるのは異常なことではなく、むしろ当然のことである。裁判官が判決を下すのはひとりか少数の人びとにしか影響をおよぼさない争点であり、(11) それも一般に受け入れられている諸原則を適用することによってである。裁判官は、影響を受ける当事者たちからみて手が届かないほどの尊厳ある地位にいて、若干の例外を除けばかれらの反応など意に介さない。(12) かたや政治的官職者が決定する争点は、大人数の人びとに影響をおよぼす。かれはその結果を見据えて決定を下さねばならないので、争点がつねに端的な原則の適用として提示されるというわけにはいかない。かれもたしかに尊厳ある地位にあるとはいえ、その権威は世論《オピニオン》次第であり、世論がかれに背を向ければ消え去ってしまうのがつねであるから、心もとない地位である。かれは沸きあがる反応に無関心ではいられない。それこそは当の決定の結果の一端であり、それどころか結果を決定しかねないからである。

司法的決定を中心とした戯曲も政治的決定を中心とした戯曲も書くことはできる。しかし前者の場合は、判決が下されたときが終幕になる。ドラマは相対立する動機の絡み合いにあって、その決着が判決だからである。ところがそれは、後者の場合にはほんの幕開けにすぎなくなる。ここでのドラマは決定へのもろもろの反応にあり、そこから生まれるもろもろの帰結にある。アメリカにおける酒類製造販売禁止の歴史が「禁酒」法の成立で終幕するわけでないことは明らかである。その後につづいたものが精髄なのだ。つまり、この法を破ることに丸ごと捧げられた職業の台頭、臣民の血肉となった不法行為習慣、執行代行者に蔓延する腐敗、これらがドラマをなすのである。

政治的決定は、たとえ臣民により律儀に受け入れられ、代行者により実施されても、決定形成者のもとめる目的を実際は達成しないことがある。しかしそうした不成立はいまのわれわれの視野の埒外にある。われわれが考察しなければならないのは、ある決定が臣民あるいは代行者によって嫌々ながらに受けとられた場合にともなうやっかいごとである。決定をおこなう評議会が、決定形成段階でどことなく外部圧力を受けていると感じたら、それはこの決定が下されるや惹起しかねない抵抗を予兆する影とみるのがふさわしい。それゆえ評議会メンバーたちは、自分たちが決定に期待する良い結果が、そのような反応によって妨げられることがないかどうかを考慮しなければならない。しかし評議会の判断と既存のもろもろの気質の不協和は、デモクラティックな統治形態においては、逆転して生じることのほうがはるかによくある。すなわち、評議会メンバーが浅慮あるいは有害とみなすような決定への強い要求がときにあるということだ。

想像力と経験の両方が欠けているときに、はじめて統治団体と世論の関係を単純に考えることができるようになる。およそ統治団体というものは臣民たちや代行者たちの気質に無関心を決め込んでよい、と信じるのは愚の骨頂である。統治団体はそれが発する命令の実現をこの両者に頼っているのだから。そしてこれは統治の形態如何にかかわりなくつねに真実なのだ。

だが非現実的なことでそれに引けを取らないのは、統治団体が世論の力をみとめたら、世論と協調し、その要求に導かれるがままになることは可能だと想定することである。もちろん、人民が首尾一貫して同じ考えかたをするか、あるいは整合的な一連の決定を支持する継続的な多数派が存在するというのであれば、それも可能だろう。しかし実際には、ある特定の決定への要求はふつう少数派の要求であるし、そのたびごとに異なる少数派が強くなって、相矛盾する決定で「引っかき回す《スウィング》」こともある。だからといって、ある同じ多数派が一貫しない決定を次々に要求することなどありえない、という意味にとるわけにもいかないのだが。しかしわれわれはそれを考慮するにはおよばない。実際の外部圧力は、決定形成段階では、ほとんどつねに少数派の圧力だからである。この点を考察してみよう。

ある決定に賛成か反対かを問う住民投票を思い描いていただきたい。そのような投票は、「賛成」「反対」「わからない」の三パターンになるのがオチである。そこで態度決定する人びとの感情の強度を測定するために、なんらかの方法が考案されると想像する。[13] もしそういうことになれば、ある陣営の全メンバーは、その感情の強度にしたがって等級づけができることになるだろう。感情の強度を測定してY軸上の値にし、Y^1かそれ以上の強い感情をもつ人びとの数をX軸に沿ってあらわした簡単なグラフが想像できる。それどころか、賛否両陣営を同一グラフ上にあらわすと、この措置に「賛成」の人びとは正の右側の象限〔第一象限〕に、「反対」の人びとは負の右側の象限〔第四象限〕になることも想像できる。

このようなグラフが示すのは、例外的な場合を除いて、きわめて強い感情をもつ人びとは、賛成と反対を問わずその陣営のごく小部分をなすにすぎないということ、その一方、考慮に入れる人数が増すにつれ、感情の強度はきわめて急速に逓減するということである。当該問題に非常に強い感情を抱いている人びとこそが、それゆえ決定形成段階において外部圧力を行使しがちになる。かれらのおかれた位置は、評議会メンバーたちから耳を傾けられ、自分たちを印象づけるのに好都合な場合も、さほどでない場合もある。しかし賢明な決定形成者は、これら少数者の「潜在的乗数」を心に留めておくものだ。ある法案への猛烈な反対を、少数者からしか出てこないといって評議会が蔑ろにしたら。またこの法案が成立するや、反対者たちが激昂に駆り立てられ、同志たちの生温い不承認をその強度の頂点まで引き上げることを思いついたとしたら。政府はいまやきわめてやっかいなことになる。

「多数派」という観念はこのときなんの役にも立たないことを強調しておこう。この法案が採用されるまえは、それに反対の人びとより控え目に賛成という人びとのほうがやや多かったということにしておこう。反対者たちが多数の帰依者を煽り立てたあとでさえ、その法案に反感を抱くひとより好意的なひとのほうが、おそらくまだ多いだろう。だがかれらが控え目に賛成する一方、きわめて重要な少数派が精力的に敵対しているのなら、政府がそのような虚弱な支持から助けを得ることはまずない。とはいえ、政府が賛成派を鼓舞して熱狂の頂点に運べば、コミュニティは分裂してしまう。それゆえ賢明な統治者は、ある法案へのきわめて頑な反対に直面したときには――たとえそれが少数者から出てくるのだとしても――この小さな数の潜在的乗数を見積もっておこうとするものだ。同様に、わずかな少数者から大きなエネルギーをもって発せられる圧迫的な要求に直面するとき、政府はこの風がやがて大嵐に変わる可能性を考慮せねばならない。

ある争点《イシュー》にかんして非常に強い感情を抱くこの少数の人びとに名前をつけてやろう。「争点家《イシューイスト》」とでも呼ぼうか。かれらは、たまたまある大きな自然的集団のもっとも激越なメンバーであれば、自然的な乗数にめぐまれるといってよい。たとえば、かれらが農民に不利な措置に激しく抗議する農夫であれば、農民集団全体を奮起させることもありえなくはない。

しかし、もっと一般的な性質の強烈な感情を抱く少数の人びとがあってもよかろう。たとえば現在の政治体制を忌み嫌う人びとである。そのような人びとには自然的な乗数はないが、強い内向きの組織化や効果的な宣伝活動《プロパガンダ》によって人工の乗数を築くことはある。興奮しきった争点家たちが重要な自然的乗数にめぐまれていたら、あらゆる機会をとらえてそれと提携することがかれらの利益になるのは明白だろう。こうして、各争点家集団がそれぞれに独力で巻き起こすやっかいごとは、やがて相互に無関係なやっかいごとの連続ではなく、危機また危機と増大の一途をたどるやっかいごとの首尾一貫した構築と化していくのである。

第Ⅵ部　態度

第一章　注意と意図

われわれの思考は発話に具現化される。それゆえ、われわれのことばを見つめるのはわれわれ自身を見つめる良き方法のひとつである。ラテン語の *tendo*〔以下で論じられる attend と intend の共通の語幹に相当する〕は努めることと向けることのふたつを、すなわちおよそ生命ある有機体の基本的諸属性を指示している。浅瀬の石を拾い上げることはできても、魚を手でつかもうとすると逃げてしまうことは子どもでも知っている。魚はもてるエネルギーを逃げるために用いる。物理的システムにおいてはエネルギーは利用可能なものだが、生命ある有機体だけはエネルギーを保有しているといえる。その差異は歴然としている。前者の場合、蓄積されたエネルギーは外部の作用主が選択した時に、またその方向で放出される。後者の場合、放出のタイミングと方向の選択は有機体の内部から訪れ、また努力に強弱をつけて放出の加減を制御するのも有機体である。保有しているエネルギーを制御することにかけて、人間はほかの生命ある有機体にはるかにまさっている。「自制心《セルフ・コントロール》」なる心打つ名でわれわれが称賛するのは、外部からの挑発にのってエネルギーを放出するのを拒んだり、この放出を目的に応じて管理したりできる高い能力のことである。

われわれがエネルギー放出を統率する手腕には、注意と意図がかかわっている。これがふたつとも欠けた人間有機体は、自分に加えられるどんな圧力にも受動的に反応してしまうだろう。注意（attention）とは「心の現前状態」のことであり、それによってわれわれはある状況を認識し、それをひとつの問題としてとらえ、解決しようと試みる。意図（intention）とは言うなれば「心の未来の状態」のことであり、それによってわれわれはある未来の状況を思い描き、それを実現しようとする。このふたつの態度は、はるかに程度は低いとはいえ、動物にも備わっている。たとえば、寝ている犬がぶんぶんうるさい虫に煩わされているのを観察すると、はじめは蝿が触れるたびに犬が機械的に反応しているにすぎないことがわかる。だがやがて犬は目覚め、蝿に注意が向くようになり、それを捕まえようと意図しはじめる。

人間は注意と意図の能力が抜きん出ているが、これらの能力の発達はきわめて不均等である。誰しも子どもを育てたことがあれば――それどころか自分自身を見つめたことがあれば――注意にせよ意図にせよ長続きしにくいことを承知している。注意は散ったり薄れたりするし、意図は萎える。偉業達成に欠かせないこれらの能力は、ひとによりそのあらわれは大いにまちまちである。

倫理的な視角から注意と意図を考えてみよう。注意の能力にせよ意図の能力にせよ、低いよりは高いほうがよいといって憚られることはまずあるまい。だが共通するのはそこまでである。

注意が害をおよぼすことなどけっしてありえない。仮にあるひとが、ブリッジゲームの形勢を注意深く追っている最中に、同じ時間でオペラのすばらしい演奏に耳を傾けることもできたのにという気になったら、かれは注意を向ける対象の選択を誤ったのだとわたしは思うだろう。かれはなにかをとらえそこなったが、害になることはなにもしなかった。もしあるひとがさいころゲームに注意を注ぎ込んでいたら、わたしには時間の無駄にみえる。だがこれでもわたしに使えるもっとも厳しい形容詞である。実際、こうしたもっとも「愚かしい」注意の使いみちから、たまに結構きわまるものが生じたことがあるほどにも、[1]注意は本来結構なものなのだ。

意図についてはさほど好意的には語れない。「悪い」という形容詞が意図を修飾すると、注意を修飾する場合とはまったく異なる力をもつことがすべてを物語っている。「悪い注意」には「弱い注意」以上の意味はないだろう。しかし「悪い意図」は「弱い意図」という意味ではない。それどころか、この用語は意図が強い場合に使われることがきわめて多いのである。ところで、われわれは強い注意を論じる場合にそれを悪いと呼ぶことはけっしてあるまい。注意の対象がわれわれにとってどれほど無価値にみえても、この注意の向けそこないは、注意の効用をつまらないものにするきらいこそあれ、断じて否定的なものにはしないとわれわれの眼には映るのである。

意図の場合は事情が異なる。この対照の核心は、複数の人間の複数の注意が相互に衝突することはありえないのに、複数の人間の複数の意図は衝突しうるという事実にある。目下の問題へのわたしの注意が、まったく別の対象への隣人の注意によってそこなわれることなどない。しかし、本章を書き進めようとするわたしの意図は、わたしと会話しようとする隣人の意図によってそこなわれる。この卑近な例から明らかになるのは、他者の注意に否定的な価値を帰する理由などありえないが、他者の意図（たとえそれが客観的には無垢で、それどころか殊勝なものであっても）に否定的な価値を帰する理由はしばしば存在するということである。

政治を論じる学者たちは、きわめて重いハンディキャップのもとに仕事をしている。かれらは注意の悦びにめぐまれ、泰然として注意を貫きとおす以外のいかなる意図をも事実上経験しない人びとである。かれらにとってもろもろの可能世界のうちで最善の世界〔ライプニッツの世界最善説《オプティミズム》に由来する表現〕とは、そのすべての住人が、なにごとによらずある主題への注意に没頭しているような世界のことになるだろう。こうした注意のさまざまな行使からは、いかなる衝突も生じえない。そのような社会のただなかにたまに不注意なために間抜けな輩がいても、少々不愉快だがそれだけのことだ。

しかし、意図のひとの到来とともに様子はがらりと変わる。かれの意図は他人に影響をあたえて巻き込み、ほかの意図と衝突する。意図は対立の大いなる生みの親である。意図の両立不可能性はマニ教的な社会観を醸成する。ダム建設を意図するひとは、家が水没するはめになる村人たちから敵とみなされてもしかたがない。また村を保全しようとするかれらの意図は、技師から障害物とみなされてもしかたがない。

わたしはここまで注意について、それがある対象、問題、課題に集中することを匂わすようないいかたをしてきた。しかし、注意がその転移可能性においても意図と異なることは明らかである。なにが意図されているかは意図という観念にとって不可欠に思われるが、注意という観念にとってはそうでない。「注意深さ」(attentiveness)とは、もろもろの不特定の対象に注意を払う一般的な気質のことだと考えられる。「意図深さ」(intentiveness)なる語が存在しないのは啓発的である。もしあったら一個の不条理を、つまり内容空疎な意図する気質なるものを指示することになろう。

注意深さとは進んで注意を払うことである。それ以上に、あるフィールド内部で生じるいかなる問題含みの状況にたいしても、注意をもって応答する気質のことである。これはおよそ他者の福利に責任があると自任している者の職能上の義務である。もっとも些細な例を取り上げるのがわたしの方針であるから、ガイド付きツアーを託された旅行案内業者を挙げよう(2)。たとえいかなる種類の困難が生じようとも、かれはそれを処理しなければならない。しかし、かれの地位には根本的な矛盾が含まれている。われらが男は、注意が必要な被保護者たちのどのひとりにも注意を払わねばならず、またそれにもかかわらず、かれの注意はつねにほかの被保護者たちにも行き届くようにしておかなければならない。ここにふたつの注意の根本的な対照がある。知識人の注意はひとつの対象にコミットするとほかの対象には行き届かなくなるが、庇護者(3)の注意はたとえつねに予約済みでも、呼べば応じる状態になければならないのだ。

経験の浅い大臣の様子をのぞいてみるのがいちばんわかりやすい。かれはあるひとが説明する問題に注意を向けようと努めるが、電話のベルがかれの注意を別件に逸らしてしまうし、助手たちが駆け込んできては大げさな身振りで緊急事態を耳打ちする。注意を傾けようとする哀れな男の誠実な努力をことごとく邪魔するこのさまざまな要求は、庇護者の「自然な」状態をあらわしている。もちろん有能な政治家ならば、指定された時間のあいだはわき目もふらず訪問客に注意を払い、電話も鳴らなければドアが開かれることもない。だがこれは、かれの注意への請求を塞きとめ水路に流し込むシステムがあることを暗示しているのである。

権力が存在すればどこでもその行使への要求が押し寄せる。だから政治家にはいくつもの耳が必要になる。だがこれらの要求が注意の配分を指図してくれることは当てにできない。取るに足らない諸要求がやかましく、地すべりの凶兆であるかすかな亀裂の音をかき消してしまうのも無理はない。周囲の事態のなりゆきを見守るために、政治家にはいくつもの目が必要になる。

賢者たちからなる評議会を想像してみると面白い。かれらは政治体の全生活を用心深く監視している。きわめて隙がなく、なにごとも見逃さない。なんでもお見通しで、木をみて森をみないということもない。その思慮深さは、危機的な状況に立ち向かうことができるというだけでなく、危機に陥るおそれのある状況にも適宜対処できるほどである。そのような賢者たちは注意深い政治家の術を実践するのだ。かれらを注意のひと（Attenders）と呼ぶことができる。つまり実際かれらには、困難と悪から庇護するという全般的目的以外のいかなる意図もないのである。

庇護者たちの課題は、政治体内部で意図同士が衝突するようになるのに比例して重くなるだろう。(4) それが火をみるよりも明らかだからこそ、理想的なコモンウェルスに向けたすべての計画は、意図の衝突を未然に防止する策に取り組んできた。この要求が完全に満たされるのは、個々人の多様で予測不可能な意図がぶつかりあうかわりに、もろもろの意図を事前に（*ex ante*）整合化したパターンが諸個人に相互協調的なふるまいを促す、ということができる場合である。かならずやそうなる、と古代の哲学者たちは述べた。市民たちが「徳の生活」を意図するべく幼年時から叩き込まれるならば、この生活が誰にも道を踏み外すことができなくなるほど明確に掲げられるならば、そして逸脱したら恥辱をおぼえるほどにも各人の自尊心がかき立てられるならば。徳の習慣が最悪の結果を防ぐ一方、いかんともしがたい名誉欲がこのうえもない偉業へと導くだろう。それもこれも、もろもろの意図が根本で整合するパターンの内部であればこそである。

これはもちろんユートピアのひとつのモデルになる。しかし、個々人の意図の独創性に高い価値をおく場合には、それは一ユートピアとしてさえ容認されはしない。人間たちの意図がかれらを衝突せざるをえなくすることは、すべての精神に受け入れられている事実である。だがその受けとめかたはさまざまありうる。一方の極では共同体の道徳紊乱の目安とみなされるだろうが、他方の極では個人性を適宜強調した当然の結果とみなされるだろう。ホッブズは後者の観点を強調したが、そのために衝突に対処するという課題をきわめてやっかいなものとして描き、きわめて巨大な権威を要求するはめにもなった。

われわれは注意深い政治家について少々語ってきた。その態度はつぎのように要約できるだろう。「これから起こることなど誰にわかろうか？　だがいざなにかが起きたら、それについてなにをすべきかわたしは速やかに発見しなければならない」。それでは意図する政治的人間に眼を向けよう。その態度は実に異なっており、要約できるとしたらつぎのようになる。「わたしには自分がなにを成し遂げたいかわかっている。わたしの仕事はその実現の策を講じてやり遂げることだ」。

意図する政治的人間は、注意深い政治家よりも容易に人びとの想像力を虜にすることができる。「かれは自分がなにを欲しているか知っているのだ」、と。そのとおり、だからこそかれの課題ははるかに単純なものになる。諸般の事情から生じる諸問題への最善の解を探しまわる刻々あらたな心労など、かれにはない。かれにはたったひとつの問題しかなく、しかもそれは純粋に作戦遂行上の問題なのだ。すなわち、自分の意図の勝利を手中にすることである。

かれは明確な成就を意志しており、またそれを一途に追求する。自分の目標のために利用可能でないかぎり、自分の目的に関連がない事件には目もくれない。注意深い政治家がなにごとにせようまく運ばなければ修復しようと神経をすり減らすのにたいして、意図する政治的人間は自分のただひとつの企ての推進にもてる能力のありったけを傾ける。

寓意的な装飾を少々あしらいつつ、これらふたりの男の遭遇を思い描いてみよう。注意深い男は高所に鎮座している。かれはアルゴス〔ギリシア神話に登場する百眼の巨人〕のごとく頭のまわりにぐるりと眼をもち、ひとりつぶやきながら、足元に押し寄せる諸問題に片を付けていく。意図する男は、自分の目標以外はなにも目に入らないよう目隠しをして、帰依者たちの先頭に立って大胆不敵に闊歩し、この目標を大きく明瞭な声でくり返し唱えている。ふたりが出くわすと、注意深い政治家のほうが明らかに不利である。相手の男はたったひとつの明確な争点に没入しきっており、造作なく英雄らしくみえるからである。

精力的な意図のひと（Intender）が実効的な煽動者となりおおせると、注意深い政治家はこれにうまく対処できない。千差万別の意図が政治体全体に散らばって多少なりとも均等に発生してくる場合は、調整という些細な問題しか生じないことが多い。さまざまな意図のうち、たまたま成就にいたるものもあれば、軋轢で摩耗してしまうものもあり、処置をほどこさねばならないほど鬱滞してしまうものもごくわずかにある。意図する政治的人間が自らの政治的企業のために首尾よくエネルギーを結集させるときには、事態はまったく異なる。そうなるとこれが一個の凝集した衝動となって攪乱を引き起こす。するとこれにたいしては、注意深い政治家も対抗するか受け入れるかの旗幟を鮮明にしなければならない。だが後者の選択肢はかれをまずい立場におく。この衝動が原因で生じる動揺にたいして、かれは衝動で動いている当人がもって任じるよりはるかに大きな重要性をあたえてしまうからだ。意図する政治屋と注意深い政治家の提携は不幸なものと相場が決まっている。なぜなら、政治家は衝動で動いているひとがその衝動を調整が可能な程度にまで緩めてくれることを願わざるをえないが、意図する政治的人間は自らの企図の副産物たる動揺にはおかまいなしに、先を急ぎたがっているからだ。

だからこのふたつのタイプは一緒にはたらくことができない。どちらかが相手を追い出さねばならない。一瞥すると、政治史においてはこのふたつのタイプが交互に優勢になるようにみえる。たしかに、注意から意図に振れてまた注意に戻るごく短期的な振動、同じふたつの極のあいだでやや長めに持続する振動、注意から意図に向かうおそらくは長期的な趨勢——だがこれはわれらが現状のなせるまやかしだろう——の三つを区別したくなる。(5)

意図する政治的人間が大胆に想像力をかっさらっていく様子、来たるべき型《かた》の力強い視覚化、自らの精神の創造物にたいする情熱、それを現実のものにしようとする意志、この目的を追求するにあたっての勇気、このすべてがわれわれの意にかなう。かれこそわれらが英雄、未来に魔法をかける者、創造主である。これぞまさしく至高の政治的人間というものだ。個人的にはわたしはかれがあまり好きではない。できればかれに会うのは実生活ではなく、歴史書のなかにしておきたいものだ。

それはともかく、意図する政治的人間こそは政治的動力学研究が焦点を当てなければならない人物である。というのも、かれは政治体における運動の供給源だからである。そのためにかれが偉大なる意図のひとである必要はない。実効的な意図のひとになるのはさほどむずかしくない。実効的な注意のひとになるよりもはるかに簡単なのだ。考えていただきたい。注意が実効的であるとは、政治体ないしその一部に影響をおよぼしうる万事に注意怠りないことであるが、意図が実効的であるとはなにかを意図することしか含意しない。意図のひとは自らの目標にいたる道を切り拓くことにだけ関心があるが、注意のひとは多種多様な人びとが多種多様な目的地にたどり着けるよう、すべてのコミュニケーション・システムの作動を維持することに関心を抱く。これはさほど目を見張る芸当ではないが、はるかに困難である。

それゆえ、注意深い政治家の術の極致を稀にしか眼にしないのはなんら意外ではない。誤りやすき人間の身に許されるかぎりでそれに最大限近づくと、もはやそれとはわからないからである。そうなって生じる便益はその政治家のものではない。それはかれが手ずから生ぜしめたものではなく、かれはその発生の諸条件を整えただけだからである。人間の見通しは狭いうえに不確実であるから、われらが男が「人の手のごとく微《すこ》しの」雲〔旧約聖書「列王紀略上」一八・四四の表現」を眼にしても、そこから早晩嵐になるとはわからないだろう。やっかいごとはいつなんどき降りかかるか知れない。そしてどんなやっかいごとでも軽くしてくれるという期待がかけられていることが、注意のひとのハンディキャップである。かたや意図のひとは、その手のことをなにも約束しない。かれは人心を自分の目標に向けさせ、目障りなやっかいごとから逸らせる。実際かれは、どんなやっかいごとが生じようが、いかに論理的には無関連でもそれをこの目標に向かって邁進するいまひとつの理由として提示するのだ。

　変化の足どりが速まるにつれ、政治屋たちの世界はできごとにますます不意を衝かれ、その慣習《モーレス》や手続きが定着をみることもなくなってしまったようにみえるが、おそらくはその反対である。かつてないほどめざとくなっているのに、差し迫ったできごとへの反応が、ますます不規則に広がっていく水路を通って、いっそう遅々としたやりかたになっているのだ。こうして注意深さにおける実効性の欠如がはなはだしくなるにつれ、意図がもっとも目につきやすい政治的態度として表面化するのである。

第二章　チーム対評議会

ある意図を共有する人間小集団（以下「チーム」と呼ぶ）があり、その意図の実施には少なくとも、なんらかの公的権威によるただいちどかぎりの決定が必要であるとする。[1] いちばんわかりやすい手続き（以下「手続き1」と呼ぶ）は、適格の権威保持者たち（あるいはひとりの保持者）にその決定への賛同を懇願することである。そのつぎにわかりやすいのは（以下「手続き2」と呼ぶ）、決定形成者ないし形成者たちへのアクセスが容易かつ慣習的になっている人びとを抱き込むことである。これら手続き1および2はいかなる体制のもとでも実行可能である。

今日のアメリカ合衆国では、手続き1は大統領、国務長官、上院議員と下院議員のもとを訪れ、決定の趣旨を説明することから成り立つ。手続き2は、これら重要人物が「耳を貸す」人びと、それゆえ問題を持ちかけてくれそうな人びとの動員から成り立つ。同じ方法は専制的な体制下でも実行可能である。専制支配者がアクセス不可能なことなど稀である。趣旨を説明することならできるし、かれもやはり廷臣にとり囲まれて生きているから、かれらが時機をみて要求を話題にしてくれるかもしれない。もちろん専制支配者に聞き届けられる見込みのない要求もあるが、同じことはどの体制においてもいえる。[2]

ここでわれわれにとって興味深いのは、決定形成者たち（「評議会」）が身近なサークルのやんわりとした小言ですぐに説得されたり揺さぶられたりしない場合である。そこでチームは三番目の手続き、すなわち評議会にたいする外部圧力の組織化に移行する。これは自由を旨とする体制には通常の手続きである。それどころか、これが正統なことと考えられているというのが政治的自由の定義なのだ。

この手続き3とはどのようなものだろうか。宣伝活動《プロパガンダ》をつうじて、チームはともに決定を要求する同じ意図をもった同志をリクルートする。それは評議会にどのように影響するのだろうか。ここでわれわれはふたつの可能性を区別しなければならない。（*a*）チームがその要求を口にした当初から、ほかの仕事で手いっぱいであるために、あるいはまったくの怠慢のために、評議会がそれを考慮しないという場合。およそ統治に精通している者なら、要求が注意の関門を突破できないことがいかに多いか承知している。そういう事情なら、こんどは要求に支持者の数を添えてむりやり関門を突破する。そうすれば評議会もいまや注意を払わざるをえなくなり、その決定に有利になるべく提起された論拠がいつのまにか健全で説得力をもつように思えてくるのだ。しかし第二の可能性がある。（*b*）評議会は真剣に要求を吟味し、それに賛成する根拠に耳を傾け、そのうえで決定しないと判断したという場合。この後者の場合に話を絞ろう。チームの要求する決定が評議会の眼に誤りと映るのなら、その決定に目立った支持があるというのもやはり誤りだということになる。そのときこの支持はどうやって決定に揺さぶりをかけようとするのだろうか。チームが獲得した支持が脅威として機能するのはこのような場合である。

第一に、評議員は自らの政治的未来に自己中心的な関心をもっているかもしれない。たとえば、「もしこの決然とした集団の反感を買えば、わたしは再選されないかもしれない」と。しかし第二に、かれらには平和と秩序への愛国的な関心があるはずであるから、いまや隊伍をなしてこの措置を支持する党派がやっかいごとを引き起こしかねないと案じているかもしれない。

われわれがここまでみてきたのは、チームの要求に評議会の注意の関門をむりやり突破させるために、チームの意図への支持を煽動する必要があるのはもっともだということである。こうやって、またそのせいで適切な注意を受けとった提案が、受けとられるにあたいするもの、よくできた結構なものだと考えられるようなら、支持の動員は実効的で効を奏したのである。しかしもし評議会が、（支持の動員より先でも後でも）提案を然るべく考察したうえでこの提案の非をみとめて却下したのなら、支持はその嫌がらせ効果によってしか評議会に「揺さぶり《スウィング》をかける」ことはできない。これがいまからわれわれが調べようとすることなのだ。

間違いがないように仮定を再提示しておこう。

(1)評議会にある決定を要求しているチームがある。

(2)評議会はその決定に賛成するもろもろの理由にくまなく耳を傾け、熟慮のすえそれらに欠陥があるとみとめた。

(3)チームは決定への外部からの支持を動員した。

この状況はさまざまなやりかたで展開できるので、わたしの目下の関心の中心であるチームの視角からこれを分類しよう。

(a)チームは今後さらに多くの支持をかきあつめられると自負しており、このような後援がそのうち圧倒的なまでになるものと期待して、この状況の到来を待つことに甘んじる。

もしそうだとしたら、理屈からいってもチームは評議会の消極的な態度に背を向け、もっぱら公衆のうちに積極的な態度をつくりだすことに意を用いる。それで改宗者ができれば、かれらがチームの声に自分たちの声を合わせ、望ましい決定を支持する叫びが幾何級数的に高まる。

評議会はどうするだろうか。チームへの潜在的な支持について評議会が立てる見積もりは、チーム自身の血気盛んな皮算用とはかなり異なっているので、評議会はどっしりかまえているということもある。もし後者の皮算用の正しさが立証されそうにみえたら、評議会は政治的怯懦の発作に襲われ、たちまちにして降参するということもある。あるいは、どうなろうとどっしりかまえ、そのあげく世論の怒濤がそれを押し流していくということである。だが想像される将来結果がこのいずれであっても、そのプロセスは平和の破綻を含まない。別の前提から帰結するチームのふるまいについてのもうひとつの説に向かうと、そうはいかない。

(b)ある期間にわたり数の重みだけで望ましい決定を勝ちとるのに十分な支持を動員できる見込みはない、とチームはみなしている。あるいは、それが含意する遅延を受け入れようという気がない。なぜなら最短日時が待ちきれないほどはるか先か不明確すぎるため、あるいは要求される決定が時の経過によって死物になってしまうためである。

その場合のチームの課題は、いまある手段、すなわち端的な少数者の支持を用いて、評議会の頑固な拒絶を乗り越えることである。これは、無関心ないしほぼ無関心な公衆のメンバーを抱き込むという問題ではない。権威の座にあって、代行者《エージェント》たちの服従と少なくとも多数者の受動的な支持を手にしている人びとの思慮にもとづく意志を打破するという問題である。それはいかにして達成されうるか？　この問いに答えるには、われわれの身辺を見回してみるだけでよい。

そのような立場におかれたチームは、その献身的な支持者たちを利用して評議会にたいする嫌がらせを産み出す。嫌がらせ政策は、広い支持より深い支持に頼るチームの自然な方策である。その努力は人びとの改宗よりも評議会の転覆に向けられる。「嫌がらせ《ニューサンス》」ということばは、ここでは評議会との関係で使われる。その名で呼ばれる行為がそれ自体で「悪い」のではなく、評議会をうんざりさせることを意図したものという含意である。嫌がらせ戦略は広範囲におよぶ。倫理的にいえば、ハンガーストライキに踏み切ることと爆弾を投げつけることはかけ離れた両極である。それでもこのふたつは、ともに評議会の意志の打破を意図した激しい感情のあらわれなのだ。

ここで論じられているすべての形態の行為は、評議員たちの確信を溶解させ、かれらをなんらかのやりかたで落ち着かない気分にさせる傾向がある。比較的穏やかな形態の行動（たとえばピケッティング、デモ、行進のような）は平穏裡におこなわれるが、そこに不満があることを支配者たちに知らしめる。つまり、自分たちが為すべきことをすべて為したかどうか、かれらのうちに疑念をかならずや生じさせる。ハンガーストライカーが自らに課した苦難によって、同情とややもすれば羞恥の感情がかき立てられる。

評議員たちに直接対決を挑まなくても、かれらの脳裏に疑問符を生じさせる圧力の手段はたくさんある。しかし志あるチームには、さらに踏み込むほうが誘惑的である。戦闘的なメンバーが妨害行為にうったえる場合、チームによって引き起こされた支障を忍従するか、煽動者たちの後押しを受けた要求に屈するか、騒擾を鎮静化するために手持ちの実力手段を行使するかを評議会は選択せざるをえない。第一の策は、騒擾が時間的にかぎられている場合にだけ受け入れ可能である。たとえば、農夫たちによる道路封鎖が一両日しかつづかなければ政府はがまんするだろうが、長引けばそうもいかない。反対に、力ずくのバリケード破りにもやはり支障があって、政府はその道徳的なコストを比較考量せねばならない。あるいは議会に執拗な請願をする集団が議会の出入り口を封鎖し、当局者たちは邪魔を排除しなければならないと考えよう。だがその排除に執拗な反対があれば、評議会にとってかなりの道徳的コストを含むことになる。

このような事例では、示威行動者たちにどれほどの覚悟があるかに多くのことがかかっている。平穏にはじまった行進が醜悪なものに転じることもある。感情の誇示として計画された圧力が、力の行使に変わっていくこともある。群衆が寄りあつまれば「人民」の感情を体現するのだという安直もはなはだしい想定がある。これが混同であることは明らかである。有権者の多数派をあつめられない集団でも、戦略上ある時ある場所に行進する群衆を動員し、評議会を発砲か逃走かしかない状況にするほどの勢いをそれにあたえることならまったく可能ということがあるのだ。

残念ながら、テロリズム戦略に別して言及する必要がある。評議会を極度な当惑の状態にするには、暴力行為に手を染めることも辞さない少数の玄人《クロウト》がいればよい。とくにテロリストの襲撃が手当たり次第になされる場合、対応が的外れになって無辜のひとにまでおよぶことはまず避けられないだろう。当局者たちを駆り立てて無辜の傍観者にまで危害がおよぶ、というのがテロリズム戦略の要点である。主としてその効果は、盲目的な憤怒と不手際な報復を呼びおこすことに存する。仮に警察官がかれを豆鉄砲で撃った無邪気な少女を追いかけまわすことがあっても、それは笑劇である。同じパターンで一大悲劇が上演できるのだ。テロリズム策はかならずや世論を逆撫でにし、政府それ自体の内部で良心を苛むような対応を当局者たちから引き出す。強圧的な行為によってたまたま傷を負う無辜のひとがいれば、そのひとへの同情が広まるので真犯人にとって好都合である。ごろつきのやり口と殉教の道徳的なうま味とを結びつけるトリックは、二〇世紀をつうじて発展してきた。

二〇世紀はテロリズムのテクニックの世紀であり、ソレル〔George Sorel (1847-1922). 革命的サンジカリズムを提唱したフランスの思想家〕の『暴力論』(3)によってふさわしい幕開けをみた。もしチームがある争点についてきわめて強固な感情を抱き、この感情の強さを他者に伝えるとしたら、この他者の誰かが暴力行為に手を染める危険がつねにある。もしそんなことになれば、この感情を吹き込んだ当人たちはいま罪悪感をおぼえるはずだろう。これが昔ながらの当然のパターンである。現代のパターンは大きく異なる。暴力行為がチームによって積極的に要望されるのは、敵対者に直接打撃をあたえるためだけでなく、それが敵対者に対応を余儀なくさせ、その評判に傷をつけるためでもある。そのような戦略の考案には、道徳感覚の完全なる放棄が必要とされる。それが人間にみられるとすれば、ひとがある「固定観念」に取り憑かれてしまい、ある意図を道徳的だと思い込んで、いかなる犠牲を払ってでも追求する場合、またそのようなときだけである。あらゆる信念のうちもっとも非道徳的なものは、ひとつの支配的な（道徳的だと想定されている）情念のためとあらば、すべての道徳的信念のはたらきを停止するのが道徳的なことだという信念である。だがこれぞまさしく二〇世紀を貫いてきた教義なのである。

それが導く先は政治の一形態であった。それはまず、いまおこなわれているのは戦争の一形態であるとみとめ、ついでこの種の戦争に倫理的な規則は存在しないとみとめる。この恐ろしい展開をお膳立てしたのは、政治とは制度化された衝突であるという無思慮な認定であった。それが本質的に衝突なら、制度を尊重する理由などあるだろうか？

「われらが仲間」と「他者たち」がいる。他者たちとは和平状態のことも戦争状態のこともある。われわれオセアニア人はさまざまな理由からルリタニア人と戦争状態になることがあるが、その理由は大きくつぎの五類型のどれかにあたる。(1)われわれの一部にかれらが加えた危害の報復として、われわれはかれらになんらかの危害を加えたい。これは報復的な戦争行為である。[4] (2)われわれはかれらが現在われわれにたいして行使している力に対抗しなければならない。これは防衛的な戦争行為である。[5] (3)われわれは、かれらが将来われわれにたいして行使する力をおそれている。[6] これは予防的な戦争行為である。(4)かれらはわれわれが欲しているものの[7]邪魔になっている。かれらの反対する意志と力は克服されねばならない障害である。これは合目的的な戦争行為である。(5)かれらのふるまいがわれわれの道徳感情に障るので、力ずくでかれらにそれをやめさせねばならない。これは道徳説諭的な戦争行為である。わたしはこの分類にたいした価値はおかない。以下の話にとって便利というだけのことだ。

われらが世紀ほどにも戦争根絶に関心を寄せた世紀はない。結局それは著しく不首尾に終わった。国内政治がますます戦争に似てきたという現象に、あまりにもわずかな注意しか払われてこなかったのだ。[8]

戦争は外国人とのあいだでときに成り立つ一状態であるが、平和とは同国人同士のあいだに成立せねばならない状態のことである。これが太古以来の政治の格率である。平和の観念が含意するのは、わたしはわが隣人のすこやかなることを願い、一喜一憂をともにし、その必要や欠乏に気をくばり、成功への道と失敗からの救いを手助けし、過ちには辛抱づよく、責めるに遅く赦すに疾《と》く、幸運を妬まず、意図を疑わず、気まぐれの数々も非難せず見逃してやるということである。

この平和志向の友好的な態度は、一私人にあっては適切であると満場一致で受け入れられるのに、まったく奇妙なことだが、他者たちを相手にしたとたんにすべてが一変する。先述した五つの戦争動機を織り込んだ政治演説をこしらえるのは簡単である。

わが友、汝ら青人たちよ。われらが同胞にたいして緑人どもにより去るX日に加えられた危害を忘れたら、過ちを犯すことになろう〔動機1〕。これはたしかに緑人どもの非道徳的なふるまいの一例以外のなにものでもなく、然るべき都市では許されるはずがないし、慎まねばならないことだ〔動機5〕。実際まさにこの瞬間、汝らを侮辱するやり口で力を行使するかれらを野放しにすることなどどうしてできよう？〔動機2〕かれらがさらにこのうえ力を築くのを許してやろうというのか？　取り返しがつかなくなるまえに行動すべきではないのか？〔動機3〕もしこの緑人どもに、この件をどう合理的にみても汝らに帰すべきものを譲渡するべく迫った場合、汝らが手にするものを考えてみよ！〔動機4〕ゆえにわが友よ、目覚めよ、立ち上がれ！〔云々〕

このモデルに沿ってつくられたスピーチを幾度となく聞いたことがないという者がわれわれのうちにいるだろうか。そこには蒼ざめた戦馬〔新約聖書「ヨハネの黙示録」に登場する四人の騎士のうち第四の騎士が乗っている馬。死を象徴している〕が呼び起こされているのに、われわれはそれにほとんど気づかず、語り手は大仰に話しても本気ではないし、聴衆は割り引いて受けとめているものと十分に確信している。それゆえ、ときに演説者が本気でそう語っており、かれの発言の額面通りの意味に対応する感情を伝えているのだとわかると衝撃を受ける。右の例で語り手が大言壮語しているのは、緑人たちによる控えめな反対を受けた控えめな措置への控えめな支持を喚起するためではない。かれは実に青人たちを戦争へと動員しているのである。

人民のある部分が別のある部分への好戦的な精神でひとつにまとまるとき、それは「党派」(9)である。すべての偉大な政治的著作家たち(10)は党派を非難した。それもある明白かつ根本的な理由からである。人民を構成するのは一般的な友好の感情であるが、党派はそれを憎悪に転じてしまう。党派の闘争的なメンバーは、同国人の一部を敵愾心をもってみる、すなわち異邦人とみなす[11]。こうして党派ができるということは、コモンウェルスの一部のメンバーが他のメンバーと疎遠になるということであり、市民間の友好を確立、保全、増大させるのが政治家の役割だと考える古典的な理解とは真っ向から矛盾する。それゆえ党派の創設者は、伝説が国家の神話的創設者に帰す役割とは正反対の役目を演じるのである。ヒュームはそれをきわめて印象的に表現している。

立法者と国家の創設者が人びとのあいだで名誉をあたえられ尊敬されるべきであるのと同じくらい、宗派や党派の創設者は嫌悪され憎悪されるべきである。なぜなら、党派がもたらす影響力は法のそれとは正反対だからである。党派は政体を転覆させ、法を無力にし、相互に助けあい、防衛しあうべき同国人のあいだにもっとも激しい敵意を産み出すからである。しかも党派の創設者をさらに忌み嫌われるものにするのは、いかなる国家においてもこうした雑草がいったん根をおろすと、それを根絶するのはむずかしいということである。こうした雑草は当然何世紀にもわたり繁殖し、それが蒔かれた政体が全面的に崩壊しないかぎり、それはまず消滅することはない。それに加えて、この雑草はもっとも豊かな土壌でもっとも豊かに成長する植物である。だから専制的な政体もこの雑草の害を完全に免れているとはいえないけれども、それらの雑草は自由な政体ではもっとたやすく発生し、いっそう急速に繁殖するといわねばならない。というのは、ただ立法府のみが信賞必罰を着実に適用してこの雑草を根絶しうるのに、雑草はつねにその立法府それ自体を汚染してしまうからである[12]。

あの垢抜けたヒュームが、ここではいつになく意味深長な激越さで語っている。歴史的経験がかれに事実感じ入らせるのだ。交戦中の諸党派はまず礼節の風潮を荒廃させ、ついには自らが出来してきた統治形態を倒壊させる、かくしてローマ共和政は崩壊し、中世イタリアの共和政諸国も然り、と。だが、党派の根絶を要求するとき、かれになにがいえるだろうか？　かれはあまりに現実主義者であるがゆえに、人間たちにある共通の目的のために結束する傾向があることを否定できないし、かつ権威主義者とはあまりにかけ離れているがゆえに、そのような結束の禁止と反対者の迫害を推奨することもできない。ならばかれの念頭にあるのはなにか？　鍵は先に提示された定義のなかにあるとわたしは信じる。

ある共通の意図を追求して人間たちが結束するのは自然なことである。嘆かわしいのは、かれらを結びつけている意志（*animus*）が、かれらの目的を好ましく思わない人びとへの「敵意」（animosity）に変わってしまうことだ。忌まわしいのは、かれらが同国人への「好戦性」を伸長させることなのだ。もしこのような好戦性が党派というものを定義するのだとしたら、諸党派の根絶――すると明らかにこれは、人びとの内部にどんな集団分けが生じても、そのどれひとつとして好戦的にならないという意味である――を望む以上に理にかなったどういうことがあるというのか。ところでどうすればそれを防げるのだろう？

ヒュームは、「信賞必罰の着実な適用」をつうじて、立法府によって防ぐことができるという見解を提示する。この思想はその後の展開をみていない。もしそうなっていたら、ワイマール議会に貴重な指針を授けることになっていただろうに。政治的活動が激越で喧嘩腰で脅迫じみたものになると、かえって正統性が奪われてしまう。わたしにとってこれは愉快きわまる原則である。だがその原則をどうやって実施するか――それが未決の問題なのだ。ある運動が平和の敵と呼べるほどの挙におよんでいるかどうかに公平な判断を述べることができる中立的な権威など、どこにあるというのだろう。その運動の指導者たちは、帰依者たちを暴力行為に誘い込んだ廉で罪を問われるのだろうか？　そこまでならいい。しかし、かれらはいともたやすくこう論じ立てる。そのような暴力の真の責任は、正当な要求に頑に抵抗したり高貴な目的を阻害したりする〈権威〉の側にある、白熱の怒りの元をたどれば〈権威〉の抵抗そのものなのだ。要するに、かれらの目的にとって偶発的な暴力が、かれらに目的を達成させないための口実として引き合いに出されているのだ、と。

このようなうったえが多数者の琴線に触れたり、多くの良心を苛んだりすることはけっしてない。節操のある人びとなら、非難に傾く自分の気持ちがこの人間たちの目的への敵意に幾分か根をもつものではないかと自問する。感傷的な人びとは、この人間たちの真摯さを強調する。そしてかれらが自分の目標達成を真摯に欲しているのは十分に真実なのだ。この議論は、この人間たちがなにをしたか、あるいはかれらが原因で為されたことから、かれらを鼓吹した大義へとずれていく。だから、大義の殉死者としてかれらを非難することになるのをおそれ、かれらを悪人として非難できなくなる。

ここで記述された態度は、動機に非の打ちどころはないが、破滅的な帰結をもたらす。暴力は暴力を鎮圧する試みへの気後れを糧にして蔓延《はびこ》る。するとまもなく状況は、その暴力的運動（Aと呼ぼう）にとってきわめて好都合な具合に進展する。政治的スペクトルのもう一方の極では、ある集団（Zと呼ぼう）が見せしめの処罰を声高に要求している。こうして政治体全体に攻撃をしかけているAの人びとは、Z集団から自分たちに向けられた憎悪を指さし、自分たちが攻撃しているという事実を覆い隠すことができるようになる。そうすればかれらは節度ある人びとに、「ならばあなたがたはZ集団に与するのか？」と問うことができる。Z集団と同一視されたくないという欲望が、マヒのあらたな要因を持ち込むのだ。もしZ集団自体が暴力にうったえれば、別の段階に到達する。いまや混乱が支配する。〈権威〉は手当たり次第に撃ちまくるはめになり、意気込みは見苦しいほどだが、成功はおぼつかない。暴力は政治体にとって毒薬であり、いちど吸引してしまうと浸透して痙攣にいたる。それにはけっして手をつけてはならない。その突出を避けるすべは、われわれにはあまりよく知られていない。われわれにわかっているのは、暴力がかつて頻発したところでも完全に消滅することがあり、まったくその予感がなかったところでも出現することがあるということである。

お尋ねしたい。今日まで生きながらえた国家のうちで、政治的暴力のもっとも凄惨な記録があり、武力で勝ちとられた権威の実例がもっとも多く、弑逆された君主と大臣のリストがもっとも長いのはどこか。答えは「イングランド！」中世の全部から一七世紀に差し掛かるまでのイングランドの動乱の頻度と残忍さに比肩するものはない。この国の荒れ狂う政治が、まさしく世界中で賞賛される模範的な穏和さに転じたのは、英国人の天分の勝利である。政治のマナーの変化はかならずや向上の途をたどると思い込んでしまうと、この驚嘆すべき達成は適切な評価を受けられない。残念なことに、そうではないのだ。驚くべき対照はローマ史から得られる。そこでの政治闘争は、どんなに意気盛んであっても、幾世代にもわたり型にはまって執りおこなわれた――猛り狂う元老院議員たちがティベリウス・グラックス〔Tiberius Sempronius Gracchus（163BC-133BC）．共和政期ローマの政治家。貧窮自営農民を救済する「センプロニウス農地法」で知られる〕に襲いかかり、このあらたに再選された護民官の血が当のカピトル神殿に流れるゆえんとなった忌わしい日までは。マリウス〔Gaius Marius（157BC-86BC）．共和政期ローマの軍人・政治家。執政官として改革にあたった新生ローマ軍を率いてユグルタ戦争に勝利した〕の憤怒とスッラの無慈悲に彩られた戦慄の世紀はこうして幕を開けた。そのような残忍さに引き裂かれたローマは、オクタヴィウス〔Gaius Octavius Thurinus（63BC-14AD）．のちの初代ローマ皇帝アウグストゥス〕の手で平和をもとめることとなった。だが政治的犯罪は皇帝たちの宮廷そのものでくり返されるのであった。これは政治のマナーの変化が誤った方向にも生じることがある――悲しいかな、近代の数々の実例が裏づける――という古典的証明である。

ことばはその重みを経験から受けとるため、きわめて多様になりうる。「政府の打倒」ということばの耳当たりが柔らかいのは、敗北した大統領が勝者のいる連邦議会議事堂に駆けつけ、それから引退したのちも高い道徳的地位を享受し、ときおりの声明に敬意を込めた注視が払われる保証がある、といったイメージをそのことばが呼び起こす場合である。あるいは、敗北した総理大臣が国務大臣席からさほど離れていない野党席に「追いやられる」という場合、またフランスで起こる話なら、指導力が内閣全体から財務省や外務省にまで「急落する」という場合である。

この種のイメージばかりが記憶に棲みついてしまったひとには、敗北が追放や投獄、死刑執行、殺害を意味することもあるとは想像できない。結局は敗北した選挙の運動中に、かれは対抗候補者たちについて「かれらは国の脅威だ」と語っていたかもしれない。だがそのような発言にどんな確信の調子を込めていたにせよ、対抗候補者たちの勝利がかれを窮地に陥れるという含意はそこになかった。新政権はかれの賛成しかねる決定を下すかもしれないし、少々かれの気に障ったり、かれが支持ないし共有している利益を少々そこなったりすることをするかもしれない。それでも、かれが財産を没収されたり、生計を奪われたりすることはない。かれの自由、生命、尊厳は危険にさらされない。自分が獲物のように狩り立てられ、家畜のように駆り集められるかもしれないなど、かれには考えもおよばないことである。しかし、「むごたらしい命令」(*saeva jussa*)、「のべつ幕なしの弾劾」(*continuas accusationes*)、「清廉なひとの破滅」(*pernicium innocentium*)[13]を目の当たりにしたひとにとって、政治はまったく別の外見を有している。

このような対照的な経験が正反対の見解を育む。穏和な政治に生まれついたひとには、それが獰猛になるのを想像できない。それに歴史の実例はかれにとっておとぎ話である。しかし、かつて男たちが勝利によって志操を枉《ま》げ敗北によって意気阻喪するのをみたひと、前者の顔に迸る血と後者の顔に滴る血を目撃したひと、怒号のような哄笑と哀れをもよおす叫び声を耳にしたことのあるひとは、政治の穏和さはさほど安請け合いできない、その維持には創意工夫が必要だと感じている。それこそがまさに第一にして最高の政治のアートであると感じるのだ。

第三章　政治のマナー

ちょっとした空想にふけってみよう。ルリタニア国にはたまたま一台のコンピュータがあって、どんな問いにも——操作係の人選にかかわる問いも含め——最適解を間違いなく出してくれる。すべてのルリタニア人は、コンピュータの出す指示が全体の善にもっとも寄与するものであると事前に（*ex ante*）知っている。また実際、事後に（*ex post*）、すなわちそのつど指示が出されたときに労を厭わずチェックすると、それがもっとも賢明な決定であることが誰の眼にも明白になるのである。そのような魔法の機械があるとしたら、どうなるだろうか？　コンピュータから出てくる決定が全体にとって最善であるとどんなに確信していても、自分の自己中心的な合理性にそぐわないから、[1]あるいはもっと単純に、理性に屈したくないから[2]という理由で、ある指示を嫌い、それに背く独立独歩のルリタニア人、すなわちエゴはいるかもしれない。

右に述べた状況下では、たとえエゴがコンピュータの指示に叛旗を翻したところで、仲間や帰依者をつのるにはハンディキャップがあるだろう。かれが奮起させようとする人びとは、仮定により（*ex hypothesi*）、自分たちの行動やふるまいや要求が合理的に算定された全体の善と矛盾することに気づくだろう。それゆえそのような募集の対象は、ある特殊な利益を共有するか、あるいは少々盲目的な情念に燃え立つ人びとに限定せざるをえない。

さて、ふたつめの仮定を追加しよう（そしてここでわれわれは、科学の神話から哲学的人類学へと昇りつめていく）。ルリタニア人の本性はわれわれになじみのものとは異なっており、全体にとって善となるものについての考えがかれらの意志を揺るぎなく規定している、と想定する。さて問題は一挙解決である。全体にとって善となるものがいつも全員に向けて明らかにされていれば、それはつねに各人によって為されるであろう。(3)

この二段構えの空想は、実のところ以下の二点を強調するのに役立つ。(1)人間は「全体‐に‐とって‐の‐善」にかんする一定の知識に抗うすべもなくよろめくことはない(第二の想定は現実に対応していない)。また、(2)そもそのような一定の知識は人間の手に入らない(第一の想定は現実に対応していない)。ではどうなるのだろう? ルリタニア人1は「政治的義務にかんする三段論法命法」とでも称しうるつぎのようなものを唱道している。

大前提 (すべてあるいは一定数の)市民たちがHをおこなうのが「全体‐に‐とって‐の‐善」であることはたしかである。

小前提 すべての市民たちは「全体‐に‐とって‐の‐善」を為すべきである。

結論 それゆえ、(すべてあるいは一定数の)市民たちはHをおこなわねばならない。

さて、ルリタニア人2はこの場合の大前提が誤っていると強く感じており、それゆえルリタニア人1に反対の立場をとる。ルリタニア人3は大前提についてとくに個人的な意見があるわけではなく、説得されればそれを正しいとするかもしれない。だが結論が自分に適用されることはひどく嫌っている。かれはあえて小前提を否定はしないから、したがって、ルリタニア人2に倣って大前提を否定すれば結論を拒否する事由になるとわかって安堵する。

このように、政治のなかには共通善についての不一致と個人的欲求が混在していることがわかる。傍観者はその気質と経験にしたがって、前者を強調するか後者を強調するかのどちらかになりやすい。共通善を指示するいかなる大前提も所詮は自分本位の理由から欲している結論へと導く意図が込められていると断言する皮肉屋がいるが、これは擁護しかねる。共通善への実効的な関心がなければ、そのようなカムフラージュに効果はあるまい。この関心が共通善を指示する命題に威厳をもたせ、したがってそのようなカムフラージュへのうったえをやり甲斐のあることにするのである。

共通善はたしかに強力な観念であるが、その内容は確定されない。(4) その不確定さと、個人的な欲求と意志の多様さとがあいまって、数々の不一致が生じる。誰がこの地位を埋めるべきか？　この場合の決定はいかなるものであるべきか？　これは政治における日常茶飯のことがらであり、諸制度の構造そのものをめぐる意見の不一致があると、それがときおり火と燃えあがる。

政治は衝突である。たしかに政府活動の大半は衝突の現場から切り離されている。その活動をになうのは専門の代行者《エージェント》たちである。政府活動の「脱—政治化」の必要十分条件は、それを託された代行者たちが為されるべきことを確実に知っているということである。この知識は常備ルールによりあたえられ、したがって為されたことは司法的に評価することができる。適切なルールが適用されたかどうかを判定するのは「裁判官」の問題であり、代行者たちのパフォーマンスが合理的に期待される程度によかったかどうかを評価するのは「陪審員」の問題である。

ここでつけられた区別が現実的というより概念的なものであることはいうまでもあるまい？　いまのわたしの課題が近代国家の政治システムの記述であるとしたら（実際はそうでないが）、このシステムのまさに中核をなすとみなされる公務員団体からはじめるべきだろう。専門職による統治が、一連の特定指令の遂行をはるかに越えて、それどころか一連の新しい指令を創造する能力を備えるまでに成長するのは、目を見張るほどであるとともに不可避でもある。だがこれはわたしの主題ではない。

わたしの目的は、政治は「解決不可能な諸問題」に、すなわち、問題を解消するひとつの解決策が発見され、否応のない確信をもたらしてくれるような有効なコンピュータ的手続き（つまりアルゴリズム）(5) が活用できない状況にかかわることの強調にある。

「解決」（solution）とは、定められたすべての要求を完全に満たすひとつの回答のことである。そのような解決が誰かによって発見されたら、ほかの誰もがそれを承認する。だが要求の全部を満たすことができない場合は、「決着」(settlement) しかありえない。それだと、当事者によっては要求が満たされず、それゆえ納得しないまま、法的には拘束されても心理的には不満が残ってしまう者が出てくる。これは政治においてよく見かけることであり、絶え間ない衝突という性格を政治にあたえている。(6) だがいかなる種類の衝突なのか? これが重要な問いである。

政治はしばしばゲームと称せられる。これは、衝突が不可侵のルールに則っておこなわれていることをほのめかしている。この隠喩につきしたがってみよう。最良のゲームはアマチュア運動競技家たちの試合で、終了と同時に勝者と敗者がたがいに称えあい、晴れやかに談笑しながら更衣室までの道を歩む。なかには(わたしもそのひとりだが)マネーゲームを非常に嫌うひともいる。これが多数派の態度ではない一方、男がトランプ・テーブルで自分の家族の食いぶちを賭けるのは嘆かわしいことだと思わないひとはまずいない。

さて、自分の子どもの自由を賭けるほど愚かで罪深いプレイヤーを想像しよう。かれが負ければ子どもは奴隷になってしまう。この狂った男が勝つためにいかさまをし、負けそうになるとテーブルをひっくり返すのをみたら、われわれは驚くだろうか? このようなルール無視は尋常ならざる賭金の当然の帰結であるに相違ないのだ。それゆえわれわれは、政治のゲームをルールの埒内で維持するには、賭金が節度ある額に抑えられねばならないと結論する。

だがここには難問がある。ゲームの場合ならプレイするもしないも自由であるし、プレイするにしても賭金を制限することができる。政治の場合はそうはいかない。カードゲーム室で数人が興じているゲームには、かれらを破滅させるか、さもなければ第三者を悲惨な目に遭わせる可能性がある。そこに新参者が入ってきて賭金をつり上げる。まえからいるプレイヤーたちは高い賭金を拒否できないし、テーブルを離れれば闖入者の不戦勝となる。これが政治だ。たしかにワイマール共和国の「既成《オールド》」諸政党は、ヒトラーとのさいころゲームにおいて、市民的自由とドイツ系ユダヤ人の生命を賭けることに同意したわけではけっしてなかった。しかし実にそれこそまさしくかれらが失ったものであった。この例が示すように、闖入者には賭金を指定する必要すらない。「あなたはわたしと勝負しなければならない」、とかれはいう。「そしてもしあなたが負けたら、わたしが決める頃合いにあなたは自分が失ったものに気づくのだ」。

議会政治を装った政治のゲームが名声を博したのは、一九世紀イングランドのマナーのおかげである。そのゲームではプレイヤーたちも第三者も不利な形勢にはならなかった。その命運はともかく、イングランドの統治にほとんど変更はなかったし、つねに改善の方向にあった。市民たちには警戒する理由がなかった。どんなカテゴリーに属するひとにも、政府に怖れるべきものはなかった。それに自分の境遇にどんな急激な変化があっても、かれらは政府に頼りはしなかった。公衆は政治にさほど関心がなかったのだ。レナード・ウルフ〔Leonard Woolf (1880-1969). 英国の文筆家。作家ヴァージニア・ウルフの夫〕は、一九世紀の九〇年代以前のこの感情のありようをつぎのように記述している。

わたしの父の世代には、職業的あるいは永続的に政治で頭がいっぱいというひとはほとんどいなかった……。わたしが幼少の時分は、グラッドストンのアイルランド自治法の時期を除くと、政治がひとの口にのぼることなど滅多に、いや全然といっていいほどなかった。当時、政治とは議会で起こっていることであった。ある特別な階層の人士たちによってなされているなにかであった。ふつうのひとの生活に入り込んでくることは滅多になく、原則として所得税〔一ポンドにつき六ペンス〕を払うときか総選挙の時期くらいであった。

幼少期を過ごした〔一九世紀の〕八〇年代と青年期を過ごした九〇年代をわたしと同じように回想できるひとなら、のちのすべての世代の生活における政治の近しさ、切迫さ、打ちのめすような衝撃と比較して、自分の父親世代にとっての政治の縁遠さを思い出すだろう(7)。

プレイヤー自身についていえば、ウェストミンスターという賭博室への入室を許可されるだけでも名誉で愉快なことであるが、入室者には端正なふるまいが課せられる。これを機縁に栄達と名誉をきわめ、ひとのお役に立ち、ひとかどの人間になったと思ったのだ。敗北も悲劇にはならなかった。高位を失っても取り戻せないわけではなかったし、プレイヤーはたとえ退場しても入室時より懐具合が悪くなっているとはかぎらず、ふつうは悪くならなければそれで十分であった。トロロープ〔Anthony Trollope（1815-82）．政界小説を多数著した英国の作家〕は実に泰然とした参加者の姿を描いている。

長い人生をとおして、かれは公務に就いているか、そうでないときは、返り咲きは近いと人びとが断言するような地位にあった。機が熟せば快く受けとり、手離すときにも悔いがないのがつねであった。ホイスト〔トランプゲームの一種〕のテーブルに割り込んだり離れたりしては、ゲームも休憩も楽しんでいる。そんな男のように、セント・バンギー公爵はいずれの立場にあっても愉快に過ごしていた。かれは愛国者であったが、愛国主義もかれの腹ごなしの妨げにはならなかった。かれは野心にあふれていた――だがほどほどの野心家であったから、かれの野心は満たされていた。かれやかれの党が法案採決で敗れたからといって、自分は不幸だなどという考えはついぞ頭に浮かばなかった。首相の地位にあったときも、かれは職務をまっとうしつつロンドン生活を満喫することができた。野党になったときには、五月までイタリアに逗留したり、持て余す時間を庭木と畜牛に注いだりできた。かれはつねに尊敬を受け、つねに満ち足りており、いつも変わらぬセント・バンギー公爵であった(8)。

トロロープが右のように描写したのは、主人公のオムニウム公爵と対比するためであった。後者についてはつぎのように語られている。

しかし、われらが公爵の場合はきわめて異なっていた。かれの愛国主義は熱狂であり、公共の仕事は要求の多い女主人のようであった。それがすべてであったが、そのかぎりでやはりかれは幸福であった。自分を過信していなかったから、大いなる権力を渇望することはけっしてなかった。しかしいまや、このいまになって、野心がかれをしっかりと捉えた。その感情は、かれのような男たちにあってはおそらく尋常ならざるものではない。すなわち、一身上の不名誉は政治的失脚に結びつくというのである。もしかれが大いなる任期中のふるまいで再任にふさわしくないことが露見するようなまねをしていたら、かれの将来の生活はどうなってしまうだろう？(9)

われらが著者の描きたかったのは対比であったから、オムニウム内閣の崩壊を描く「たったひとりのオムニウム公爵」(「いつも変わらぬセント・バンギー公爵」と同じ調子)と題した章がいっそう際立つのだ。そこにはグレンコラ夫人と挫折した首相のつぎの会話が収められている。

グレンコラ夫人　ウルジー卿の気持ちがわかるのではないかしら、プランタジネット？

公爵　わかるものか、おまえ。わたしひとりのものは誰にも奪えんのさ。(10)

いかにもそのとおり！　転落したウルジー〔Thomas Wolsey (1475-1530)．イングランドの枢機卿。ヘンリー八世の腹心として内政・外交で活躍したが、王の離婚問題により失脚した〕の嘗めた辛酸を引いて教訓を示すトロロープは、なんと的確であることか！　オムニウム公爵は首相職を手に入れ、失った。だがかれは退場しながら、自分にはまだ自由、財産、身分があると確信している。そして政治の浮き沈みから私物（*res privatae*）[11]が守られていることは、この世界のすべての住人が味わっている。この政府が降臨して苦しんだ者はいなかったように、政府が倒れたところで気に病む者などいないのだ。

今日の人間は階級闘争という考えが浸透しているので、政治がほどよく穏健なものとなりえたのは、莫大な既得権益がごくかぎられた一階級の手に握られていた時代であればこそだと安直にいいたくなる。この幸福な少数者には争うべきことがあまりなかったのだ。搾取されていた人びとが覚醒し、かれらの切迫した要求が特権保有者の心に恐怖を呼びさますようになれば、口調が変わってしまうのもしかたがあるまい。そうなると、またそれゆえに政治は賭金をつり上げ、暴力的なしろものになるだろう、と。

いまとなっては陳腐なこの見方にもたしかに一理あるが、常日頃考えられているほどの理ではない。階級の要求のめざめにつづいて政治が凶暴化する事例は、いくらでも引証できる。だがそのような階級衝突の連想がなくても政治的暴力が発生する事例は、それ以上にたくさん引き合いに出せるのだ！

ローマ共和政の最後の世紀を彩った暴力の風潮は、社会的闘争がその責めを負うべきものとして指弾されうる。しかし、その後につづいたほぼ一五世紀にもわたるローマ帝国[12]で横行した政治的犯罪は、どれほど想像力を逞しくしても階級闘争のあらわれと解釈することはできない。ドイツの宗教改革における社会的反抗の要素を強調する勇敢で興味深い努力がなされてきた[13]。この努力の成果の純益は、当該要因の介入が時間的にも空間的にもいかに限定されていたかが明らかになったことにある。もちろん政治的暴力は、その噴出のたびに、ある人びとに他の人びとの所有物を横領する機会をあたえる。しかし、少数者による略奪が多数者による要求の一パターンとして表現できるということはまずない。われわれが暴力的な政治の到来を目撃した国は、宗教戦争以来この政治を知らなかった国なのだ。暴力的な政治が呼び起こされたのは、資本家に対抗する労働者を助けるためでも、その逆の労働者に対抗する資本家を助けるためでもなかった。[14]

対照的に（*A contrario*）、産業資本主義とプロレタリアートが最初に伸長した地、そしてプロレタリアートにとってのピリッピの平原〔オクタヴィアヌスとマーク・アントニーがブルータスたちを滅ぼしたマケドニアの古戦場〕とマルクスがみなした地は、今日にいたるまで政治的暴力とは無縁であった。ロイド・ジョージ〔David Lloyd George (1863-1945). 英国自由党の政治家。画期的な予算案で社会保障制度の基礎を築いた〕は累進課税を導入したからといってウェストミンスターで撲殺されはしなかった。怒れる貴族の一団が上院から殺到し、従者たちとともに暴徒と化しこの新しいグラックスに鬱憤を晴らすことはなかった。斬首された諸公の死体が不名誉にもイーストエンド〔ロンドン東部にある商工業地区。いわゆる下層民街〕中を引きずりまわされることもなかった。残忍さと憤怒の犠牲を払わずになんという変革が達成されたことだろう！[15] 政治がその古代型のマナーを保持してきたのは、間違いなくそのような円滑な進展の結果ではなく原因である。一八世紀の礼節《シヴィリティ》の香気がウェストミンスターには染みついているのだ。

マナーを甘く考えるのは簡単である。そのような気質のひとは、ネッケル〔第I部第三章の注（20）を参照〕が一七九二年の問題について述べたことを読むがいい。[16] そこにいるのは、支えを失って足を掬われたのを嘆く軽佻浮薄な伊達男などではない。この「好漢」（Le bonhomme）はあくまで鈍重かつ高潔なまでに生真面目で、繊細きわまる些事への共感など微塵もない。しかしこの本質的に善良な男は、フランス革命のなりゆきの初期段階でくりひろげられた残虐非道に、たとえそれが革命の建設的な改革の成果とは無関係であっても深甚な衝撃を受けた。非の打ちどころのない証人[17]であるネッケルが記述するのは、礼節の放逐である。[18] かれは、しきたりは感情がおもてにあらわれたものだから、慇懃なしきたりはいついかなるときも慇懃な感情を心に呼びさますと強調する。[19] 翻ってかれは、野卑なことばづかいのひけらかし、ぶしつけな馴れ馴れしさ、はなはだしい非礼がみな同じタイプの行為をのさばらせると指摘する。仲間の感情を思いやることばなどかけないのを自慢する者は、あっという間にもっとあからさまな侮辱を負わせても意に介さないようになるだろう。

たしかにフランス革命における礼節の破壊は、バークの反応がなぜあれほど暴力的なのかの真の説明になる。[20] 礼節の破壊はヨーロッパをたじろがせる驚愕事となった。万人が政治的変革を期待していた。新しい顔つきや新しい声色など誰も期待してはいなかった。実際にも、来たる憲法制定国民議会の構成員たちはそんな雰囲気ではなかった。かれらはみな古典教養に根ざした学識者で、その演説の様式はキケロの時代に培われたものだった。かれらは自分たちがローマ元老院議員の厳粛さ（*gravitas*）を体現していると思っていた。古代人の書物を読んだり、悲劇を上演したり、国王のまえに立ちはだかった礼服姿の行政官たちに幼くしてあこがれたりすることで、かれらの心はそれを模範とするよう導かれたのであった。加えてかれらが耽読したアベ＝プレヴォ〔Antoine François Prévost d'Exiles（1697-1763）．『マノン・レスコー』で知られるフランスの小説家〕、ルソー、マルモンテル〔Jean-François Marmontel（1723-99）．フランスの歴史家・著述家、『百科全書』の執筆者のひとり〕その他の軽い読み物は、みな感受性をこれみよがしにし、読めばたちまちにして落涙を誘った。[21]

一方には威厳へのかくも早くからの傾倒があり、他方にはもっと軟弱な感情への傾倒があったのだとすると、実に不可思議なのは、わけてもかれらの要求した改革が中身のない反対にしか出くわさなかったのに、できごとが残忍さの一途を辿ったことである。逸話が告げるところによると、あるとき暴徒がヴェルサイユに向けて行進し、力による圧迫だけで王室一家を連れ去った。このとき、槍を手にした守衛隊士たちの頭が王妃の馬車の窓に向かってずっとぺこぺこしていた。この愚挙はしきたりにかなっており感受性にも沿っていたので、議員たちもあえて非難しなかった。そしてそのような光景と国民議会によるその黙過がバークを心底動揺させたことは、かれの著述に明らかである。

最初の国民議会が規律を守れなかったことは、[22] フランスにおけるその後の議会政治の歴史に重くのしかかった。全法律の刷新にあたって万全であろうとしていた当の瞬間に、無法なふるまいへの備えが欠けていた。[23] 風紀を乱すふるまいをあえて非難せず、[24] 大胆で独りよがりな議員団に指図されるがままになり、その後はずっとかれらが熱弁をふるうようになっていった。かくして革命の進行とともに公職者たちのマナーが漸次粗悪化に向かう扉が開かれたのである。[25]

フランス革命が世界史において演じた役割はけっしてささやかなものではない。その原理や法則の多くによっていかなる恩恵が授けられたにせよ、それはまた別の遺産も遺した。暴力を聖化したのだ。バンジャマン・コンスタン〔Benjamin Constant（1767-1830）．フランスの政治家・小説家。反ナポレオンの政治活動をおこなった〕とラファイエット〔Marquis de La Fayette（1757-1834）．フランスの軍人・政治家。フランス革命時の国民衛兵軍総司令官で、人権宣言起草にも関与した〕の世代は、群衆の怒号や殺された友を悼む声の無数のこだまを記憶しており、革命の肯定的な偉業と暴力とを分けて考えることに腐心していた。[26] だがこうした態度はすぐに上品ぶったものとみなされ、「響きと怒り」は物語から切り離せないばかりかそれに不可欠なもの、それどころか物語を崇高にするのに必要なものとみなされるようになった。革命的な人物たちの行動は、かれらの仁慈の心や善意のためですらなく、かれらが極端だからこそ称賛されるようになったのである。

政治的メシア主義の歴史を書いたものはこれまでにも十分な量があるが、[27] それと並行する政治的暴力の神聖化についての歴史書はない。熟慮のすえわたしは、過度の希望がそれだけで人びとを残忍なふるまいへと動かすということは否定したい。希望にはなにか燦然たる輝きがあるが、それに加害を促す傾向があるわけではないのだ。いちばん簡単に人びとを破壊的なふるまいへとつき動かすのは、恐怖という不愉快な感情である。[28] これは有象無象の帰依者たちにたいしては有効だが、暴力の主導者たちはそれが間違いであるという当然の感覚を克服しなければならない。[29] わたしが「克服する」という動詞を用いたのは意図があってのことである。というのも、この動詞は暴力を

「選びとる」人間の主観的態度を十分に表現しているからだ。かれは自分が仲間たちの先入見から「超然としている」と感じており、かれらの下卑た意見をものともせず、そしてこれがもっとも困難かつ真に罪深い芸当なのだが、自分が良心ゆえに「臆病風に吹かれる」ことが許せない。この邪悪な態度こそどんな誤った思いつきよりもはるかに有害であり、それを促すのは知的誤謬ではなく美的な示唆である。滑稽な「スパルタ風ブルータス」の甲冑を身にまとってふらつきながら、革命の指導者たちには自分の残虐性が英雄の徳とみえたのだ。そしてかれらの極悪非道な所業が、こんどは他人があらたな疑似英雄的な仮面一式をかぶるお膳立てになった。

あらたな「極端な行為の崇高さ」は、スタンダールによりジュリアン・ソレルの細密肖像画やメダイヨンに描かれて不滅となった。この主人公を特徴づけるのは、矢継ぎ早に些細な事件が起こって、ジュリアンが悪魔に憑かれたように怯懦と品位とを一緒くたにして克服し、大胆なことをやってのけるという点である。ファゲ〔Emile Faguet（1847-1916）. フランスの文芸批評家〕の鋭い評言によれば、この偉大な小説の末尾近くで、主人公はわが身を焦がし、侮辱し、手に入れた令嬢と結婚することにより、財産と肩書と地位への欲望をすべて満足させるに足る力を得る。レナール夫人はジュリアンを非難するが、それはかれを当惑させこそすれ、そのもくろみを現実に変えはしないとファゲが強調するのはまったく理にかなっている。それだからこそ、ジュリアンが逃亡し、文字どおり正気を失ってかつての愛人の殺害におよぶのはまったく信じがたい、と批評家はいう[30]。だがもし終局でそのような極端な行動がなければ、この小説に散見される小さい向こう見ずな行動のいっさいは、実りある大団円をもたらす媒介物の地位にまで落ち込んでしまうだろう。そうなると、物語が伝えるのは非倫理的な教訓だけになるだろう。いまあるようなものではなく、罪が罪のためにする弁明になるだろう[31]。罪は報いを受ける、これが『赤と黒』の教訓なのだ。ひとは罪において真に自己から超然としてしまう。この思想は巧拙の差はあれ、スタンダール以降の多くの作家たちによりくり返されている[32]。

いまが暴力への態度の歴史をたとえ大まかであれ概略する機会でないことは明らかである。とはいえ、少なくとも二〇世紀初頭の先駆けであるジョルジュ・ソレルに言及しなければ愚の骨頂であろう。[33]そこでの暴力礼賛は徹頭徹尾ピューリタン的である。暴力は望ましい目的のための手段ではなく、壮大で芝居じみた達成でもない。堕落した者たちからの断絶を維持・伸長するために選ばれし者たち[34]がする禁欲的な修行である。つぎの文章より啓発的な文章は、全篇を探してもおそらくないだろう。「ローマ帝国を征服したゲルマン民族に起こった事態が、現代のプロレタリアートに起こってはならないのだ。ゲルマン人たちはその野蛮を恥じて、退廃期ローマの修辞学教師の学校に入ったが、文明化を望んだことを誇るべきではなかった！」[35]このような言い回しには「エズラ記」のかすかな残響がある。「これから入って所有する地は、その地の住民の汚れによって汚された地である。そこは、その端から端までかれらの忌まわしいおこないによって汚れに満たされている」[36]。ソレルはまた「かれらの平和をもとめるなかれ」とも命じて、平和の売人たちに侮蔑を注ぐ。かれが非難するように、かれらは労働者階級とブルジョアジーの仲を取り持ち、あるときは恐怖により、またあるときは善意により、あれこれの利益を得るのだ。合理主義者の眼に十分奇妙なことと映るのは、ソレルが実際は戦利品に興味がないことである。かれに取り憑いて離れないのは、戦いにおいてその徳——勇気、節制、連帯——をあらわす聖なる軍隊のイメージなのである。かれはこの戦いが敵対者のうちにもなんらかの徳を甦らせることをすら望む。このすべてが一八世紀の人間には現実離れしてみえたであろう。だが二〇世紀には「闘士たち」の群れがあり、他人からどうみられようとおかまいなしに、程度の差はあれ自分たちをこの光のもとにみたのである。

暴力の心理学的な地位が向上したことを理解しないかぎり、二〇世紀を深く理解することはできないとわたしは信じる。[37]産業社会のエートスは不可避的に軍事社会のエートスを過去のものにする、というサン＝シモン主義者の考え[38]の基底にはふたつの命題があって、ひとつは要請であり、もうひとつは歴史的予測である。要請とは、暴力は物質的財の獲得にとっての一手段以外のものであってはならないということである。歴史的予測とは、そのような手段はその目的と相関してますます非合理的になるということである。この歴史的予測には十分な根拠があるようにみえる。富が増加していく任意の社会内部では、略奪よりも組織の改良のほうが、時間をかければ大規模集団に多くのものをもたらす(39)。この発見から論理的に導かれる結論は、全体の最適組織化こそが、長い目でみれば（さほど長期間ではない）、公衆のどの大規模セクションの物質的利益をも増大させる最善の方法であるということである。もしそうだとすると、合理的な政治家なら、たとえ公衆の一セクション（十分に大規模なセクションだと仮定しよう）の利益とだけ結託していても、論理的には、全体のための最適の組織化および政策以外のことは追求できない(40)。そこから帰結するのは、公共のことがらをめぐる衝突の許容範囲は、最適の組織化および政策をめぐる意見の不一致に限定されるということである。

そのような条件下の政治は、論理的にいって平和志向でなければならない。わたしの敵対者はわたしと同じものを欲している。最適管理は論争の発生機会をいっさい除去するというほど決定的ではないが、議論の妨げになるほど未決定的でもない。目的について完全な合意があるところには(41)、それを追求する人びとのあいだに通低するなんらかの共感が、かれらの不一致を緩和する共生感覚《コンヴィヴィアリティ》がかならずある。そして、各人が最善の方法と思うものに向けておたがいを翻意させようとする相互努力はかならずや会話の形態をとり、それが実を結ばないことなどまずありえない。ある争点が決着をみる手続きは、なんらかのアルゴリズムがいつしかありふれたものになり、多様な心を去来する同じ問いにひとつの確実な答えを出してくれる、という確信ならぬ希望によって大いに熟成する(42)。

今日あるひとが、公共のことがらの大半はいまやそうした状況下にあると楽観的に強調するのは全体として正しいといえる(43)。そしてすこぶる奇妙なのは、マディソンがプラトンとアリストテレスにならってコモンウェルスにとってもっとも危険であると考えた分裂も、同じあつかいかたで処置できるようにみえることなのだ。

この部分の冒頭で述べた要請になんら疑問を抱かなければ、実際われわれは心の底から楽観主義者だといってよかろう。その要請とは、暴力は世俗的な財を獲得するための一手段にほかならないというものだった。これは本来ブルジョア的な要請だが、不幸にしてまったく根拠がない。人間たちが物質的所有をめぐって闘争する実例なら無数に挙げられる。だがこれらの例は逆の証明に、すなわち人間たちは物質的所有以外の理由では闘争しないという証明にはならない。実際、物質的所有が（しばしば副産物ではあっても）動機とならずに暴力にうったえた例は無数に挙げられるのである。

物質的利得を達成するもっと効果的な方法があることが明らかになれば闘争はなくすことができると信じるのは空しい[44]。平和志向のエートスは、暴力が割に合うところであっても暴力へのうったえを締め出してしまった[45]。逆のエートスは、暴力が割に合うことが見込めないところに暴力を持ち込むおそれがある。規模の小さい少数派だけが「好戦的」なエートス（これが実際に意味するのは戦争のエートスである）をもつことは、観察により裏づけられるように思われる。だがそれでもう十分なのだ。あとは大多数者向けに恐怖という動機（きわめてありふれたもの）が介入できるからである。剣先を突きつけあうクロディウスとミロは、ふたりだけでいるのではない。クロディウスは多数者にミロの矛先がかれらに向けられていると説得できるし、同じ論拠で多数者を自分の周囲に結集させることもできるからだ。

この単純なイメージは、暴力の拡散を説明しつつ、ふたつの単純な矯正策を示唆している。世間一般が無関心ななかでクロディウスとミロをふたりだけで徹底的に闘わせる。あるいはかれらから武器を取り上げる。どちらの矯正策も実行は容易ではない。どちらが勝っても影響はないと人びとを説得できれば、世間一般の無関心が手に入るだろう。一八世紀の国際事情はあと一歩でこの結果になるところまでいった。当時は、ある地域をどの国王が手に入れようが、その地方の公共団体や民衆の境遇にはまったく重要でなかった。こうして戦争を根絶できるという期待が生まれた。この推論はつぎのようなものであった。(a)民衆には現下の戦争に賭けるべきものがない。(b)これらは国王同士の戦争でしかない。(c)それゆえ国王を廃してしまえば戦争もなくなるだろう[46]。この見解を支持して、戦争はすでに飼い馴らされていることが強調され、それが戦争の完全なる根絶のためにできることなどほとんど残っていない明白な徴候と受けとめられたのであった。

われわれの戦争が野蛮で無知な民衆同士の戦争よりも穏和であることは周知のことがらである。軍団は礼儀を守って射撃しあう。英雄たちは戦いに先立って挨拶をかわす。敵対する兵士たちは戦闘のまえにたがいの陣地を訪問する。あたかも人びとがカードゲームをはじめるまえに夕餉をともにするように。戦場に縛りつけられるのはもはや国民でもなければ国王たちですらなく、軍隊でありそれに従事する傭兵たちだけである。これは賭金に上限のあるゲームなのだ。ようやくにして、かつて狂乱発作であった戦争は無意味なものになりさがった（LVIII）。

われわれ、ただの人民であるわれわれは……倦むことなく国王たちに、戦争とは国王たちにとって意味があると告げる［LIX］。……諸国民間の愚かしい憎悪は、国王たちがかれらをたがいにけしかけあうのをやめれば消えてなくなるだろう［LX］。……われわれは理性の進歩を厳密に予測できる［LXI］。もしフランスの剛健な体がその革命を消化できるならば、かくも巨大なくせにほとんどなにも達成しない軍隊などもはや二度と目にすることはないだろう。フランスの範は模倣されるだろう。そしてこの角度からみてもほかのどの角度からみても、フランスの革命は無駄に人間の血が流れるのを防ぐことだろう［LXII］(47)。

このすべてがきわめて説得的に述べられていた。残念ながら、この小冊子が世にあらわれて数ヵ月と経たずにフランス革命は戦争へと発展し、小休止をあいだにはさんで二三年間ものあいだ荒れ狂った(48)。

わたしの引用する議論から学ぶべきことはたくさんある。その事実の正確なことは否定の余地がない。まさしく戦争は飼い馴らされるようになり(49)、まさしく戦争は国王たちの戦争でしかなかった。しかしこれらの事実から引き出される予言がまったくの眉唾物であったことは、もろもろの事件が証明するとおりであった。それが証明するのは、事実がいかに正確に述べられようとも、理解されてはいなかったということである。適宜な説明は正確な予測を導き、みるからに不正確な予測は説明が不十分であったことを暴露する。[50] 民衆には戦争に賭けるものなどなにもなかった。なぜなら一八世紀の国王統治はみな似たりよったりで、どの国王のもとで生きても大差なく、[51] そのうえどの国王も既存諸制度の大いなる崇拝者であったからである。だが後者の点は絶対君主の原型たるルイ一四世についてすらあてはまるのだ。

好戦的で、強圧的で、居丈高で、狭量な君主。それは疑いの余地がない。それだけにいっそう驚くべきは、ある地域をフランス王国に併合してもその住民にとってはなんの変化も意味せず、以後は別の主権者の名のもとに同じやりかたで統治されたことである。あらたにドゥエー〔フランス北部の都市。古来その領有権が隣国と争われ、ルイ一四世の時代にフランス領となった〕に着任した代官からコルベール〔Jean-Baptiste Colbert (1619-83). ルイ一四世の財務総監を長年務め、重商主義政策により財政改革を断行した〕に宛てた手紙で強調されているのはそれであった。「既存のならわしには、たとえ危険なものにせよ、まったく手を加えないのがあなたの意図するところだと承知しておりますので……」[52]。さて、これとは好対照に、チェコ人たちにとって一九三九年にドイツの「保護領」下に入ったことは、たしかに重大な変化であった。フランスから民族解放戦線《FLN》へのアルジェリア統治権移譲は、ヨーロッパ移住アルジェリア人たちから生活になんの変化ももたらさない問題だとはみなされなかった。西ベルリンの居住者は、西ベルリンがドイツ民主共和国（東ドイツ）に併合される可能性がみえてくるたびに、激しい感情を露わにしてきた。

一八世紀における主権の変更は、臣民よりもはるかに、入れ替わるふたりの主権者たちにとって関心のあることがらであった。なぜなら、どんな主権者も主権的統治の諸権利を行使するやりかたはほぼ同じ（実際きわめて限定的なものと考えられている）であったからである。強調点が国民主権におかれると、すなわち、国民の政府がそれぞれ自分の領域に編入される人びとの諸権利を意のままに決定する場合には、このすべてが一変する。そうなると、ある領域から別の領域への移住は、まったく別のルールに服すること、またまったく異なるマナーに拘束されることを意味するからである。[53]

「国際社会」が盛んに話題にのぼる時代に、たまたまある特定の行政区に編入されていることがかつてなく危険な賭けになってしまうとは、皮肉なことである。

ほかにどんな動機が邪魔しても、万が一「相手方」の軍隊が勝った場合の自分の命運を案じるだけで、一八世紀にはする理由などなかった戦争へとわれわれを奮い立たせるには十分である。同様にして、もし好戦的な一団がわれわれの祖国で権力を掌握する勢いならば、その支配下でどんな苦しみを味わうことになるかという恐怖だけで、かれらに対抗して組織された別の一団にわれわれは応じてしまう。われわれはかれらが「孤立無援《アローン》」で戦い抜くのを黙過してはいられない。勝者はわれわれをそっと《アローン》しておいてはくれないだろうと感づいているからである。それゆえ、クロディウスとミロをめいめいの帰依者たちもろともしっかりとした柵のなかに閉じ込めても、うまくはいかないだろう。

この荒くれ者たちにわたしが最初に言及したとき、かれらだけで徹底的に闘わせておくか（それではだめなことはもうわかっている）、かれらの武器を取り上げるかのどちらかだと示唆しておいた。武装解除にしてみよう。後者の可能性に眼を向けるのだ。「誰がかれらの武器を取り上げるべきか？」という問いが生じる。もっと強力な武器を手にした別の男だろうか？ これはホッブズ的な矯正策である。力が強く、どんな党派もまったく容赦しないひとりの支配者が存在するとしたら。これは好ましい解決策ではない。おのずと出てくるもうひとつの矯正策は、傍観者の輪がぐるりと囲み、クロディウスないしミロの一味よりもはるかに多勢でかれらを圧倒してしまうことである。しかし、たまたまある者はクロディウスの武装解除に熱心になり、ある者はミロの武装解除に熱心になるうちに、われわれは全面的な争乱に舞い戻ってしまう。

それゆえ、怒れる好戦的な政治に火が点いたら、時と場所を問わず急ぎ消火すべきだ、ということになりそうである。しかしこれは暴力によってのし上がってきた当人たちのみのよくなしうることであり、正しくも暴力を忌み嫌うがゆえにそれを軽視する人びとのよくなしうることではない。つまりかれらはプリアモス（トロイア最後の王。

トロイア戦争で息子ヘクトールをアキレスに殺され、自身はアキレスの息子ピュルスに殺された）の運命にさらされるのである。「……このような最期が王には定められていた（*hic exitus illum Sorte tulit*）……」（ウェルギリウス『アエネーイス』第二歌五五四—五五、岡道男・高橋宏幸訳（京都大学学術出版会、二〇〇一年）、八三頁）。

補論　解決の神話

われわれはふつうに「これは政治的な問題だ」といい、さらにその「解決」をもとめたり、「解決」が見つからないとこぼしたりする。この言い草は十分に確立されているので変えられず、口にするまいとしても実際できない。とはいえそれがきわめて誤解を招きやすいことは承知しておくべきである。

「問題」という語には、勉強熱心だったわれわれの幼年時代に先生から問題を課されていたころの思い出が詰まっている。問題の条件を理解しようと注意を集中させ、背中を丸めて机にかぶさるようにして正答の発見につとめたものだ。何度もむだなあがきをして、それでも見つけられずにいると、仲間の幾人かは解答を見つけているころだと感じた。ときおり問題が解けて歓喜しても、あとでそれが誤答であるとわかるのだ。なんの解答も見つけられなくても、あやふやな解答を提出しても、のちに先生が黒板に問題の解法を説明して正答を書きつけると、それこそまさしくわれわれが発見すべきものであったことについて一点の疑いの雲も心から消え失せた。われわれが別の解答を出したとしても、その弁護をしようなどとは夢にも思わなくなってしまうのだ。先生が清書した解答にかくもたちどころに平伏してしまうのは、先生の人格的権威に屈服したからでは毛頭なかった。その解答が、そしてその解答だけが問題の条件を満たすことをわれわれがいまや悟ったがゆえの帰結なのである。そして自分がそれを見逃すか誤解してしまったことに一抹の無念を、自分自身の馬鹿さかげんに少々の困惑をおぼえることもあったが、他方でものごとを明晰にみる悦びも経験したのであった。

そのときはこの答えがわれわれを辛抱づよく待っていた。残念ながらわれわれはそこにいたる道を発見できなかったり、われわれを惑わせる別の道を選んだりした。自分自身の努力でこの答えを手に入れられたら、気分がよかったであろうに。とはいえ、それに降伏すれば理にかなうことになるのであるから、やはり悦びがある。それに以後この答えは、われわれが自力で到達していた場合に劣らずわれわれ自身の答えには違いないのである。われわれは疑う者あらば進んでこの答えをわがもののように支持する。かれがこの答えの正しさを納得し、その確信を身につけたことでわれわれに感謝することに疑いの余地はない。「解決」にたいする人間の心理学的態度とはそのようなものである。

では政治的「問題」に「解決」があたえられたという場合にも、この態度に類したものは観察できるであろうか。この解決に反対した人びとがそれを唱道した人びとのもとに馳せ参じて、この解決の正しさがかつてわからなかったおのが身を少々恥じながらも、いまやそれがわかって嬉しがる、ということが観察されるだろうか。いちどはその解決の反対者であったのにその支持者になる、ということが観察されるだろうか。政治においてこれに類したことがいっさい生じないのはたしかである。

生じるべきなのか？　この態度の差異は、事実われわれが、教室では身を乗り出してあたえられた真理を見つめる理性的な存在なのに、公共広場《フォルム》では偏見と情念が心に渦巻く情動的な存在だからということなのだろうか。この考えは一八世紀のフィロゾーフたち〔フランス革命に影響をあたえた啓蒙思想家〕によって広く抱懐されていた。かれらには政治的問題を幾何学上の問題に喩える傾向があった。(1) 誰にも解決が見つからない難問の場合には、幾何学者たちのあいだで大論争が起こるものだ。だがその解決がひとりの幾何学者によって発見され、それが理にかなっていることを示してしまうと、他のすべての幾何学者たちは反論するのをやめ、共同財と化したものを全員で享有する。

ならばなぜ政治的問題の場合にもそうであってはならないのか。かれらはさらに踏み込んでそう主張した。疑いもなく、そこにも難問は存在し、それをめぐって対立する見解にはそれぞれ支持者がおり、また実際それらの見解の衝突が解答の発見へと導くこともある。だが解決が発見されたとたんに、それを否定できるのは先入見のある者、愚者、わがまま、強情者だけになる。この解決が理にかなっていることをかれらは理解するべきだ。理解できないとしたら、理性の光をみることができないから（この病気を治せるのは教育である）か、あるいはみようとしないからで、それはかれらが手に負えず、つむじ曲がりで、自己中心的で、腹黒いからである、と。

政治的問題も教室でわれわれに課される問題や幾何学者の頭を悩ませる問題と同じ種類のものだという仮定は、どんな問題にも正答があるという含意をもつかぎりで楽観的である。しかし明らかにこの仮定は、解決を提示されても承服しない人びとへの懲戒処分や、あくまで反論する人びとへの迫害処分を正当化してしまう。教育程度が高いひとほど罪も重くなる。なぜならかれらは、いずれ自分にとって自明になることには抗弁しないくらいの「分別」があって然るべきだからである。

政治的問題を解決への暗示とみなす場合の危険な結果、すなわちメルシエ・ド・ラ・リヴィエール〔Pierre-Paul Mercier de la Rivière（c.1719-94）. フランスの重農主義者〕のいう「抗いがたい明証性の力」への同意がかならずや強制されることを強調するのは、ここでのわたしの目的ではない。われわれの関心は、政治的問題がそのような光のもとに理にかなったものとみなされる性質のものであるかどうかを見きわめることに尽きる。

戻ろう。大風呂敷を広げて幾何学者たちの問題に戻るのではなく、慎ましく教室での問題に戻るのである。生徒たるわれわれの課題とはなんであったか。条件が指定され、それを満たす解答を見つけなければならないのであった。いいかえるなら、充足されねばならない条件がたくさんあり、われわれはそのすべてを満足させる幾何学的軌跡（*locus geometricus*）を見つけなければならなかった。確実にわかっていることがひとつ――その問題には解決がある。われわれにはその解決に到達する最良の手続きが見つからないかもしれないし、およそいかなる手続きも見つからないかもしれない。それでもひとつの解決があることに疑いはなかった。さて、解決がありえない問題を設定することはもちろんこのうえなく簡単である（たとえば「13より大きく17より小さい素数を探しなさい」）。われわれの教師たちは、そんな悪戯でわれわれをからかうことなどなかった。しかし人生は違う。パレスチナの委任統治権を手に入れた英国人は、「パレスチナ問題」の解決を見つけなければならなくなった。それが文章にできるとしたらつぎのような条件になる。「パレスチナの全域はアラビア人の要求どおりアラビア人国家を形成し、かつパレスチナの少なくとも大半はユダヤ人の要求どおりにイスラエル人国家を形成することになるような取り決めを探しなさい」。この問題の条件にいかなる「解決」の余地もないことは火を見るよりも明らかである。同様にして、歴代フランス政府は多年にわたって「アルジェリア問題」に頭を悩ませてきた。それが文章にできるとしたらつぎのような条件になる。「アルジェリアがヨーロッパ移住アルジェリア人たちの要求どおりにフランスの一部でありつづけ、かつ民族解放戦線（Front de Libération Nationale）運動の要求どおりに独立主権国家となるような取り決めを探しなさい」。

　そのような「問題」が解決不可能なことは明らかである。ここでは解決が見つからないということが問題なのではない。解決が存在しないというだけなのだ。教室での問題の条件は、正答によってすべてが完全に満たされうる要求のことだと考えられる。ところで、いましがた引用した政治的問題の場合、問題の条件同士が衝突する。つまりそれを全部満たしうる答えなど存在しない。適切な語義での解決というものがないのだ。先に提示した事例は、たしかに条件の相反が極端である。だがどんな政治的問題の場合にも、適切な語義でいう解決を排除するような条件同士の相反がある。そうでなければ、「問題」はあっても「政治的問題」はないといってよいだろう。ある問題を「政治的」にしているのは、正確にいえば、問題の諸条件が適切にいう解決の存在をいっさい許さないということなのだ。疑いもなく、公的権威による決定を待って上程される問題にも、満たされるべき諸条件が少々複雑なものや、解決の発見が知的な課題となるものがある。しかしそのような問題は、解決できるものであるなら、専門家たちの手で密かに舞台裏で解決される。「政治的問題」を構成するのは条件同士の衝突、すなわちその解決不可能性なのである。

また当事者たちの情念がなければ問題はたやすく解決できる、などとは口に出すにもあたいしない。そうした情念は政治の与件そのものだからである。人びとが自分の真の利益を心得さえすれば受け入れようという気になる解決はあるものだ、というのは外部観察者のあまりにも安直なもの言いである。外部観察者がいいたいのは、もし望ましいことについて当事者たる人びとが全員かれと同意見なら、かれに望ましいとみえるものを全員が受け入れるだろう、ということである。これは十分に真理であるが、いまは瑣末で無関連である。なにが問題なのかを見わたして机上の判断を下すだけの外部観察者なら、もちろん眼をとめるにあたいしない。内部策動家に転じて当事者たちを自分の見解の支持者にしようというのなら、一考の価値は出てくるものの、そのとき当人とその帰依者たちは問題の一構成要素と化しているのである。

政治的問題を特徴づけるのは、指定された問題の諸条件に適合する解答がないという点である。それゆえ政治的問題に解決はないが、決着というまったく別のやりかたならある。決着（settlement）ということでここでは、政治的問題を生ぜしめる問いにかんして、いかなる手段によるのであれ、ともかくも到達された決定を意味している。問題の諸条件をすべて完全に満たすというのが解決のまさしく定義であるのにたいして、決着はそうではない。決着にそのようなことはできない。破産したときと同じで、すべての支払い要求に満額で応じることなど無理だからである。ある要求を全額支払い拒否するか、すべての要求を割引してもらわなければならない。この精算にはどんな方法ないし手続きが用いられるのだろうか。

採用できる手続きは三つある。第一は、問題をつくりだす要求の策定当事者たちが、競《せ》りあったり交渉したり、あるいはその両方により自分たちの要求を切り詰め、そのおかげで、それまで両立不可能だったもろもろの要求が両立可能になることである。政治的問題が解決可能な問題に変わってしまうことになる。このやりかたで政治的問題がすっかり変質することなど、そうはお目にかからないものだ。たとえば、相互に両立不可能な要求を掲げたスポークスマンたちが、最終的になんらかの妥協で歩み寄るとする。だがその過程でかれらは、いつしか帰依者たちの一部なり多くから愛想を尽かされてしまうかもしれない。そうでなくてもその帰依者たちは、ことの幕切れに遺憾の念を表明しがちになるだろう。妥協が解決の場合と同じ心境で受けとめられることなどたしかにない。もっとがんばりさえしていたら自分たちの条件がより完全に満たされていたはずだ。あくまでそう考える者は、どちらの側にも大勢いるものだ。それゆえいくら最善の妥協による決着でも、問題に解決があたえられる場合に訪れる喜びの感情は生まれてこないだろう。解決は問題をいわば解消する。それはもはや問題ではなくなってしまう。妥協による決着では、争点は争点のままだ。それはいつなんどき再燃するか知れないのである。

妥協による決着は解決ほど優れたものではないが、それでも決着の望みうる最良の形態である。妥協による決着は解決ではないものの、それに幾分か類したものをもっている。たしかに最初に提示され問題の諸条件を構成するもろもろの要求は、いまだ満たされたわけではない。それでもある種のフィードバック過程がともかくも始動することにより、問題の解決不可能性が問題の条件に逆作用して、満たされるべき諸条件が両立可能になる程度に緩和されてしまうのである。疑いもなくそのような緩和は一時的な現象である——交渉のあとで、あらたにもっと過酷な性質の要求が一方の側から、あるいは複数から出てくることも十分にありうる——とはいえ、妥協による決着を可能にした雰囲気が消えてなくなるどころか、むしろ逆にその妥協の好都合な結果ゆえに維持されることもまたありうる。

政治的問題を決着させる手続きにはほかにどのようなものがあるだろうか。本質的にそれは、ある原則の適用か、それともある権威の指図かである。実際上このふたつは結合されることがある。すなわち、ある権威の指図がある原則にもとづいている場合である。それどころか、原則だけでも諸要求間の争いを裁定できると考えられるとはいえ、原則の適用は、なんらかの権威がある特定事例においてその原則がどのように理解されるべきかを決定したり、原則を立てただけだと残ってしまう空隙を埋めたりするのでなければ、滅多に可能にはならない。

ここで若いころのわたしに深い印象を残したひとつの歴史的事例に言及しよう。それはおそらく、もっとも洗練された決着でもかならずや解決にはほど遠いものとならざるをえないことをわたしに感じ入らせる一助になった事例である。

第一次大戦後に、勝利した連合国がポーランドを復活させると、上部シレジアをポーランドに帰属させるか、それともドイツ領にとどめるかの問題が生起した。前者はフランスの見解であり、後者は英国の見解である。ウィルソン大統領は連合国を説き伏せ、問題を住民たちの協議によって決することにさせた。これはひとつの原則、すなわち自己決定原則の適用である。一九二一年三月二一日に住民投票が実施され、結果はドイツ残留が七〇万七〇〇〇票にたいしてポーランドへの帰属が四七万九〇〇〇票であった。これは問題の決着になったであろうか。ノーである。一地方全体がドイツに併合されると考えて憤慨したポーランド人の武装蜂起が発生し、国土の大部分を制圧した。領域内にふたつの強固な団塊が存在し、感情が昂《たかぶ》っていることは投票結果に明らかだとして、地方分割をもとめる明確な論調が生じた。この任務は上部シレジア連合国委員会に課せられた。

理論的にみれば、これはいとも簡単であった。ドイツ残留が多数派となった区域を地図上でつきとめ、黒の点であらわす。ポーランド併合が多数派となった区域は白の点であらわす。それができたら、白の点がすべて東側（ポーランド領）になり、黒の点はすべて西側（ドイツ領）になるような線を引く。採用された原則にしたがえば、この線が「正しい国境」となる（地域内少数派を無視するという犠牲は払うが）。理論上はこれで万事うまくいくのであった。だが実際は、点が混在してそのような線は引けなかった。それゆえ決定権威は、当初の原則が十分な指針にならないため、つぎのような若干の補完原則を採用せざるをえなくなった。

A．ドイツ領に残る白の点がなくなるように線を引く（だがそうすると多少の黒の点がポーランド領に含まれてしまう）。

B．ポーランド領に入る黒の点がなくなるように線を引く（だがそうすると多少の白の点がドイツ領に残ってしまう）。

C．いくつかの白の点がドイツ領に残り、いくつかの黒の点がポーランド領に残るようなある線を引く。

下位原則AおよびBは明らかにどちらも明確な指令をあたえているが、同時にそれがポーランドの願望とドイツの願望におのおの好都合なことは明らかであった。下位原則Cは明確な解答をあたえないので、その線は多少Aの線に近づいたりBの線に近づいたりするおそれがあった。最終的に引かれた線は、自己決定原則にもとづきつつ下位原則ないし指令Cにより補完されたため、恣意的になった。それは定義によって恣意的であった。すなわち、なんらかの決定の自由が権威によって行使されねばならないということである。おそらくそれは、もっと狭くかつ好ましからざる語義において、つまり偏っているという意味において恣意的でもあったのだろう。もし政治において厳密なことばづかいをしようと思うのなら、おそらく「恣意的な」（arbitrary）という限定詞は、いかなる価値の含意もなしに、原則の指令ではない決定を意味するためにとっておくべきである。ことごとく政治的決定は、この性格をある程度は（通常はきわめて限定的に）帯びている。だから、たとえばこの場合、決定はその恣意性の限界内で少々偏っているというべきなのである。だがどんなことばづかいをするかはけっして重要ならざることでないとはいえ、考慮されるべき事実というものがここにはある。結局のところ、ポーランドへのなにほどかの肩入れがあったのだ。しかし、上部シレジアがどのように分割されたにせよ、ドイツ人にもポーランド人にもそれがある問題の解決策が受け入れられるように受け入れられることはなかったであろう。ヒトラーが権力の座に就いたとき、ポーランド領上部シレジアの少数派ドイツ人たちのあいだで熱狂が生じたこと、また一九三九年にヒトラーが国境をずっと東へずらし、一九四四年にスターリンがそれをずっと西に押し戻したことが思い出されよう。

この極度に図式化された歴史的事例は、政治的決着の性格を明らかにしてくれる。いかなる原則が引き合いに出されようとも、その適用にはかならずいくらかの恣意性がある。引き合いに出された原則をすべての当事者は不可避的に受け入れるわけではないし、原則の適用にあたり若干の恣意性が不可避であることは、決着に不服な人びとがその原理へのうったえを嘘だと言い立てるのにいつでも好都合なのである。


なにをするにも努力は最小限にしたいという本能がわれわれに植えつけられており、人類はみごとにその恩恵に与ってきた。知的な領域でわれわれは、この本能の導きにより、具体的な事例で判断を下すのに用いることのできる一般的原則をもとめる。ところが、具体的事例における諸原則の口吻の明断さにだまされてしまう傾向がわれわれにはある。自己決定原則を取り上げてみよう。この原則に照らせば、〔アメリカの〕一三植民地に英国から独立する権利があったことはたちどころに明らかとなる。ところが同じ原則に照らすと、南部一一州に連邦脱退の権利がなかったことは明白だ、などとはとてもいえなくなってしまう。われわれは引き合いに出す原則を事情次第であれこれと変えるのだが、この変節は偽善のあらわれというわけでもない。エドヴァルド・ベネシュ〔Edvard Beneš (1884-1948). マサリクとともにチェコスロヴァキア独立運動を指揮し、第二代大統領になった。ジュヴネルは一九二〇年代に当時外務大臣だったベネシュの私設秘書をつとめた〕は高潔な道徳家で、チェコスロヴァキアの独立のために自己決定原則にうったえたが、ズデーテンやスロヴァキアの指導者たちがプラハから独立するために同じ原則を引き合いに出すのは好まなかった(2)。

リンカーンやベネシュのようなひとが自己決定原則の適用に乗り気でなかったことを知ると、どんな原則でも状況から独立にそれ自体として受け取り、その絶対的価値を公然と説くことにわれわれは二の足を踏むようになる。あるいは少なくとも、政治的原則にもたくさんあり、誠実な人間は時代や状況に合わせて、おそらくどのような政治的原則でも進んで奉じるのではないか、と疑わざるをえなくなる。またもしそうだとすると、原則にうったえてある政治的問題に決着をつけるという場合に、そのできごとにどのような原則あるいは諸原則が適用されるべきかという問いが生じてもおかしくないことは明らかである。もしそうなれば、これは政治的問題の除去に向けたさらなる一歩前進である。ある政治的問題が生起するのは、現実に下される決定がいかなるものであるべきかについての合意がないからだと考えてみよう。ただし、その決定は原則に則って下されるべきだというおおまかな合意はあると考える。すると二次的な問題が生起する。適用されるべき原則についての合意がないのだ。さらに、有意な原則を選択するためにある手続きが採用されるべきだというおおまかな合意はあると考えよう。すると三次的な問題が生起する。この選択手続きにかんする合意がない。この調子でつづけてもいいのだが、骨折り損になるだろう。実際には、有意な原則を選択するためにある手続きを選択したり、所与の原則をここで・いま適用することを好んだりするとき、人びとの指針になっているのは、端的にそれが現実に下される決定との関連で自分にとって直接利益になるかどうかであることが多い。第一次大戦から第四共和政の崩壊〔一九五八年〕まで、フランスは国会議員選挙の投票制度を幾度も変更した。さまざまな制度を擁護する議論のロジックをたどるのはかなりむずかしい。その議論が特定の目的、すなわち代議院（Chambre des Députés）ないし国民議会（Assemblée Nationale）〔フランス下院の一九四六年以前と以後の呼称〕をある特定の構成にしたり、特定の構成にならないようにしたりするという目的に仕えていたことを心にとどめておけば、その理解は容易になる。

前章こそが適切にいえば最終章であり、本補論はそこから一歩も前進していないことは明らかである。むしろわたしはまえに戻って、本論でなされた言明を、すなわち政治的問題は解決ではなく決着を産む(3)という点を強調し解説した。ほかの言明も同様の解説を要することに疑いはない。ではなぜこの点だけを取り上げるのだろうか。

それは解決の神話がわれわれの政治理解をなまくらにしているからであり、それを甦らせるのは、われわれは本質的に心もとない決着にいたるほかないという認識だからである。解決は敵をつくらず、擁護者も必要としない。決着の場合は事情が異なる。その永続化を当然視することはできない。決着が継続するかどうかは、それを支持するためにはたらく諸力をそれが育むかどうかにかかっている。(4)

公共の秩序の内部で発生する決着には、この秩序の強化に貢献するものもあれば弱体化に貢献するものもある。いまある秩序、すなわち「決着済みの状態」は、それ自体で決裂(unsettlement)する可能性がないわけではない。われわれにつきまとうこの考えが、われわれをより実効的な礼節《シヴィリティ》の守護者にするのである。

それがたやすい任務でないことは、ひとつのイメージが確証している。説教壇に釘づけにされた偉大な守護者キケロの頭部と手である〔シーザー暗殺後の政争渦中の紀元前四三年にキケロは暗殺され、切り落とされた首と右手は、政敵アントニウスの命によりローマの公共広場の演壇上にさらされたと伝えられる〕。

結論

本書はいかなる教義も説かず、なにごとも推奨しない。本書の目的は、政治の原理的《エレメンタリー》かつあまねく浸透した特色をいくつか拾い上げることにあった。広大なカンバスに政治の完全なイメージを描くなど、わたしには思いもよらないことであった。それが実行できるものであるとはわたしには思えない。わたしの確信によれば、もしそれが成功裡に達成されるとしたら、その絵は任意の場所と瞬間における政治を描写したものになるだろう。この広大なカンバスのうえで、別の時代と場所の政治を描写した絵にも共通してみられるある特色や相互関連を見きわめるには、顕微鏡でも使わなければなるまい。それがわたしのやりたかったことである。それゆえ、この試みがいかなる批評にあたいするにせよ、多くのことが手つかずになっているといって本書を攻撃するのは不当だとわたしは感じている。それだと、ある単純で遍在的な側面に傾注するとほのめかしておいた本書の意図を誤解することになるだろう。運動を元素的《エレメンタリー》な諸形態に還元することは可能だと思われていたとき、この諸形態は出発点として秩序に優るものとみなされた。秩序とはつねに複雑でまったく同一ならざるものの謂いであり、それゆえあいまいなところのない構成要素の分析には役立たないからである。議論を終えたいま、本書で打ち出された単純な諸概念が、現実世界に見うけられるはるかに複雑な状況の叙述においても有益であらんことをわたしは願っている。

[注]

序言

（1）友人のエドワード・シルズ〔Edward Shils（1910-95）. アメリカの社会哲学者、シカゴ大学教授〕がすでに一九三九年にこれを強調していたことをわたしは最近知った。

（2）この誤解は拙著『主権論』へのある重要な批評のなかにすでに登場している。

（3）ストーズ講義に対応するのは第Ⅱ部と第Ⅲ部、それに第Ⅳ部の一部分である。

（4）わたしの英語を手直ししてくれたケンブリッジ大学出版のご厚誼に感謝するとともに、野蛮で不穏当で不遜な表現の数々は善意の忠告に強情にさからってわたしが残したものであるから、同出版にはそのいかなる責任も負わせたくない。

第Ⅰ部

第一章

（1）Bolingbroke, *Letters on the Spirit of Patriotism*, ed. A. Hassall（Oxford: Clarendon Press, 1926）, pp. 19-20（強調はボリングブルックによる）.

（2）François Fénelon, *Directions pour la conscience d'un roi*（Paris: Jean Neaulme, La Haye, 1747）, p. 140. ブルゴーニュ公の傅育のために編まれたが、出版されたのはずっとのちのことである。

（3）二〇世紀のはじまり以来のヨーロッパ地図の平均耐用年数は一五年であった。一九一四年以来、ドイツ人は四つの体制を経験してきたが、フランス人は一九三八年以降ですでに四つの体制のもとに生きてきた。

第二章

（1）引用符でくくられているが、これはプラトンの忠実な訳ではなく、ソクラテスの発言の骨子である。

（2）これは、事実ソクラテスがここで少々議論下手として描かれている（若干の批評家たちがそういってくれた）ことへの言い訳である。わたしはプラトンではないから、このような結果になるのもいたしかたない。

第三章

（1）「ほかの人びとの主人だと信じている者も、その人びと以上に奴隷であることを免れてはいないのだ」、とルソーは『社会契約論』の一行目で述べている〔作田啓一訳『社会契約論』（白水社〈ルソー全集5〉、一九七九年）、一一〇頁〕。『エミール』でかれはこう解説する。「支配そのものですら、意見にもとづくものであれば奴隷的である。きみが偏見によって支配している人びとの偏見に依存しているからだ」〔樋口謹一訳『エミール』（白水社〈ルソー全集６〉、一九八〇年）、八五頁〕。

（２）あれやこれやの道徳的大義を掲げる政治的闘士たちの演説や著述に出てくる（善意の人びとへの）怒りの表現を数え上げるのは、酔い覚ましの練習になる。

（３）介入する国家、高圧的な領主、国教会、おせっかいな組合、あるいは多数党を非難する声はさまざまである。しかしそうした声はすべて、いかに調和を欠いていても、なんらかの形態のすでに確立された権力への不信を表明している。同様にして新興権力が脅威と考えられるのも、ある人びとによればアジテーターが暴徒を結集させるときであり、別の人びとによれば独裁者が台頭する場合であるが、立場が入れ替わることもある。血統は違っても結晶するのは同じ感情なのだ。

（４）以下で論じられている。Arnold Brecht, *Political Theory* (Princeton, NJ: Princeton University Press, 1959); Eric Weil, "Philosophie politique, théorie politique," *Revue Française de science politique*, Vol. 11 No. 2（1960）.

（５）Cf. Michael Polanyi, *Science, Faith and Society*（London: Oxford University Press, 1946）〔中桐大有・吉田謙二訳『科学・信念・社会』（晃洋書房、一九八九年）〕.

（６）それにこの言語はもっと神学的な時代にもあまり自然なものではなかった。それはわけても理神論によく適合するのである。

（７）Cf. *A History of Technology*, by C. Singer, E. J. Holmyard and A. R. Hall（Oxford: Clarendon Press, 1954）〔平田寛訳者代表『技術の歴史（全一〇巻）』（筑摩書房、一九六二—七九年）〕.

（８）科学はいまや「世界を変革する」。中国文明ではそうではない。Cf. Joseph Needham, *Science and Civilization in China*（Cambridge: Cambridge University Press, 1954）〔砺波護ほか訳『中国の科学と文明（全一一巻）』（思索社、一九七四—八一年）〕. 問い。もし科学が世界を変革するなら、それは科学者共同体の外部で生まれて科学者共同体に挑んだある衝動のためではないのか。

（９）ホッブズの説。「知識の目的は力であり、……すべての思索の範囲は、ある行為もしくはおこなわれるべきことがらの遂行にある」（『物体論』冒頭〔伊藤宏之・渡部秀和訳『哲学原論・自然法および国家法の原理』（柏書房、二〇一二年）、二六頁〕）。

（10）ヴォルテールはもともとライプニッツ的世界最善説に与していたが、学者たちがいうには、リスボン大地震という自然のできごとをつうじてそれを振り払った。それだけに、この土俵の選択は注目にあたいする。しかしかれが人間のことがらを土俵に選んだのは、それを攻撃するためだったのだ。この土俵のうえでも、ヴォルテールがかつて（アザール（Paul Hazard, *La pensée européenne au xviiième siècle*. Paris: Boivin, 1946）〔小笠原弘親ほか訳『一八世紀ヨーロッパ思想——モンテスキューからレッシングへ』（行人社、一九八七年）〕が強調するように、『ザディーグまたは運命』のなかで）ライプニッツ主義を開陳していたことに注意。ただしかれはそうするのに困難をおぼえたに相違なく、かくしてこの体系に宣戦布告したときに、かれは人間のことがらを戦場に選んだのである。

(11) このテーマはＪ・Ｓ・ミルにおいて登場し、今日ではモーリス・アレ〔Maurice Allais (1911-2010). フランスの経済学者・物理学者でモン・ペルラン協会のメンバー〕によって全面的に展開された。

(12) この基盤はひとが望むほどには論じられてこなかった。とはいえ以下をみよ。Werner Stark, *The Ideal Foundations of Economic Thought* (London: Paul, Trench, Trubber and Co., Ltd. 1943)〔杉山忠平訳『経済学の思想的基礎』(未來社、一九八四年)〕; Gunnar Myrdal, *The Political Element in the Development of Economic Theory* (London: Routledge and Paul, 1953)〔山田雄三・佐藤隆三訳『経済学説と政治的要素』(春秋社、一九八三年)〕; L. M. Fraser, *Economic Thought and Language* (London: A. and C. Black, 1947); J. A. Schumpeter, *History of Economic Analysis* (London: Oxford University Press, 1954)〔東畑精一・福岡正夫訳『経済分析の歴史(全三巻)』(岩波書店、二〇〇五年)〕; なかでも Vilfredo Pareto, *Manuel d'economie politique* (Paris: Giard et Brière, 1909).

(13) アダム・スミスは公然と語り、パレートの偉大な作品には伏在している。

(14) このパラグラフと別の箇所での「行為主体《アクター》」および「学者《ドクター》」という語の使用は、誤解を招きかねないという忠告を受けた。このような一般的な語は、いまではふつう特定の職業をあらわすのに用いられるからである。しかしわたしはこれらの語の論理的な使用をあきらめたくはない。それらは分野を問わず、おこないに取り組んだり他者のおこないの原因となる者、すなわち行為主体と、知ることに取り組み他者が知る原因となる者、すなわち学者とを選り分けるのにきわめて好都合なのだ。

(15) これがきわめて明確に解説されているのは Robert. A. Dahl, "The Behavioral Approach in Political Science," *American Political Science Review*, Vol. 55 No. 4 (December 1961), pp. 763-72 である。

(16) そのもっとも権威ある攻撃はレオ・シュトラウスによるものである。Leo Strauss, "What Is Political Philosophy?" *Journal of Politics* (August 1957)〔石崎嘉彦・近藤和貴訳「政治哲学とは何であるか?」、飯島昇藏ほか訳『政治哲学とは何であるか?とその他の諸研究』(早稲田大学出版部、二〇一四年)〕. Irving Kristol, "The Profanation of Politics," *The Logic of Personal Knowledge: Essays Presented to Michael Polanyi* (London: L. Routledge, 1961) もみよ。

(17) わたしがいうのは、デュポン・ド・ヌムールの一七八八年のパンフレット *Réponse aux observations de la chambre de commerce de Normandie* の口絵である。

(18) 非政治的といってよい動作にともなう極度の堅苦しさ(たとえばどんなに重要度の低い会合でも取り繕ったふるまいをする)に眼がとまったり、政治的な立場の違いの根底にあまねく基本的な正統性があることに気づいたりするのは、英国やアメリカ合衆国出身でない観察者にしかできないことである。

(19)「伝道の書」八・一四。

(20)これが、たまたま好都合なところにいて目撃した大いなるできごとからネッケル〔Jacques Necker (1732-1804). スイスの銀行家・フランス財政総監でスタール夫人の父親〕が引き出した主たる教訓であるように思われる。それは引退後の年月をついやしてかれが書いた二大著書に染み込んでいる。*Du pouvoir exécutif dans les grands états*, 2 vols. (1792, no place of publication) and *De la révolution française*, 4 vols. (1797). 著者がはたした重要きわまる政治的役割を考えるなら十分に奇妙なことではあるが、これらの作品はきわめて限定的な声価を受けている。しかしネッケル作品の全体に充溢する関心事は、以下に引用されるかれの高名なる息女の手になるふたつの生彩に富む文章のなかに先鋭にあらわれている。

(21)Baronne de Staël, *Considérations sur les principaux evénements de la révolution française*, 3 vols. (Paris: Delaunay, 1818), vol. 1, p. 416〔井伊玄太郎訳『フランス革命文明論(第一巻)』(雄松堂出版、一九九三年)、二八五頁〕.

(22)*Op. cit.*, vol. 2, pp. 240-41〔『フランス革命文明論(第二巻)』、一八一—八二頁〕.

(23)たとえば攻撃性にも温和な形態と極端な形態がある(陰謀、テロリズム)。

(24)一貫して「行動」は、時間の経過のなかでの所与の個人の連続した諸活動という専門的な語義で用いられる。もちろんそれは各個人で異なっている。

(25)このふたつの学問は同じくらい古い。ヒポクラテスが誕生したのは紀元前四六〇年ごろ、つまりソクラテス(四六九年ごろ)とプラトン(四二七年ごろ)のあいだである。

(26)「ヒュギエイア〔ギリシア神話に登場する健康の女神〕の信仰者によれば、健康は事物の自然の規律であり、生活を賢明に統御しさえすれば可能になる積極性をもっている。したがって、医学のいちばん大切な仕事は、健康な身体に宿る健全な精神を人間に保証する自然法則を発見し、それを教えることである」。René Dubos, *Mirage of Health* (New York: Harper and Row, 1960), p. 113〔田多井吉之介訳『健康という幻想——医学の生物学的変化』(紀伊國屋書店、一九六四年)、九九—一〇〇頁〕.

(27)ガレノス〔Galenos (c.129-c.200). ギリシアの医学者でマルクス・アウレリウスをはじめローマ皇帝の典医をつとめた。その学説はルネサンス期まで権威的なものとみなされた〕曰く、医者の責務とは自然な状態を想定すること、それが乱れたら再建すること、欠けたものをできるかぎり回復させることである。F. J. V. Broussais, *Histoire des doctrines médicales et des systèmes de nosologie*, 4 vols. (Paris: Delaunay, 1829), vol. 1, p. 200より。

(28)*Ibid.*, pp. 107ff.

(29)「瀉血」に相当するでたらめなラテン語。

(30)デュボス〔René Jules Dubos (1901-82). フランス生まれでアメリカで活躍した微生物学者・環境学者〕は、「健全な生活」

(orthobiosis) なる広範な観点が「正確に知識の固まったものを、無意味な一般論や力のない思想におきかえる危険」に導くことを強調する。Dubos, *op. cit.*, p. 137〔邦訳、一二七頁〕.

(31)「微生物」という語は、いまでは科学者たちに見捨てられてしまった通俗的な用語だが、ようやく一八七八年に導入された。

(32) クロード・ベルナール〔Claude Bernard (1813-78). フランスの生理学者〕はこう記している。「生理学にとっての記述的解剖学は、歴史にとっての地理にあたる。ある国の歴史を理解するにあたってその地勢を知るだけでは十分でないように、有機体の諸機能を理解するにあたってその組織を知るだけでは十分ではない。メリという老齢の外科医は、大都会で見かけるような、街路の配置や建物の番地ならわかるが、なかでなにが起こっているかは知らない使い走りに解剖学者を喩えた。実際、組織層や器官のなかでは生き生きとした生化学現象がおこっているが、解剖だけではそれを明らかにすることはできないのである」。*Leçons sur les phénomènes de la vie commune aux animaux et aux végétaux*, 2 vols. (Paris: Baillière, 1878), vol. 1, pp. 6-7〔小松美彦ほか訳『動植物に共通する生命現象』(朝日出版社〈科学の名著第Ⅱ期9・ベルナール〉、一九八九年)、二〇頁〕.

(33) こういうひとりよがりはきわめて尋常でない態度である。

(34) さらにアテナイをモデルにするひとはつぎのことを忘れている。極端な民主政(それでも奴隷制は廃止しなかった)の時代にも、「異邦人」は政治体の一部にはなりえないという考えが根本では染みついていたために、ペリクレスそのひとが、市民団のかなりの部分、すなわち父母ともにアテナイ市民の子どもであることを証明できない者を登記簿から削除する法律の起草者となった。

(35) なぜローマ帝国が健康な政治体として回顧されるのか、わたしには皆目見当がつかないのだが。

(36) たとえばアメリカ合衆国憲法のラテンアメリカへの移植、あるいはこの点でいうなら、ウェストミンスター・モデルの大陸ヨーロッパへの移植。

第Ⅱ部

第一章

(1)「自分で探しあてた」ものが所詮はわれわれの知の最小部分にすぎないことをみとめるのは、誇りが許さないという場合があまりにも多いが、知識の大半は社会からわれわれにあたえられたものである。実際、われわれの社会における知識の地位が高まるほど、その真実味も増す。

(2) 子育ては人類の存続に欠くべからざる「投資」である。年長者の保護は、「記憶」の獲得による最初の「進歩への投資」と考えてよかろう。

(3) およそ協働の進歩や知識の発展には、もちろん言語が不可欠である。先進的な社会がいまでも触ってわかるコミュニケーション手段に依存しているのは、社会の発展が一般に言語に依存することのかすかなイメージにすぎない。

（4）完全に統合されてしまうか、しばらくのあいだ社会的劣等者の立場を自覚するかのどちらかであろう。

（5）Cf. Ludwik Krzywicki, *Primitive Society and Its Vital Statistics*（Warsaw: J. Mianowski Institute for the Promotion of Science and Letters, 1934）.

（6）万人の長期教練は、いまではあらゆる先進的社会の目標とみなされている。

（7）「なぜひとは自分のことばによって拘束されると感じるのか」という問いは、Georges Davy, *La foi jurée: étude sociologique du problème du contrat, la formation du lien contractuel*（Paris: Librarie Félix Alcan, 1922）できわめて適切に提起されている。

（8）W. N. and J. A. Kellogg, *The Ape and The Child: A Comparative Study of the Environmental Influence Upon Early Behavior*（New York and London: Hafner Publishing Co., 1933）.「教えを受容する能力の限界点に突き当たったら、なにが起こるのか」（この限界点はひとによってはかなり低いといまは考えられている）という問いは、ジョージ・トムソン卿によって提起されている。*The Foreseeable Future*（Cambridge: Cambridge University Press, 1955）: "The Future of the Stupid."

（9）本書第Ⅲ部以降。

（10）Cf. *Discours de métaphysique et correspondance avec Arnauld*, ed. Georges Le Roy（Paris: Vrin, 1957）, Lettre xx, pp.168-69〔橋本由美子監訳『形而上学叙説・ライプニッツ―アルノー往復書簡』（平凡社ライブラリー、二〇一三年）、二七〇頁参照〕.

第二章

（1）対価というものが社会関係の基本的パターンとして子どもに印象づけられてしまったとき、また仮にそうなった場合に、はじめてこういう過ちが生じるように思われる。

（2）強調は「できない」にある。ここでは「してはならない」は問題にしない。

（3）この文章を書いたあとでわたしは興味深い論文を眼にした。Robert D. Hess and David Easton, "The Child's Changing Image of the President," *Public Opinion Quarterly*, vol. xxiv（Winter 1960）.

（4）それゆえ積極立法の時期は難局にあたっていることが多い。

（5）ガリレオの法則は *Discorsi e dimostrazioni matematiche, intorno à due scienze nuovi* ……〔今野武雄・日田節次訳『新科学対話』（岩波文庫、一九三七―四八年）〕で表明され、ダーシー・ウェントワース・トムソンのみごとな書 *On Growth and Form*（Cambridge: Cambridge University Press, 2nd Edition, 1942）〔柳田友道ほか訳『生物のかたち』（東京大学出版会、一九七三年）〕で徹底的に論じられている。

（6）原始主義については A. O. Lovejoy and George Boas, *Primitivism and Related Ideas in Antiquity*（Baltimore: Johns Hopkins

Press, 1935) および George Boas, *Essays on Primitivism and Related Ideas in the Middle Age* (Baltimore: Johns Hopkins Press, 1948) を参照。

（7）未開民族（*Naturvölker*）の親族関係については魅惑的な文献が膨大にある。わたしがここで「叔父」と「叔母」について語ることはもちろんひどい単純化だが、わたしの目的に必要なのはこれだけである。

第三章

（1）この文章は C. S. Lewis, *Surprised by Joy: The Shape of My Early Life* (London: Fontana Books, 1959), p. 74〔早乙女忠・中村邦生訳『喜びのおとずれ――C・S・ルイス自叙伝』（冨山房百科文庫、一九七七年）、一一四頁〕からの引用である。この美しい書物のふたつの章、「お偉方」および「光と影」は、少年ルイスとワイヴァーン校〔実際のルイスが入学したパブリック・スクールはウスターシャーにあるモルヴァーン・カレッジだが、自伝ではワイヴァーンと表記されている〕の生徒「部族」との出会いを記述している。「部族的」ならわしについての魅惑的な人類学的分析になっているが、わたしの論旨にとってはそれよりも、「探りあてる」という経験が詳述され、「他者の国のエゴ」という表現で本章が指示したアプローチの具体例になっていることが重要である。この主題をあつかってこれ以上に印象深いものをわたしは思いつかないが、「学校の新入り」というテーマは多くの文学作品に登場する。今日の社会学的研究において、そうした説明を収集するのはやりがいがあり、その比較からもろもろの教訓が生じるように思われる。

（2）C・S・ルイス同書に出てくるある風来坊による嘘の指図を参照〔邦訳、一一五―一一六頁参照〕。

（3）そのような特性を呈示するがゆえに、左や右に逸れていく充足理由がないという前進の方針。

（4）Cf. Balzac, *Un début dans la vie*〔西岡範明・島田実・新庄嘉章訳『人間の門出』（東京創元社〈バルザック全集22〉、一九七三年）〕.

（5）ドマ〔Jean Domat (1625-96). ローマ法の研究によりフランス民法典編纂に多大な影響をあたえた〕曰く、「社会とはふたりないし複数の人格間での約束事である」(Jean Domat, *Les loix civiles dans leur ordre naturel*, livre 1, tit. VIII, sec. 1: folio ed., Paris, 1735, p. 82)。フェリエ〔Claude de Ferrière (1639-1715). ユスティニアヌス帝の『法学提要』（*Institutiones*）を仏訳した法学者〕曰く、「社会は……万人の権利にかんする契約である」(Claude de Ferrière, *Les Institutes de l'empereur Justinian, avec des Observations* ……, livre III, tit. XXVI, ed. Paris: Jacques Lions, 1701, vol. V, p. 144)。

　社会という語のあいまいさについては拙論を参照。"Société: Contribution au dictionnaire des termes fondamentaux de la philosophie et de la pensée politique," *Revue international de philosophie*, no. 55 (1961), fasc. 1.

（6）アーネスト・バーカー卿は巧みにこう述べている。「封建主義とは概して契約の体系であり、そのもとで各人は自分の主君に向かってこう告げることができた。「わたしはあなたに忠勤誠実でありましょう……あなたがわたしをわが功績にふさわしい者として変わらず遇してくださり、またわたしがあなたに服従し、あなたの意志をわが意志に選んだときにわれらが合意となったものにかなうすべてのことをお守りくださるという条件で」（原文のまま）。封建君主が戴冠式にあたり、みずからの善政を約す即位の宣誓と封建家臣団の臣従および忠節の宣誓とをやりとりしてかれらとの暗黙的な契約関係に入るのは、この全般的な契約体系の一環であった」。Introduction to *Social Contract: Locke-Hume-Rousseau* (London: Oxford University Press, The World's Classics Edition, 1947), pp. viii-ix. 今日の政党における指導者と活動家のあいだの「契約」との類似に注目せよ。もし指導者チームが約束を守っていないとある活動家派閥が判断すると、活動家たちには忠誠を撤回する大義名分ができるのである。

（7）同好の士のカンパニーのなかにいるときには「権利を主張する」必要がないことに注意せよ。その場合、自分に貢献できるものがなにもなければ熱心に進み出ようという気にはなれず、貢献できるものがあるときは仲間たちもわたしを押しとどめようとすらしないものだ。離婚時でもなければ「我のもの」と「汝のもの」が結婚生活で取り沙汰されることがないように、「権利」の価値はエゴとその環境のあいだの親近性が失われるにつれて高まる。深海や宇宙空間を動きまわるひとが、過酷な環境から生命組織を保護する防護服を必要とするのと同じで、ご同様の社会的状況にあってはエゴも「権利」という防護鎧を必要とする。それどころか、この思考をたどっていくと、個人たちは「平等」な鎧など必要としてはおらず、むしろ環境からかけ離れた個人ほど重い鎧を身につけねばならないという暗示にいたる。「はみだし者」は特別な保護を手に入れないと圧力に押しつぶされてしまうのだ。

（8）このアイディアはErwin Schrödinger, *What Is Life?* (Cambridge: Cambridge University Press, 1948)〔岡小天・鎮目恭夫訳『生命とは何か――物理的に見た生細胞』（岩波書店、一九五一年）〕から拝借している。

（9）エゴが想像力にもとづいておこなうどんな行動も、他のエゴがルーティン行動するという想定に依拠している。それはたったひとつの物語によって例証可能である。ダフニスとクロエは少し離れたそれぞれの家に住んでいて、その中間に立っている一本の樹の下での逢い引きをつねとしている。ある日、愛情深きダフニスは早く家を出て樹の手前でクロエをつかまえようと決心する。しかしクロエもやはり早く家を出て、花々で身を飾りたいと思っていた。こういう意図があったから、彼女は草原に出かけて花を摘んでから逢い引きの場所に行く。こうして少年は彼女がとらなかった道の目標地点で待ちぼうけを喰わされ、少女はダフニスがやって来ない樹の下で打ちひしがれる〔このエピソードはロンゴス作『ダフニスとクロエ』にはない〕。

（10）この語はLéon Brillouin, *Science and Information Theory* (New York: Academic Press, 1956)〔佐藤洋訳『科学と情報理論』（みすず書房、一九六九年）〕から拝借している。

（11）社会はよく暗黙のうちに仮定されているように、そのメンバーが社会内部の自分の地位が低いことを理由に、またその低さに応じて社会に敵対的になると存続できなくなる。仮にあなたが、考えつくかぎりあらゆる点で平等を確立・維持するような社会を構想したとしても、本質的に少数者だけが手にしうるような稀少で望ましい地位がおのずと復興してくるだろう。合議体の各メンバーに時間を平等に割り振ることはできる。しかし各人が平等な注目をあつめるという確証は得られない。ある特定フィールド間で不均衡な（多少なりとも対数正規的な）分布が追跡できたら、きっと同じものは別のフィールド間にもあらわれる。自分が低い位置に据えられる序列化にはすべて愛想を尽かすというほど人間はさもしくない。それどころか人間は、自分が価値をおくパフォーマンスに秀でた者を惜しまず優先させるものだ。人びとの怒りを買うのは、かれらには不面目と思われる価値認定システム、自分の得点表と矛盾する社会的物差しである。

（12）第二幕第三場〔小田島雄志訳『コリオレーナス』（白水社〈シェイクスピア全集〉、一九八三年）、九七、九八、一〇〇頁〕。

（13）Martin Buber, *I and Thou*〔植田重雄訳『我と汝・対話』（岩波文庫、一九七九年）〕および *Between Man and Man* に美しく述べられているごとく。

（14）「伝道の書」九・九。

（15）*Between Man and Man*, trans. R. G. Smith (London: Collins, Fontana edition, 1961), pp. 50-51〔『我と汝・対話』、二二六頁〕におけるマルティン・ブーバーの共生（conviviality）論を参照。

第Ⅲ部

第一章

（1）仮にわたしがこれについてそれ以上述べないとしたら、その理由は、本書が道徳的諸問題を論じるものではないからである。仮に多くを語るなら、わたしが煽動者を方法論上強調することと、わたしが共感をほとんどおぼえない「英雄崇拝」とのおよそいかなる混同も避けたいからである。

（2）*Leviathan*, part 1, ch.14 (p. 89 of the Oakeshott edition published by Basil Blackwell, Oxford, 1946)〔水田洋訳『リヴァイアサン(1)』（岩波文庫、一九九二年）、二二六頁〕.

（3）パスカルを参照。「ひとは良心によって悪をするときほど、十全にまた愉快にそれをすることはない」(*Pensées*, no. 895 of Brunschwicg edition)〔前田陽一・由木康訳『パンセⅡ』（中央公論社、二〇〇一年）、二六七頁〕。

第二章

（1）Shakespeare, *King John*, Act 5, scene 1〔小田島雄志訳『ジョン王』（白水社〈シェイクスピア全集〉、一九八三年）、一五一頁〕.

（2）*King Richard II*, Act 3, scene 2〔小田島雄志訳『リチャード二世』（白水社〈シェイクスピア全集〉、一九八三年）、一〇二頁〕.

（3）*Ibid*〔邦訳、一〇四頁〕.

（４）*Ibid*〔邦訳、一一四頁〕.
（５）*Ibid*〔邦訳、一〇三頁〕.
（６）*Ibid.*, scene 4〔邦訳、一三四―三五頁〕.
（７）*Ibid.*, scene 2〔邦訳、一〇四―五頁〕.
（８）Edmund Burke, Speech on "Conciliation with America"（22 March 1775）, in *Works*（London: Printed for F. C. and J. Rivington, 1808）, vol. III, p. 30〔中野好之訳「植民地との和解決議の提案にかんする演説」（一七七五年三月二二日）、『アメリカ論・ブリストル演説』（みすず書房〈エドマンド・バーク著作集２〉、一九七三年）、九九―一〇〇頁〕.
（９）Cf. Michael Polanyi, *Personal Knowledge*（London: Routledge, 1958）, p. 217〔長尾史郎訳『個人的知識――脱批判哲学をめざして』（ハーベスト社、一九八五年）、二〇三頁参照〕.
（10）Cf. *Authority*, edited for the American Society of Political and Legal Philosophy by Carl J. Friedrich（Cambridge, Mass.: Harvard University Press, 1957）.
（11）Cf. Polanyi, *op. cit.*, passim.
（12）Polanyi, *op. cit.*
（13）この問題はベール『歴史批評辞典』の「パウリキウス派」の項できわめて明確に提起されている〔野沢協訳『歴史批評辞典Ⅲ』（法政大学出版局〈ピエール・ベール著作集５〉、一九八七年）、七五―一一四頁参照〕。
（14）ジッドの論点は高名なる小説『法王庁の抜け穴』〔石川淳訳（岩波文庫、一九七〇年）〕で例証されている。

第Ⅳ部

第一章

（１）第Ⅳ部第三章。
（２）「準〈権威〉」を出発点としてそのような「新興権威」が樹立された実例は挙げることはできるが（たとえばキプロス共和国のマカリオス大主教〔Makarios III（1913-77）. キプロス独立運動の指導者で初代大統領になった〕）、頻繁とはいえない珍しい例である。
（３）拙論"Thoughts on a Theory of Political Enterprise," *University of Detroit Law Journal*, vol. xxxvi, no. 2（December 1958）において。
（４）近代のデモクラシー諸国はこの想定に遠くおよばないことに注意せよ。それが暗示するのは、たとえば軍隊なら、将校はその兵士たちによって選ばれるということである。

（5）もし論じるとなったら、行政の長に相当の人格的権威を備えた者を選ぼうとする新しい傾向、およびその結果として生じる合法的権力機関相互の均衡の変化について論じねばなるまい。

第二章

（1）読者には是非とも以下のことを心に留めておいていただきたい。ここで言及されている関係は、複雑な状況における基本的な構成要素を知的分析によって「切り抜いた《カット・アウト》」ものである。この性格を指示するには「根元」という用語が適切だとわたしには思われ、この用語が気品に欠けると助言されてもなおその使用にこだわるのもそのためである。

（2）「集合」という語は、一貫して数学で用いられるのと同じ意味で使用する。本章では、ここで論じられている呼びかけの現実の名宛人となる十分に限定された人びとのあつまりを意味する。

（3）間接的形態を装う「政治的ごり押し」があり、トゥキュディデスがその一例を挙げている。アルキビアデスがシュラクサイ遠征問題でアテナイ民会を味方につけたのち、そのアルキビアデスを将軍のひとりに加えた遠征が途についたころ、敗れた和平派一党が出発前にメルクリウス〔ギリシア神話のヘルメスに相当するローマの神。以下のエピソードについては、トゥキュディデス『歴史』第六巻二七―二九参照〕柱像打毀事件への関与あるいはその首謀者としてかれを告発した。そして誰をも虜にするかれの声が届かず、また若者や水夫たちがみなシケリア島へ発ってしまってその支援もなかったので、冒瀆罪でかれを告発し、嫌疑を晴らすために帰還を命じる提案の採択が成ったのである。かれが召喚されたせいでアテナイは勝利の唯一のチャンスを失ったといっても過言ではあるまい。それはアルキビアデスの持ちまえの機敏さにかかっており、民会におけるかつての論敵ニキアスはそのような機敏さとはまったく無縁であったが、いまや軍隊統率の重責はかれの双肩にかかっていた。

第三章

（1）ディヴィッド・バトラーはこの選抜会議に「通常三〇人から一〇〇人の選挙区（政党）構成員が出席する」と述べている。*The British General Election of 1959* (London: Macmillan, 1960), p.122. R. T. McKenzie, *British Political Parties* (London: Heinemann, 1955)〔早川崇・三沢潤生訳『英国の政党』（有斐閣、一九七〇年）〕および国際政治学会第五回世界大会でのかれの報告 *The Political Activists and Some Problems of Inner Party Democracy in Britain* も参照。

（2）市民団は四万人の人民からなっていたとされるが、それよりずっと少なかった可能性がある。民会参加者は二〇〇〇人まで落ち込むこともあり、五〇〇〇人にのぼることは滅多になかった。Cf. Gustave Glotz, *Histoire grecque, t. 2: La Grèce au Ve siècle* (Paris: PUF, 1931).

（3）Cf. Bertrand de Jouvenel, "The Chairman's Problem," *The American Political Science Review*, vol. LV, no. 2 (June 1961).

（4）一見するとそのような関心は、数学者のいう「対数正規型に分布している」と想定されるだろう。一般にこのような分布を生む原因については、John Aitchison and J. A. C. Brown, *The Lognormal Distribution with Special Reference to Its Uses in Economics* (Cambridge: Cambridge University Press, 1957) を参照。

（5）R・T・マッケンジーは、政治への関与に継続的に積極的なひと（つまりかれが「政治的活動家」と呼ぶひと）の数を英国の各主要政党につき約六万人と推定した。かれはこう述べている。「活動家たちは事実上小さな「舞台上の軍隊」であり、絶えず政治的場面を行進して横切っては、できるかぎり幻想をかき立てている。すなわち、大政党の書類の上での党員である幾百万もの人びとが、コミットメントと関心で自分たちに引けを取らず、自分たちはその膨大な人びとを表現しているというのである。……かれらは英国の政治システム内で、その数にはなはだ不釣り合いな影響力を発揮している」（前掲 R. T. McKenzie, report on *The Political Activists* より）。

（6）少数者によって行使される統制的な影響力は、きわめて多くのさまざまな場面で容易に観察される。それゆえ少数者たちは大きな存在に感じられる。しかし、たまたま社会のある地点で統制力を行使する少数者を、別の地点で類似の統制力を行使する別の少数者と一緒くたにするのは、絵空事もいいところだ。これらの集団は手練手管こそ似たり寄ったりだが、組成、流儀、原理原則の点で明確に対照的である。それらは確立《エスタブリッシュ》されたものではあるが、「体制権力《エスタブリッシュメント》」の体をなしているわけではない。

（7）これはマルクス主義者には「絶対的窮乏化」の名で知られている理論である。

（8）マーク・エイブラムズによってなされた調査（一九六〇年五月から継続的に『ソーシャリスト・コメンタリー』誌で公表され、近年ペンギン・ブックスより *Must Labour Lose?* として再版された）を参照。

（9）Max Weber, "Politics as a Vocation," in H. H. Gerth and C. Wright Mills eds., *From Max Weber* (New York: Oxford University Press, 1958), p. 112〔脇圭平訳『職業としての政治』（岩波文庫、一九八〇年）、七一頁〕.

（10）非公式の権威は自然的であるとわたしがいう場合、それを行使する人身に自然に備わったもののことを述べていると理解されては困る。自然的なのはその関係であって、つまり権威2にたいしてわたしはおのずと応答するのだ。一貫して本書では、権威はある人格の属性ではなく、関係の性質を指示する。

（11）John Locke, *Third Letter on Toleration*.

（12）シェイクスピアはしばしば軍隊のことを"power"と呼んでいる。たとえば『リチャード二世』に曰く、「おまえの軍勢《パワー》はどこにおる?」」（第三幕第二場）〔小田島雄志訳『リチャード二世』（白水社〈シェイクスピア全集〉、一九八三年）、一〇四頁〕。

第一章

（1）ある傾向をその極限まで押し進めることによって得られる状況。

（2）*Social Contract*, Book IV, ch. 1〔作田啓一訳『社会契約論』（白水社〈ルソー全集5〉、一九七九年）、二一三頁〕.

（3）「それら」とは新しい法律のことであるが、行政的決定に適用してもよいだろう。

（4）『社会契約論』のいわゆる「抹消された章」を参照。これは『百科全書』におけるディドロ執筆の「自然法」の項への応答を意図したものである。

（5）Clyde Kluckhohn and Dorothea Leighton, *The Navaho*（Cambridge, Mass.: Harvard University Press, 1946）.

（6）「人民」の規模が小さいほどテクノロジーの水準も低いと論じられてきた。Ludwik Krzywicki, *Primitive Society and Its Vital Statistics*（Warsaw: J. Mianowski Institute for the Promotion of Science and Letters, 1934）をみよ。この著者の推論とかれが自らのテーゼを裏づけるためにあつめた証拠は、わたしには印象的に思える。

（7）Isaac Schapera, *Government and Politics in Tribal Societies*（London: Watts, 1956）, p. 85.

（8）Wilbur Chaseling, *Yulengor: Nomads of Arnhem Land*（London: Epworth Press, 1957）, pp. 63-64.

（9）「多くの人間が結合して、一体をなしているとみずから考えているかぎり、かれらは、共同の保存と全員の幸福にかかわる、ただひとつの意志しかもっていない。そのときには、国家のあらゆる原動力は、強力で単純であり、国家の格律ははっきりとして、光りかがやいている。利害の混乱や矛盾はまったくない。共同の幸福は、いたるところに、明らかにあらわれており、常識さえあれば、誰でもそれを見分けることができる」（*Social Contract*, Book IV, ch. 1〔邦訳、一四四頁〕）。

（10）E. R. Leach, *Political Systems of Highland Burma, a Study of Kachin Social Structure*（London: London School of Economics, 1954）, p. 183〔関本照夫訳『高地ビルマの政治体系』（弘文堂、一九九五年）、二〇〇頁〕.

（11）Leach, *op. cit.*, p. 189〔邦訳、二〇六頁〕.

（12）R. H. Lowie, *Lowie's Selected Papers in Anthropology*, ed. Lora du Bois（Berkeley: University of California Press, 1960）, pp. 252-53. 傍点は著者。

（13）Schapera, *op. cit.*, p. 87.

（14）*Social Contract*, Book IV, ch. 1および*Discourse on the Origin of Inequalty among Men*〔原好男訳『人類不平等起源論』（白水社〈ルソー全集4〉、一九七八年）〕の全体を参照。

（15）これは『反デューリング論』〔菅原仰・村田陽一訳（大月書店〈マルクス・エンゲルス全集20〉、一九六八年）〕においてエンゲルスによりきわめて明確に述べられている。

(16) *Discorsi*〔永井三明訳『ディスコルシ』(筑摩書房〈マキァヴェッリ全集2〉、一九九九年)〕, Book I, ch. 6.
(17) *The Spirit of Laws*, Book 1, ch. 2〔野田良之ほか訳『法の精神(上)』(岩波文庫、一九八九年)、五二頁〕.
(18) Krzywicki, *op. cit.*
(19) Cf. *Social Contract*, Book III, chs. 1 and 2.
(20) David Hume, *Essays and Treatises on Several Subjects*, 2 vols. (London: Printed for A. Millar, 1757), essay IV: "Of the First Principles of Government," p. 31〔田中敏弘訳『道徳・政治・文学論集[完訳版]』(名古屋大学出版会、二〇一一年)、二五頁〕.
(21) たとえば軍隊の政治的な自己主張。
(22) 最終校訂中に一例が飛び込んでくる。新設された国民経済発展協議会(National Economic Development Council)〔英国で一九六一年に設置されたコーポラティズム機構〕において労働組合と財界のリーダーたちが一堂に会したが、これは最初の議会招集と同じく政府の側での必要に応じたものである。ある政策の実施を確たるものとするのに好適な社会的位置を占める人びとは、その仕上げに参加するために招かれるのだ(すなわち、「来たれ、そして納得せよ」)。

第二章

(1) わたしの論文 "The Chairman's Problem," *American Political Science Review*, vol. LV, no. 2 (June 1961) を参照。
(2) イングランドに全員一致原則があるのは、実は制度が古いせいだと思われるのだが。陪審制度は、実際には刑法の目的とは別の目的があって、多数派は合意の意味にとってよいという考えが興るはるか以前からイングランドで機能していた。これは一個の近代的観念であり、論理的には正当化しにくい。この近代的な観念が定着するにいたったために、遅れて陪審制度が導入された(フランスのような)国々には多数決が存在するのである。統計的には多数決が被告人の有利を保証することはあまりないが(以下を参照)、もちろん有罪認定をしたくないという気持ちのほうが強いのでそれを相殺できるのである。
　全員一致と多数決のそれぞれによる保証についての十全な議論は、コンドルセの「多数決への確率分析の応用にかんする試論」(*Essai sur l'application de l'analyse à la probabilité des decisions rendues à la pluralité des voix*, Paris, 1785)にみることができる。陪審員各人が無実のひとに有罪宣告する可能性を一〇万分の一にまで抑えたいとして、これが多数決制のもとで実現できるのは、陪審員各人の誤る可能性が一〇〇回につき八回以下の場合だけだが、全員一致制では、陪審員各人の誤る可能性が一〇〇回につき三七回以下で実現できる。これは累積二項分布表で誰でもたしかめることができる。このような単純な解答が得られるのは、陪審員たちは相互に影響されることがないという非現実的な想定をしたときだけである。
(3) 通常なら被告側に有利にはたらく「もっとも安全な道」なる格率が、混乱時には逆転して「国家」「人民」「党」「革命」「大義」に有利になることは注目にあたいする。このとき、「もっとも安全」と称せられるのは、現実あるいは潜在的な反対者の心を恐怖でおののかせるのにより適したもののことである。無辜の者への有罪宣告は、罪ある者への有罪宣告に劣らない効果がある。

（4）Cf. Alfred Vacant et Eugène Mangenot, *Dictionnaire de théologie catholique*, Fasc. XV: "Canonisation dans l'Eglise Romaine," with an extensive bibliography.

（5）言及しようと思えばできるが、この段階にはふさわしくないアナロジカルな要求がほかにもある。

（6）原状回復（*redde*）という目的が正義の執行には浸透している。ある司法的決定、すなわち刑罰や損害賠償などがどんな将来結果になっても、それは不当な混乱の認定から帰結するのだ。

（7）本章の最終校訂中に一例が飛び込んでくる。アメリカ連邦最高裁判所は、ゼネラル・モーターズ社株の大半をデュポン社が所有しているのを違法と認定し、デュポン社にそれを手放すよう命じる。そして、たとえその後の株式市況における投げ売りからゼネラル・モーターズ社の個人株主に損害が生じても、それは連邦裁の管轄外とみなしている。

（8）この点はいかに重要とはいえ、ひとまずおいておこう。別の章で論じるつもりである。

（9）同年一月に調印された。

（10）Cf. Paul Reynaud, *Au cœur de la mêlée, 1930-1945* (Paris: Flammarion, 1951), pp. 364-69. このできごとはハンス・J・モーゲンソーによっても言及されている。

（11）もちろん、中立派によって下されることはまずない、というのが政治的決定の特徴である。そしてこれが司法的決定とのもうひとつのきわめて重要な対照点である。とはいえそれは、本章でわたしが論じたいと思う特徴ではない。

（12）事実そうした要求が提起されていたのである。

（13）道徳的義務が特定の決定を強力に要求するあまり、その帰結をあれこれ考えてはいけない場合がときにあることを忘れたわけではない。たとえば、白国ははるかに強国である緑国からの難民をかくまっており、緑国は「難民を引き渡すこと、さもなくば……」と要求する。白国の明白な回答は「断る、それでどうなろうとかまうものか！」しかしいまはこのような事例を考察する必要はない。道徳的義務が直《じか》に決定を命じるときには、問題が生じないからである。

（14）これほど強い単語を用いるまえに、例外もありうるのではないかとあれこれ思案してみた。けれどなにも思いつかなかった。

（15）G・L・S・シャックルはこのことばに素晴らしい定義をあたえている。「わたしが意味する期待とは、想像上の状況をつくりだし、それを未来の特定の日時に結びつけ、こうして定式化されたそれぞれの仮説にたいして、われわれの側で特定コースの行為をとればその仮説が実現すると信じる度合いを示すスケール上の位置を割り振る営みのことである」（G. L. S. Shackle, *Expectation in Economics*, Cambridge: Cambridge University Press, 1949, p. 1）。

第三章

(1) われわれはここで経済学をやっているのではないから、ほかならぬ景気後退の進展により結果として赤字予算になる場合を考える必要はない。

(2)「主観的効用」(この場合は不効用)や「主観的蓋然性」という言いかたが慣例である。主観的蓋然性とは、ほかならぬシェイクスピアのいう「さまざまな程度の信念」のことである。

(3) きわめて杜撰な表現法である。

(4) 大雑把にいって、およそどんななりゆきも多くの結果を生じさせることができる(われわれの単純な例ではたったのふたつだが)。選択者はそれぞれの結果にひとつの価値を設定し(主観的効用)、それぞれにある見込みを帰する(主観的蓋然性)。選択者はそれぞれの結果につき、その主観的効用に主観的蓋然性を乗じ、そうして得られた項を合算してあるなりゆきの全結果とする。より高い合計値をもたらすなりゆきが選好されるべきである。

(5) たとえ*C*にとってはインフレーションのほうが悪く、*D*にとっては不況のほうが悪いとしても、インフレーションと不況はともに悪であるという点で全メンバーに合意がある。

(6) *C*はインフレーションを大きな悪とみなし、*A*と*B*はこの点で中立である。

(7) *A*は景気回復の見込みはあまりないとみなし、*B*はかなりあるとみなす。*C*はどちらの可能性も同じくらいだと考えている。

(8) *A*と*B*:どちらも同じくらい悪い。*C*:インフレーションのほうが悪い。*D*:不況のほうが悪い。結果:引き分け。

(9) *A*:その見込みは高い。*B*:低い。*C*:見込みは同じ。そこへ*D*が見込みは高いというわけである。

(10) Cf. Jean Jacques Rousseau. *Social Contract*〔作田啓一訳『社会契約論』(白水社〈ルソー全集5〉、一九七九年)〕. Book IV, ch. 1.

(11) 判例という価値を有するいわゆる司法決定の場合は除くが、その場合にこれは政治的決定となる。アメリカ合衆国の最高裁判所の若干の決定に政治的性格があることは否定しがたい。

(12) 大きな興奮が生じたときにはこれも真実でなくなるだろう。とはいえ、たとえば集団暴行の張本人たちが裁かれているときには、たとえ大衆感情がかれらに肩入れしても、裁判官によって無視されるべきである。もし大衆の憤怒に頭《こうべ》を垂れる必要があるとしても、それは政治的権威にとっての問題であろう。

(13) たとえば、被験者がその決定を確実に成立させたり握りつぶしたりするために個人的にどの程度の犠牲を払うか突きとめたい、というひとはいるものだ。

第VI部

第一章

（1）確率計算はシュヴァリエ・ド・メレ〔Chevalier de Méré（1607-84）. パリ社交界の花形紳士《オネトム》で、パスカルの友人としても知られる〕によるさいころゲームの観察から生まれた。フォン・ノイマンとモルゲンシュテルンの有名な『ゲームの理論』（一九四四年）〔銀林浩ほか監訳『ゲームの理論と経済行動（全五冊）』（東京図書、一九七二―七三年）〕は、プリンストンでポーカー・テーブルを囲むなかから着想されたという話である。

（2）もしここで親というもっともわかりやすい例を選んでいたら、フィルマー〔Robert Filmer（c.1590-1653）. 王権神授説の代表的理論家〕にまで遡るもろもろの誤解を解かねばならないはめになっただろう。

（3）わたしはこの語を、ある集団をある点で「世話する」役目にあると認識されているひとを指示するために使う。

（4）対外諸関係の考慮を度外視すればの話である。

（5）「邁進」と「標的」が意図深い態度の特徴をあらわす表現である。

第二章

（1）それには公的権威の総取り替えまでもが必要になることもある。だが、さしあたりはより限定的な必要条件にしておこう。

（2）アメリカ合衆国における例。労働組合はすべて解散のうえ、以後は違法宣告を受けるべし。一〇〇万ドル以上の資本を有する全企業は国有化されるべし。ドイツ人を祖父にもつ市民は公職不適格とすべし、など。

（3）Georges Sorel, *Réflexions sur la violence*（Paris: Librarie de Pages libres, 1908）〔今村仁司・塚原史訳『暴力論（全二冊）』（岩波文庫、二〇〇七年）〕.

（4）きわめて由緒正しきカテゴリーである。

（5）これは正戦との認定を受けてきた。

（6）正誤を問わず。

（7）それを純粋かつ単純に欲しているか、自分たちがそれにふさわしいと考えているかを問わず。

（8）先の所見と無関連ではない。

（9）アメリカの読者のために、ここでの定義はマディソンの定義とは異なっており、それより単純かつ――わたしはそう信じているが――便利であると指摘するのが適当であろう。マディソンはつぎのように述べる。「わたしは、党派ということばを、全体中の多数であれ少数であれ、一定数の市民が、ほかの市民の権利に反する、あるいは共同社会の永続的・全般的利益に反するような感情または利益といった、ある共通の動機により結合し行動する場合、その市民たちをさすもの、と理解している」。*Federalist*, x〔斎藤眞・中野勝郎編訳『ザ・フェデラリスト』（岩波文庫、一九九九年）、五四頁〕. このような定義は曖昧だというロバート・A・ダールにわたしはまったく賛成である。*A Preface to Democratic Theory*（Chicago: The University of Chicago Press, 1956）〔内山秀夫訳『民主主義理論の基礎』（未來社、一九七〇年）〕. わたしが「ある共通の動機により結合し行動する」集団のメンバーであるとする。われわれの行動の矛先が「ほかの市民の権利」に向けられることなどわたしはみとめないだろう。それが向けられるのは、もっぱら濫用ないし不正行使された諸権利、あるいは、この瞬間に（現行法のもとで）は実定的権利であるかもしれないが、衡平に基礎をおかず、法における修正により「正しく」切りつめられるべき諸権利である。同様にしてわたしは、われわれの行動の矛先が「共同社会の永続的・全般的利益」に向けられるとはみとめず、われわれの敵対者が引き合いに出すこれら諸利益の戯画にのみ向けられるとみとめるだろう。なにが権利となるべきか、なにが集合的な利益となるべきかをめぐる意見の相違は、こうしてわれわれの運動の呼称にかならずや違いをもたらす。われわれと意見を異にする人びとにとってそれは党派である。だがわれわれ自身にとっては党派ではない。

これに反して、はるかに単純な先述の定義はふたつの確認可能な事実に依拠している。すなわち、ある人びとがほかの人びとに対抗して団結していること、そしてかれらの精神が好戦的であり、当然その程度はさまざまでありうること。この団結と好戦性は、古典的著作家たちが党派について語るときにつねづね念頭においていたものである。

(10) ただひとりの例外を除いて。そのひとりとはマキァヴェッリである。

(11) 「敵愾心」（hostility）は「敵」を意味する〔ラテン語の〕*hostis* に由来するが、これは本来「見知らぬひと」「われわれの一員ではない者」以上の意味はなかった。

(12) David Hume, *Essays and Treatises on Several Subjects* (London: Printed for A. Millar, 1753), vol. 1, part 1, essay VII, p. 52〔田中敏弘訳『道徳・政治・文学論集〔完訳版〕』（名古屋大学出版会、二〇一一年）、四五―四六頁〕.

(13) Tacitus, *Annales*, Book IV, xxxiii〔国原吉之助訳『年代記（上）』（岩波文庫、一九八一年）、二七三頁〕.

第三章

(1) ルソーがこの点について力説している。「理性のみでは徳を確立しようとしても無駄である。どんな確固たる基礎をこれにあたえることができようか。徳は秩序にたいする愛である、と人びとはいう。だが、いったい、この愛はわたしのなかでわたしだけの自己充足への愛に打ち勝つことができるのか、また、打ち勝つべきなのか。この愛を優先させるに十分な、明白な理由をあたえてほしいものだ。結局のところ、人びとのいわゆる原理は純粋のことば遊びである。わたし自身もまた、秩序を別の意味にとれば、不徳は秩序にたいする愛である、といえるからだ。違うのは、善人は自己を全体との関係において秩序づけるが、悪人は全体を自己との関係において秩序づけることだけだ。後者は自己を万物の中心とし、前者は自分の半径を測って、自己を円周に位置づける」。これは『エミール』の「サヴォワの助任司祭の信仰告白」からの引用である〔樋口謹一訳『エミール』（白水社〈ルソー全集7〉、一九八二年）、五九頁〕。またヴォルテールがかれの蔵書のこの一節の余白に、「こんな恐ろしいものは世間に知られてはならない」と書きつけていることは注目にあたいする。

（2）政治において人間たちは理性的にふるまうと仮定するのは大いに危険である。

（3）第二の想定に移ると、コンピュータはなしにしてこう仮定したくなるのは明らかである。すなわち、第一のモデルではコンピュータにより公共善にかんする結論に到達するのだが、その代わりに「正しい理性」が各ルリタニア人をそこに導くのだ、と。しかしこの修正はわたしの目的と関連がない。

（4）Cf. Bertrand de Jouvenel, *Sovereignty* (Cambridge: Cambridge University Press, 1957).

（5）Cf. Martin Davis, *Computability and Unsolvability* (New York: McGraw-Hill, 1958).

（6）この点は補論「解決の神話」で展開される。

（7）Leonard Woolf, *Principia Politica* (London: Hogarth Press, 1953), pp. 9-10.

（8）Anthony Trollope, *The Prime Minister*, ch. 72 (Oxford University Press edition, 1952), vol. II, pp. 367-68.

（9）*Op. cit.*, p. 368.

（10）*Op. cit.*, p. 388.

（11）Cicero, *Pro Domo* XVII.「聖なる法律は禁じる。十二表法は各人に授けられることを禁じる。なぜならそれは特権であるから。かつて前例はない」（*Vetant leges sacrae, Vetant XII tabulae leges privi hominibus irrogari: id est enim privilegium. Nemo unquam tulit*）。

（12）もちろんこの定式化が示唆するのは、ビザンツ帝国はローマ帝国の延長だということである。

（13）L. G. Walter, *Thomas Munzer (1489-1525) et les luttes sociales à l'époque de la réforme* (Paris: Auguste Picard, 1927).

（14）本一冊ついやしてナチ党を鉄鋼業界の「防衛反応」として描く努力がなされてきた。そのような情熱が企業経営者たちによって焚きつけられると想像するには、相当のナイーヴさが必要である。

（15）二度の大戦がこの過程を加速させたとしばしば指摘される。これはまったくの真実である。もっともめぐまれた人びとがそのような機会に犠牲を払うことを進んで受け入れたのは、（どんなに大きくても）一部の民衆のためではなく、当時なら国のためであったのだから。だがそのうえでさらに言っておくべきは、「社会的衝突」にいかなる傾向があるにせよ、きまってそれは、外国からの挑戦に立ち向かい撤退させるべく決起する妨げになったということである。

（16）*Du pouvoir exécutif dans les grands états*. 2 vols. (1792).

（17）たしかに非の打ちどころがない。というのも、革命《レヴォリューション》の肯定的な成果は、すべてかれが改良《リフォーム》によって手に入れようと努めたものなのだから。かれは三部会を招集した張本人であり、第三身分の代表を倍増した張本人であり、革命初期の財務総監であった。

(18) ネッケルは「敬意」(les égards) について述べている。それは尊敬の態度をあらわす素晴らしい表現であるが、上位者にだけ向けられるのではない。たとえば、「弱者へ払われるべき敬意」がある。「敬意」に磨きがかかった人間は万人を尊敬する者であろう。

(19) ネッケルの作品は入手が容易でないため、十二分に引用するのがふさわしかろう。「フランス国民の穏和な風俗に守られているものがまだ残っていた。それは敬意と作法の法体系である。それは青銅の銘板に書かれていたわけではないが、ただ世論の力だけで、人びとが外観を装うよう強制されているその感情を想起させたのだ。礼節と作法は、われわれの観念と同様に、時を経て精緻化され、その完成形では各人の生まれに特有の属性となる。疑念の感情を取り戻すにはもはやなにも必要ではなかった。われわれはそれがなんらかの点で階級秩序に結びついていると信じていたし、ありとあらゆる貴族を忌み嫌ってなされた総追放令にそれを含めようと急《せ》いていた。それらがまったく異なる原則に由来するとは思ってもみなかった。それらが平等の観念に起源をもつとは考えられなかった。強者から弱者を守るために案出された、もっとも普遍的な感情の所産であるとは思いもよらなかった。それが最初に適用されたのは高齢者の囲い込みであり、天下をとるや軽率になりがちな青少年の無礼からかれらを保護するためであった。ついで、自然法により専制的支配のもとに服従させられていた脆弱で臆病な女性の保護のために適用された。かくしてこれら同様の感情は想像力を裏づけるものと定められ、それにより数の力と過度に無秩序な群集に対抗して諸国民の支配者の権威を維持する定めとなった」(*op. cit.*)。

(20) すなわち、原理原則へのかれの攻撃はふるまいにかんするかれの感情によってつき動かされていたのである。

(21) アンシャン・レジーム下の反抗のもっとも有名な形態は、高等法院法官《パルルマンテール》、すなわち法廷の構成員によるものであった。

(22) たとえば、早くも一七八九年八月一日、国民議会が選出されて三ヵ月足らずのころ、かろうじて絶対多数により議長に選任されたトゥレ〔Jacques-Guillaume Thouret (1746-94).「国民議会」に名称変更するまえの立憲議会の最後の議長〕は、この結果の布告につづいて勃発した暴動のため、即時辞職を余儀なくされた。わずか六週間後に国民議会は、議会に検閲を許可し、それにより好ましくないとみなされた議員を罷免できるとする決議を事前の審議もなしに挙手だけで通過させた。その決議はただちに効力を発揮するものではなかったが、後続議会の粛正にあらかじめ祝福をあたえる原則を規定したのだった。

(23) 国民議会において法曹界が異常なまでに優勢であったことを考えると、これはいっそう意外に思われるかもしれない。注目にあたいするのは、法律公布の形式にかんする議論において、法律が至上であるとの感覚を人民に植えつける必要性を強調したのはロベスピエールだけだといってよいことである。

(24) もちろん諸般の事情でかなりの説明はつく。国民議会は軍部からくる危険の噂でもちきりであったため、暴徒たちは議会のために行動しているのだと受けとめたがっていたのである。

(25) 革命の唯一の政治家、すなわちロベスピエールは、こうした野卑さの流行におもねることなどけっしてなかった。

(26) どちらかといえば健全な諸原則は最初の数週間で規定されたという事実があっただけに、そう考えやすかったのである。

(27) Cf. J. L. Talmon, *Political Messianism* (London: Secker and Warburg, 1960). ならびに *The Origins of Totalitarian Democracy* (London: Secker and Warburg, 1960)〔市川泰治郎訳『フランス革命と左翼全体主義の源流』(拓殖大学海外事情研究所、一九六四年)〕.

(28) わたしの見解は書物にもとづくものではない。残念ながら、暴力の仕儀となるのを眼にする機会がなくならないのである。

(29) そのような自然の感覚があることを疑う者は、殺人のために「自らを煽る」人間を記述した文化人類学者たちの手にゆだねる。

(30) Émile Faguet, *Politiques et moralists du dix-neuvième siècle*, 3 vols. (Paris: Société française d'imprimerie et de librairie, 1900), vol. III: "Stendhal."

(31) ドライサーの『アメリカの悲劇』で、もし主人公が恋人を溺死させ、その後に社会的野望を達成していたとしたら、同じことがいえる。ドライサーの作品では罪が罰を受けないが、かといって罪に美的特質があたえられているわけでもない。この小説は「道徳的な物語」なのだが、残念ながらそれにたいした芸術的値打ちはない。

(32) たとえば、『法王庁の抜け穴』でジッドが「無償の行為」をあつかう七面倒臭さをみよ。

(33) おもに *Réflexions sur la violence* (Paris: Librarie de "Pages libres," 1908)〔今村仁司・塚原史訳『暴力論』(岩波書店、二〇〇七年)〕による。T・E・ヒュームとJ・ロスが翻訳した、エドワード・シルズの素晴らしい序文付きのアメリカ版 *Reflections on Violence* (Glencoe: Free Press, 1950) が入手しやすい。

(34) ソレルにとっての「選ばれし者たち」はプロレタリアートであった。しかしかれはレーニンとムッソリーニを並べて激賞することにより、自分が真に心惹かれたのは「戦士チーム」であって、特定の内容より形式であったことを露呈した。

(35) フランス語版lx頁からの拙訳。アメリカ版では六二頁〔邦訳、七三頁〕。

(36) 「エズラ記」九・一一。

(37) そのような人物像の理解へと導く作品に、いうまでもなくドストエフスキーの『悪霊』とマルローの『人間の条件』がある。

(38) 英語圏の読者はつねづねこれをハーバート・スペンサーの考えだとするが、かれはそれを大衆化したのである。

(39) これをマルクス以上に意識していた者はいなかった。かれは資本家の支配を資本蓄積にとって必要なもの、生産増加の条件とみなしていた。かれが革命を予見したとすれば、潜在的生産量の増加に応じた労働者たちへの増加払いの分配を資本家たちが拒み、それにより富の生産システムを行きづまらせる、すなわち、生産能力の向上と調和する合理的な分配を確立するために暴力を要請する非合理的なふるまいを想定していたからであった。目下のわたしの目的とは無関係だが、この非合理的なふるまいと結びついていたのは、仮定上の資本効率の低下（かれがリカードから借用した誤った想定）により挑戦を受けている――マルクスはそう信じた――利潤率を一定に維持しようとするとおぼしき意志である。わたしのここでの目的に関係する論点は、非合理的な行動を超克するために暴力が必要だとマルクスが考えたことである。その点では、かれはいわゆるブルジョア的精神の持主であった。

(40) つまりいいかえるなら、もし市民たちが合理的であれば、なにか別のものを基盤にして大規模な追随者団が結集することはありえない。

(41) 今日では、経済成長がそのような目的である。それがこの目的に向けた政策の構想、提案、議論に絶えずたずさわる人びとのあいだに真の協力関係を産む。

(42) 経済成長の場合であれば、承認された言語と承認された結果測定法があると、当然ながら大いに助かる。

(43) 前段落で概略されていることは、フランスの経済社会評議会および国家会計委員会でのわたしの個人的経験に対応している。

(44) これが世界の富裕な諸国で明白になってきたのはもっともなことである。少数者の財産を取り上げても多数者の得分はほとんどない（ここでのわれわれの関心は収用からの純益にあって、手法を変えたら実現が見込まれる利得というまったくの別問題には関知しない）。だが一国内部でいえることも、貧しい国（たとえば中国）と富める国のあいだでいえることにくらべるとさほど自明ではない。中国の人びとがアメリカ合衆国を収奪すれば、得るものは多いだろう。

(45) 際立った例はインドにみられる。小作農たちが地主を放逐したら得をしていたことは明々白々であろう。

(46) この見解の表明は数あるなかで、わたしが選んだのはJ・P・ラボー〔Jean-Paul Rabaut（1743-93）．カルヴァン派の牧師。革命穏健派に属して処刑された〕の題して『現在の状況にかんする政治的考察』である。出版の日付はないが、明らかに一七九二年の初頭である。

(47) 著者の結辞（LXIII）は、「フランスの革命の歴史は予言の書である」であった。

(48) フランスは一七九二年四月二〇日にオーストリアとプロイセンにたいして宣戦布告した。わたしが引用する著者はプロテスタントの牧師であり、生涯たいへん立派な人物であったが（勇気ある行為のなかでもとりわけ、国王の救命に尽力した）、一七九三年一二月五日に打ち首にされた。

(49) フランス革命期と帝政期においてフランス軍はヨーロッパの君主諸国の軍隊を相手に数々の軍事的勝利を収めたが、それももっともな理由は、そのほとんどすべてが、アンシャン・レジームのものであった「飼い馴らされた戦争」のならわしに由来しており、君主諸国がそれに固執していたのに、フランスはそれを捨て去ったのだ。(1)共和国は君主諸国の知らない徴兵制を創設したため、フランス軍は数でまさっていた。それを最初に模倣したのはプロイセンである。⑵フランス軍は行く先々の土地から略奪して生計を立てるのを許されていたため、より容易かつ迅速に移動できた。他方、アンシャン・レジームの兵士はそれを厳格に禁じられていたため、重装備の隊列が足手まといになり、しばしば糧食不足に見舞われることさえあった。Cf. Carl von Clausewitz, *On War*, Book v. ch. XIV〔清水多吉訳『戦争論（上）』（現代思潮社、一九六六年）、四三五―五五頁参照〕. ⑶フランス軍は密集型縦列の陣形を組み、アンシャン・レジームの慣習に則って組まれた連合国軍のまばらな横列を突破した。縦列陣形は早くも一七二四年にフォラール〔Chevalier de Folard (1669-1752). フランスの軍人。戦略にかんする著作を遺した〕によって推奨されていた（とりわけパリで一七二七―三〇年に出版されたかれの六巻本軍事評論のポリビウス論を参照）。だがそれは人命の犠牲が大きすぎるとして拒絶され、その実戦導入に必要とされたのが徴兵制により確保される「大砲の餌食」であったというわけである。

(50) アルフレッド・マーシャルはつぎのように述べた。説明とは「単純にいうと後向きに書かれる予測のことである。つまり、十分な説明になっていれば、それが予測の助けになるのだ。人間行為のあらゆる研究の主たる目的は、現在の諸傾向の蓋然的結果を示唆することであるだろう。そうして、人類の福祉を増進するようなそれら諸傾向の修正をたとえ明示的ではないとしても暗黙的に示すのである」。*Industry and Trade* (London: Macmillan, 1919), p. 7〔永沢越郎訳『産業と商業　第一分冊』（岩波ブックセンター信山社、一九八六年）、九頁〕; quoted by R. C. Tress in "The Contribution of Economic Theory Prognostication," *Economica* (August 1959).

(51) バークがフランス革命以前にヨーロッパ中でみられたマナーの一様性への賛辞で強調したように。*Letters on a Regicide Peace, Works* (London: Printed for F. C. and J. Rivington, 1808), vol. VIII, pp. 181ff.

(52) Cf. Marquis de Roux, *Louis XIV et les provinces conquises* (Paris: Éditions de France, 1938). また、イレーネ・ラミエールの主要な研究成果 *Théorie et pratique de la conquête dans l'ancien droit*, 3 vols. (Paris: Arthur Rousseau, 1903, 1905, 1911) も参照。

(53) Bertrand de Jouvenel, *Quelle Europe?* (Paris: Le Portulan, 1947), "Question de frontières, question de vie et de mort."

補論

(1) Cf. Mercier de la Rivière, *De l'ordre naturel et essential des sociétés politiques* (London: chez Jean Nourse, 1767), especially Book I. ch. IX.

(2) わたしもそれは好まなかった。結局ズデーテンには自己決定の権利があると主張した『タイムズ』紙の論説は、悲惨ななりゆきの幕開けをミュンヘン〔ナチス党の活動拠点〕が準備するのに先立ち、その重要な一要因になったとわたしはいまなお確信している。

（3）本書二四七―四八頁を参照。

（4）本書第Ⅴ部第一章および第二章で強調されたように、政治的決定が先をみる（forward-looking）精神で下されることを必要とする理由のひとつはこれである。

［解説］ベルトラン・ド・ジュヴネルの政治哲学

秩序はすべての徳に導く！　なるほど、だがなにが秩序へ導くのだ？
G・C・リヒテンベルク

中金　聡

1　忘れられた作家

現代フランスの思想家ジュヴネルは、政治学、経済学、未来研究、エコロジー、ジャーナリズム、文学批評、小説など多岐にわたる知の領域を渉猟し、数多くの著作を遺したにもかかわらず、なぜか日本での知名度は低い。政治思想の分野にかぎっても、ハンナ・アーレント、ジョン・ロールズ、マイケル・オークショット、レオ・シュトラウスらの著作は次々に邦訳されるのに、ジュヴネルの場合は『権力論』と『主権論』の二大主著ですらいまだ訳されておらず、語られることのみ多くして読まれざる作品の代表格になっている。

だがジュヴネルの思想がその著作の量に見合うだけの関心をあつめなくなったのは、いずこも同じのようである。一九八〇年にふたりのアメリカ人政治学者が、「二〇世紀の偉大な政治思想家たちのうちでももっとも知名度の低い[1]」作家《エクリヴァン》を再評価する気運を興すべく、長らく散逸していた重要なエッセイをあつめた一巻を計画した。ジュヴネルはこの打診への返信で、そのような書物の出版について悲観的な見通しを立てつつこう述懐している。「アメリカでわたしの著作が際立って多く出版された時期がありました。それから別の時期が――おそらくは――無関心がやってきました。反対にフランスではいま上げ潮のときを迎えています。こうしたはやりすたりは作家のキャリアにつきものですし、自分自身に向けてものごとを説明することが目的で書く作家にはたいして気にならないものなのです」[2]。『政治の本質』と題されたこの一巻本選集は、英米の大手出版社をたらい回しにされ、ようやく一九八七年六月にニューヨークのショッケン・ブックス社から上梓されたが、その直前にジュヴネルは八三歳で没した。時代思潮とのズレを作家が意に介していた様子は微塵もない。とはいえ、その主張がときに反時代的にみえる理由はやはり確認しておく必要があるだろう。

ジュヴネルの主要著作といままでに英訳および邦訳された作品には以下のものがある。

▼ *L'économie dirigée: le programme de la nouvelle génération*（Paris: Librairie Valois, 1928）.

▼ *Après la défaite*（Paris: Plon, 1941）.〔邦訳〕岡田真吉訳『若き理念の勝利――フランスの自覚』（三省堂、一九四二年）。

▼ *Du pouvoir: histoire naturelle de sa croissance*（Genève: Éditions du Cheval Ailé, 1945）.〔英訳〕*On Power: Its Nature and the History of its Growth*, trans. J. F. Huntington（New York: Viking Press, 1948; London: Batchworth Press, 1952）.

▼（Ed.）, *Du contrat social de Jean-Jacques Rousseau, précédé d'un Essai sur la politique de Rousseau par Bertrand de Jouvenel, accompagne des notes de Voltaire et d'autres contemporains de l'auteur*（Genève: Éditions du Cheval Ailé, 1947）.

▼ *L'échec d'une expérience: problèmes de l'Angleterre socialiste*（Paris: La Table Ronde, 1947）.〔英訳〕*Problems of Socialist England*, trans. J. F. Huntington（London: Batchworth Press, 1949）.

▼ *The Ethics of Redistribution*（Cambridge: Cambridge University Press, 1951）.〔邦訳〕"Lecture II: State Expenditure"

のみが *Private Wants and Public Needs: Issues Surrounding the Size and Scope of Government Expenditure*, ed. Edmund S. Phelps（New York: W. W. Norton, 1965）に再録され、水谷允一訳『公共需要と私的欲求——公共経済への接近』、愛知学院大学経営研究所研究叢書第三号（白桃書房、一九七四年）に第二講義「国家支出について」として訳出されている。

▶ *De la souveraineté: à la recherche du bien politique*（Paris: M. T. Génin, 1955）.〔英訳〕*Sovereignty: An Inquiry into the Political Good*, trans. J. F. Huntington（Cambridge: Cambridge University Press, 1957; Chicago: The University of Chicago Press, 1957）.

▶ *The Pure Theory of Politics*（New Haven, CT: Yale University Press, 1963; Cambridge: Cambridge University Press, 1963）.〔仏語版〕*De la politique pure*（Paris: Calmann-Lévy, 1963）.

▶（Ed.）, *FUTURIBLES: Studies in Conjecture*, 2 Vols.（Genève: Droz, 1963-65）.

▶ *L'art de la conjecture*（Monaco: Éditions du Rocher, 1964）.〔英訳〕*The Art of Conjecture*, trans. Nikita Lary（New York: Basic Books, 1967）.

▶ *Arcadie, essais sur le mieux vivre*（Paris: SEDEIS, 1968）.〔邦訳〕収録作品のうち "Jardinier de la terre" の英語初出版 "The Stewardship of the Earth," *The Fitness of Mans Environment*（New York: Harper & Row, 1968）が、都市環境研究会訳『人間環境への適合』（鹿島出版会、一九八一年）に「地球へのいたわり」として訳出されている。

▶ *Du principat et autres réflexions politiques*（Paris: Hatchette, 1972）.〔邦訳〕収録作品のうち、"Qu'est-ce que la démocratie?" の英語初出版 "What is Democracy?" *Democracy in the New States, Rhodes Seminar Papers*（New Delhi: Office of Asian Affairs of the Congress for Cultural Freedom, 1959）が、関嘉彦編『民主政治への条件』（至誠堂、一九五九年）に田中努訳「民主主義とは何か」として訳出されている。また "Théorie des forms de gouvernement chez Rousseau"（英語初出版は "Jean-Jacques Rousseau," *Encounter*, 19 December, 1962）が、"Jean-Jacques Rousseau,"

Essays in the History of Political Thought, ed. Isaac Kramnick（Englewood Cliffs, NJ: Prentice-Hall, 1969）および "Rousseau's Theory of the Forms of Government," *Hobbes and Rousseau: A Collection of Critical Essays*, eds. Maurice Cranston and Richard S. Peters（New York: Anchor Books, 1972）に再録され、後者が山下重一訳『西欧の政治哲学者たち』（木鐸社、一九七四年）に「ルソー」のタイトルで訳出されている。

▼ *La civilization de puissance*（Paris: Fayard, 1976）.

▼ *Un voyageur dans le siècle 1903-1945*（Paris: Laffont, 1979）.

▼ *Marx et Engels: la longue marche*（Paris: Julliard, 1983）.

また没後に刊行されたアンソロジーに以下がある。

▼ *The Nature of Politics: Selected Essays of Bertrand de Jouvenel*, eds. Dennis Hale and Marc Landy（New York: Schocken Books, 1987）.

▼ *Economics and the Good Life: Essays on Political Economy*, eds. Dennis Hale and Marc Landy（New Brunswick and London: Transaction Publishers, 1999）.

▼ *BERTRAND DE JOUVENEL: itinéraire*（*1928-1976*）, ed. Eric Roussel（Paris: Plon, 1993）.〔邦訳〕巻頭の『エクスプレス』誌とのインタヴューは *L'express va plus loin avec ces théoriciens*（Paris: Laffont, 1973）として公刊され、内海利朗・気賀沢芙美子訳『現代との対話——18人の知性は語るI』（早川書房、一九七八年）に訳出されている。

2　世紀の旅人

一九六〇年代に空前の未来学ブームを産んだ『予測のアート』（一九六四年）や、『アルカディア』（一九六八年）

のエコロジー思想でこそグローバルな影響力を誇ったとはいえ、祖国フランスでジュヴネルの存在はほぼ黙殺されてきたといえる。『権力論』（一九四五年）はいささかの成功を収めたが、実存主義とマルクス主義が言論界を賑わす戦後状況下では、英米型自由主義の主唱者とみなされたジュヴネルに耳を傾ける聴衆はきわめて少なかった。しかしイデオロギー的志向において共通すると目されるレイモン・アロンと比較しても、政治思想家ジュヴネルは不当に軽視されつづけた。その理由はさしあたりアカデミックなものではない。著述家としてのかれの名声に水を差してきたのは、戦間期のスキャンダルの根づよい記憶である。

ベルトラン・ド・ジュヴネル（Edouard Bertrand de Jouvenel des Ursins, 1903-87）は、中世ローマの豪族オルシーニ家の末裔を暗示する「デ・ジュルサン」という家名の男爵家に生まれた。父アンリは日刊紙『ル・マタン』社主兼主筆をつとめ、上院議員となってからは主として外交畑で活躍し、葬儀にさいしてムッソリーニから弔電が届くほどの大物政治家である。(3) パリの屋敷には、アナトール・フランスやH・G・ウェルズ（幼いジュヴネルはかれを「ハーバート小父さん」と呼んでいた）をはじめ、名だたる文人が多数出入りしていた。そのひとりがやがて父の再婚相手となる『青い麦』や『シェリ』の小説家コレットであったが、あろうことかジュヴネルはこの継母と一時期公然たる愛人関係にあって、大衆ジャーナリズムに格好のゴシップを提供していたのである。『指導経済』（一九二八年）の成功により新進気鋭の経済・外交評論家として脚光を浴びたジュヴネルが、同年の国会議員選挙に急進社会党（Parti radical-socialiste）から出馬したさい、ル・アーヴル第三選挙区に入った若き候補者を出迎えたのは、「シェリ、シェリ」と嘲りはやす群衆の声と、「ド・ジュヴネルはなぜ「デ・ジュルサン」を切り取るのか」と問うポスターであったという。(4)

ついで一九三六年二月二一日に『パリ・ミディ』誌特派員として敢行したヒトラーへの独占インタビューが巻き起こした波紋がある。当時家族ぐるみで親交のあったドイツ高官オットー・アーベッツ（のちの占領下フランス大使）の斡旋により実現したこの会見で、ジュヴネルはヒトラーからドイツの対仏不可侵の言質をとり、独仏の協力によりソ連のコミュニズムを阻止しようというメッセージの仲介役を買って出る。[5] しかしそれが下院の仏ソ協定批准の障害となることをおそれたフランス外務省の圧力により、会見記の掲載は協定可決の翌日の二月二八日にずれこんだ。ヒトラーはこの遅滞をフランス政府の悪意によるものだと糾弾し、仏ソ修好協定締結をロカルノ条約違反とみなしてただちにラインラントの再占領行動を開始する。現代の僭主は若き野心家のジャーナリストより一枚も二枚も上手であった。後年の自伝『世紀の旅人』（一九七八年）でジュヴネルは、「リポーターの仕事はただインタビューした人物の発言を伝えることだけ」であり、この会見自体がアーベッツの背後にいたナチス外相フォン・リッベントロプの「陰謀」であったと主張しているが、情状酌量の余地はないだろう。ハイ・ポリティクスに翻弄された苦い経験からかれが引き出した教訓は、過失を犯しつつあるときにそれに無自覚であることが、政治においては「途方もなく重大な」過失になるというものであった。

さらにジョルジュ・ヴァロワ、ドリュ・ラ・ロシェル、ジャック・ドリオらファシストたちとの交流がある。フランス第三共和制の金権主義的寡頭政治がもたらした国内騒擾を収拾できない首相ダラディエと急進社会党に幻滅をおぼえたジュヴネルは、社会改革への希望に鼓舞されてより過激な手段の必要をみとめるにいたり、共産党を除名されたドリオが一九三六年六月に結成したフランス人民党（Parti Populaire Français）に接近した。このファシズム色の強い団体へのコミットは、党機関誌への寄稿や政治局入りなど次第に深まるが、人民党がミュンヘン協定を支持するにおよんで、結局ジュヴネルは三九年一〇月に離党する。フランスにおけるファシズム成立への左翼知識人の関与を指弾したZ・シュテルネルの『右でも左でもなく』（一九八三年）は、ジュヴネルの人民党への献身ぶりを豊富な資料にもとづいて明らかにし、戦前のかれが一貫してファシスト・イデオローグであったと論じた。[6] ジュヴネルはただちに著者と出版社を相手取って名誉毀損の訴訟を起こす。一九八三年一〇月一七日にはじまった裁判は、翌年二月一日にパリ大審裁判所第一七法廷において原告の一部勝訴で結審したが、ジュヴネルが要求していた出版差し止めや内容改訂はしりぞけられた。ジュヴネルの名誉回復の影には、朋友アロンの献身的な努力があった。

かれは病身をおして証言台に立ち、シュテルネルへの反論として、「ファシスト・イデオロギー」の概念規定のあいまいさを指摘し、多くの知識人たちが亡命を余儀なくされたときもフランス国内にとどまった人びとの特殊な事情に配慮すべきだと主張したのである。証言を終えたアロンは、法廷からの帰途の車中で心臓発作に襲われ帰らぬひととなった(7)。

戦間期のジュヴネルは親ドイツ・親ファシズム一辺倒であったわけではない。二〇年代には、チェコスロヴァキア独立運動をマサリクとともに指揮してのちに第二代大統領になったベネシュの私設秘書をつとめ、第二次大戦勃発後まもなくパリが陥落するとレジスタンス運動に身を投じ、ゲシュタポの追及を逃れてスイス亡命を余儀なくされている。だが「対独協力者」の汚名は『権力論』および『主権論』(一九五五年)を著した戦後のジュヴネルにつきまとい、長らくオポチュニストや戦後転向の嫌疑の根拠となってきた。自伝で「半分ユダヤ人、半分貴族」という出自を誇ってみせても(母方の祖父はユダヤ人実業家アルフレッド・ボアスであった)、エコロジー思想や『マルクスとエンゲルス』(一九八三年)で左翼のなかに読者を獲得しても、すべては戦前の言行の弁明や巧妙なアリバイづくりとみなされたのである(8)。

亡命の地となったルソーゆかりのジュネーヴで『社会契約論』の研究に没頭したジュヴネルは、それに触発されるようにして書き上げた『権力論』により政治思想家としてのデビューを飾った。一九四七年には、かねてより親交のあったフリードリヒ・ハイエク、フォン・ミーゼス、モーリス・アレ、マイケル・ポランニーらとともに「モン・ペルラン協会」の旗揚げに加わっている。英訳『権力論』(一九四八年)が出版されると、一躍ジュヴネルはハイエクとともに「オルド・リベラリズム」の論客として注目をあつめ、一九四九年秋にはケンブリッジのコーパス・クリスティ・カレッジに招かれて連続講義をおこない(一九五一年に『再分配の倫理』として出版)、一九世紀フランスの自由貿易論者フレデリック・バスティアの『法律』(一八五〇年)英訳監修者をつとめた(9)。活動の拠点を英国とアメリカに移したジュヴネルは、オックスフォード、ケンブリッジ、LSE、マンチェスター、シカゴ、イェール、カリフォルニア（バークレー）の各大学にたびたび客員教授として招かれ、オークショット、エドワード・シルズ、レオ・シュトラウスをはじめ英米の主導的な社会科学者たちと交流している。『主権論』と『純粋政治理論』（一九六三年）の原型になる論文が英米各誌に多数発表されるのもこの時期である。

一方、フランスにおけるジュヴネルの活動で特筆すべきは、未来予測にかんする理論的研究とその実践である。[10] 経済企画庁長官ピエール・マッセの呼びかけにより、一九六二年にＣＧＰ（Commissariat Générale du Plan de l'Équipement et de la Productivité）の第五次経済計画（六六—七〇年）のための諮問機関「グループ一九八五」が結成されると、ジュヴネルはこれに参加し、経済政策の中長期的な「帰結の予測」に従事した。この経験から結実した『予測のアート』はグローバルな反響を呼び、英訳に先立って出版されたスペイン語版は、とくに南米でのジュヴネル人気を不動のものとしている。[11] ほかにも一九五四年創設のＳＥＤＥＩＳ（Société d'Études et de Documentation Économiques, Industrielles et Sociales）所長を皮切りに、未来研究にかんする国際センター「フュチュリブル」の設立、[12] フランス国家会計委員会、ヨーロッパ経済共同体の中期経済戦略構想にあたる専門家グループ、七〇年にマルタで発足した海洋環境の保護と海洋資源の可能性を模索する国際プロジェクト「海の平和」（*Pacem in Maribus*）へのコミットなど、世界を股にかけたジュヴネルの公私にわたる行動は衰えを知らなかった。ちなみに日本とのかかわりでは、大来佐武郎や中山伊知郎らが組織する日本経済研究センター主宰の国際会議「21世紀の世界——新しい価値体系と経済構造の展望」（一九六七年）に、ダニエル・ベルらとともに論文を寄せている。

国際会議の基調講演やシンポジウムのパネラーを請われればワシントンへ、ロードス島へ、ブエノスアイレスへと、トランクひとつを手に世界中を飛びまわったジュヴネルの八面六臂の行動と著作の影響力も、一九七〇年代半ばになると翳りをみせはじめる。博士の学位をもたず、大学に所属せず、生涯常勤職に就くこともなかったただの「ムッシュー」ジュヴネルは、シュトラウスやオークショットのように学派を形成するわけでもなく、弟子と呼べる後継者もいなかった。だがそれは同時に、特定の知的伝統に棹さすこともなければ、師と仰ぐ先駆者もなかったということでもある。『純粋政治理論』の「序言」には、「政治的な環境に生まれおち、政治的な事件に満ちみちた時代を生き抜いてきたわたしには、手持ちの材料が自分に迫ってくるのがみえたのだ」〔本書一二頁〕とある。この偉大なるディレッタントが頼りにしたのは事実と経験、それに若干の統計であった。六〇年代初頭にカリフォルニア大学で客員教授をつとめていたジュヴネルを知るW・C・マクウィリアムズは、つぎのようなエピソードを紹介している。『権力論』の原稿には出典注がいっさいなかったため、出版社に突き返された。ジュヴネルは図書館にこもって膨大な文献リストを作成したが、こんどはそれが長大にすぎると告げられた。注に挙げるべき文献の取捨選択を迫られたジュヴネルが最終的に採用した基準は、「世に埋もれたものを、なぜならそれらは記憶されねばならないから」であった。それはジュヴネルにとって「政治的な決断」であったとマクウィリアムズは述べている[13]。

3　ジュヴネルとアメリカ

祖国フランスで冷遇されたジュヴネルをまがりなりにも政治思想家として認知したのは、かれにとって寄留の地でしかなかった英米のアカデミズムである[14]。実際、かれの戦後の主要著作はいずれも仏語オリジナルの発表から時をおかずに英訳されており、『再分配の倫理』や『純粋政治理論』のようにはじめから英語で発表された作品も多い。英訳版『権力論』の成功を受け、第二の主著となる『主権論』の英訳出版（一九五七年）にあたっては、M・ポランニーやC・J・フリードリヒらの提案により、アメリカの読者を念頭においてオリジナルにない「結論」が付加され、ジュヴネル独得の用語が解説されている。

しかしかれの政治学的著作は、かの地でも基本的に敬して遠ざけられる宿命にあったといってよい。そしてその理由はジュヴネル自身というより、かれの著作を迎える環境の側にあった。科学的政治学が全盛期を迎えつつあった五〇年代のアメリカで、近代ヨーロッパにおける権力成長の「自然史」的過程を冷徹に記述した『権力論』の歴史家から、「政治的善の探求」という副題をもつ『主権論』の政治哲学者へのジュヴネルの変貌は、もっぱら政治学を古色蒼然たる「形而上学」に引き戻す試みと受けとめられた。[15] 他方、『純粋政治理論』以降のジュヴネルが「無関心」の憂き目をみたのは、かれが政治的活動に指令をあたえる政治学の実践的機能を軽視し、ふたたび政治現象の超然とした記述に徹するようになったことが主たる理由とされている。[16] もちろんその間には、戦後政治学を席巻した経験科学化・実証科学化の波につづいて、ロールズの『正義の理論』（一九七一年）を嚆矢とする社会諸科学の総なだれ的な規範理論志向という第二の大波があったわけだが、そのような英米アカデミズムの「はやりすたり」に翻弄されたジュヴネルの作品群は、つねになにがしかの違和感をもって迎えられる以外にはなかった。

　束の間のジュヴネル人気にアメリカ特有のイデオロギー的負荷があったことも禍いした。『権力論』の中心的なテーマは、権力の無限成長に決定的に関与した「絶対的主権」（Souveraineté Absolue）の観念《イデー》をめぐる系譜学的考察にある。この視点は『主権論』に引き継がれ、主権的権力を語る近代ヨーロッパの政治的語彙に潜む「指導権型（*dux*）／王権型（*rex*）」のカテゴリー的アンビヴァレンスを解明する政治言説史へと深化した。しかしその意義を正当に評価したのは、オークショットなどごく一部の政治哲学者たちだけである。[17] 東西冷戦状況下のアメリカでジュヴネルのメッセージはイデオロギー的に単純化され、コミュニズムと戦後集産主義体制を批判するある種の自由主義者の声、あるいは秩序の安定確保を統治者の第一の職務とみなすある種の保守主義者の声として理解される傾向にあった。結局のところ、アングロ・サクソン世界の読者の記憶にいまなお残るジュヴネルは、ペダンティックな『権力論』と『主権論』の著者であるよりも、「実際の結果としての再分配は……富者から貧者への自由所得の再分配であるどころか、個人から国家への権力の再分配である」と断じた『再分配の倫理』の著者なのである。こうしてできあがった「リバータリアン」あるいは「冷戦リベラル」ジュヴネルのイメージは、かれの思想について賛否を問わずなにごとかを語ろうとした人びとを今日にいたるまで根づよく呪縛しつづけている[18]。

ジュヴネル自身は、「オルド・リベラリズム」の旗手に祀り上げられたり、『再分配の倫理』の成功によって記憶されたりすることへのとまどいをしばしば表明してきた。「『再分配の倫理』にかんしていえば、わたしはその再版をくりかえし拒絶してきました。過ぎ去った多くの年月をわたしはこの主題についやしてきましたし、それには――いまやこう言わねばなりませんが――当時の自分が考えていたことだけでなく、その後あらたに獲得した知見も含まれているのです[19]」。事実ジュヴネルは『再分配の倫理』の直後より「政治経済学から政治的エコロジーへ」の転換を唱え、あるいは「アメニティ」(aménité)を基準とした「よりよき生」の経済学を構想する論文を数多く発表している。のちに『アルカディア』や『力の文明』(一九七六年)にまとめられるこのジュヴネルの後期思想こそは、成長至上主義を批判するE・J・ミシャンや「スモール・イズ・ビューティフル」を説くE・F・シューマッハーらに受け継がれ、六〇年代に厚生経済学や環境経済学の興隆をうながす原動力のひとつになったものである。さらに『単独者支配体制について』(一九七二年)では、『権力論』が論じ残していた無限増殖する権力への制度論的処方が提示されているが、それはいわゆる制限政府や私権の聖域化などとは似ても似つかないしろもの――「別の権力」あるいは「阻止力」としてのエリートの活用であった。しかし『予測のアート』を最後にジュヴネルの著作が翻訳されなくなった英米では、この分野でのかれの業績はほとんど知られていない。

ジュヴネル作品を総覧したD・マホニーの近年のモノグラフは、いまなお賛否両論相半ばするこの作家が、コンスタンやトクヴィルら一九世紀「英国学派」の伝統の数少ない正統継承者であり、アロンとともにそのバトンを現代のピエール・マナンへと受け渡すことで、フランスにおける政治哲学再興に決定的な役割をはたした次第を説得的に論じている。しかし、「ジュヴネルの政治思想が分類しにくいのは、それが権力を制限するという立憲主義的命令に忠実でありつづける一方で、共通善を受容できる未来を形成し、「生活のアメニティ」に余地を残すにあたって国家が不可欠の役割をはたすことを承認したからである[20]」という結論を読むかぎり、アメリカにおけるジュヴネル復権はなお道遠しという印象はいなめない。政治にたいして個々の著作でさまざまなアプローチを試み、またそれぞれに一定の評価をすでに下されてきたジュヴネルの営為のなかには、インタ−テクスチュアルな統一性や整合性の観点から再解釈の余地がたしかにある。しかしそれは、たとえばハイエクやロールズの主張との比較を可能にするジュヴネルの結論群《ドグマータ》ではなく、むしろそれを導いたかれの思考の傾きのなかに暗示されているとみるべきではないだろうか。

この点でいまなお傾聴すべきはR・ピアースのつぎのような指摘である。「ド・ジュヴネルの政治的著述はひとつの優勢な認識からインスピレーションを受けている。すなわち、政治は正しく営まれないなら市民(あるいは臣民)にとって破滅的な結果をもたらしうるがゆえに、政治とは危険なものだ、という認識である。ド・ジュヴネルの著述が歴史的であると思弁的であると分析的であるとにかかわりなく、この思想はかれの思索にとって基本的なものである」(21)。至極まっとうな理解ではあるが、政治という営みがときに危険なことを説くだけなら、権力と知の一枚岩的な関係を「戦争の勝利ほど知的なものはない。それを準備するのは精神である。享受するのは精神《エスプリ》である。維持するのは精神である」と喝破した『敗北のあとで』(一九四一年)の著者は必要あるまい。『純粋政治理論』でジュヴネルが「政治的活動は危険である」[五五頁]というのは、そのかぎりにおいておよそいかなる政治の理論も危険なものになりうるということなのである。

4 『純粋政治理論』について

政治の「記述的」理論を標榜し、ゲーム理論や政治的行動のミクロ分析を散りばめた『純粋政治理論』は、折からの「政治哲学の没落」や「政治理論はいまだ存在するか」をめぐる論争を背景に、『主権論』で喝采を浴びた政治哲学者が台頭著しい科学的政治学への宗旨替えを告白した書とみなされることが多い(22)。だが変節の誹りを受けるものがそもそもジュヴネルにあったかどうかは疑問である。かれの作品中もっとも規範的と目される『主権論』ですら、少なくとも著者自身によれば「『権力論』の直接の続編」なのであり、その主題は「通常考えられているより広くかつより必要でもある日常的活動としての政治、すべてのひとのうちになにほどか存在するがままの権威、ありとあらゆるところで観察されるこの活動とこの力とが向けられるべき善」(緒言)の考察であった。ジュヴネルの関心は、むしろ一貫して「政治において人びとが実際にやっていることを理解」〔三八頁〕するという課題にあったとみるべきなのである。定まらなかったのはこの営為の呼称であり、「政治の形而上学」(『権力論』)、「道徳科学《モラル・サイエンス》」ないし「道徳的主体をあつかう一自然科学」(『主権論』英訳版)、「現象学的科学」(「政治的企業の理論についての考察」)など二転三転して、ようやく「純粋政治理論」に落ち着いている。

それにしてもわかりにくいのは、純粋な政治理論/政治の純粋理論/純粋政治の理論のどの意味にもとれるこの表題である。(23) ジュヴネルが企図しているのは政治「科学」の一亜種なのだろうか、それともやはりある種の政治「哲学」としかいいようのないものであろうか。先行的に発表され全体のイントロダクションに位置づけられている第I部と第II部を中心に、(24) この忘れられた書の内容をみてみよう。

ひとがひとを動かす

独学の政治学者ジュヴネルならではのユニークな発想のなかでも、『純粋政治理論』における「政治」の定義は政治学史に残る傑作に数えられる。いま自分ひとりの手にあまる大きな目的の実現を心に期すひとがいるとしよう。この人物はなにをおいてもまず仲間をあつめる必要がある。周囲の他者にはたらきかけ、目的実現への協力を呼びかけ、賛同者の一団を結集させせなければならない。この「ひとがひとを動かすこと」(the moving of man by man)が、ジュヴネルによればあらゆる政治のいわば原形質である。それはいわゆる政治的活動にかぎった事態ではあるまい。他者の助力を実現の必要条件とすればどんな企てでも「政治的」になるわけではなく、その目的(たとえば少数派の利益促進）や手段（たとえば立法）の特異な性質がこの企てを「政治的」たらしめるのではないのか？　この疑問に答えてジュヴネルはシェイクスピアの『ジュリアス・シーザー』を引き合いに出す。この史劇にすぐれて「政治的」な性格をあたえているのは、ローマ共和政の復興というシーザー暗殺者集団の最終目標ではない。この高邁な目標は多数者の賛同と加勢なしには実現できず、そのためにはまた、高潔な人柄で知られ民衆に人望のあるブルータスを仲間に引き込む必要がある。事実それを描く第二幕の果樹園の場面において、この「煽動の物語」は最初のクライマックスを迎えるのだ。

たとえ政治そのものは集団により遂行される連帯事業であっても、つねにその発端にはひとりないし少数者による多数者の煽動が、すなわち「ひとがひとを動かす」ミクロな過程がある。これを政治（la politique）と区別して「政治的なもの」（le politique）と呼ぶならば、カール・シュミットの議論との興味深い対比が得られるかもしれない。シュミットの「政治的なもの」（das Politische）とは、人びとのあいだに「味方／敵」の根源的な分割をもたらす恣意的な力である。それはわれわれが通常「社会」と呼ぶ人間と事物の配置を根底で規定し、日常生活においては抑圧され不可視であるが、革命や内乱のような「例外状況」において本来の暴力的な相貌もあらわに顕現する。[25]かたやジュヴネルの「政治的なもの」はどうであろうか。さしあたりそれは日常に遍在する政治の、それゆえシュミットならその惰性態とみなすであろう政治の一部分でしかないようにもみえるが、やはりそれにも人間社会の成立の瞬間に作用する力としての含意がみとめられている。『主権論』第一章「政治の本質」の議論をふりかえっておこう。

ジュヴネルによれば、人間集団の真の「作用因」（*causa efficiens*）は秩序の創設者（*auctor*）である。法的主体間の契約や諸意志の予定調和から政治社会が成立するようにみえても、そこにはかならず「潜在的参加者たちに向けて息もつかせぬはたらきかけをおこない、かれらをひとつに束ねるひとりあるいは少数の発起人」の存在がある。われわれが通常「権威」と呼んでいるのは、そのような発起人＝創設者が有する *auctoritas*、すなわち「他者の同意を獲得する能力」、あるいは「自分の提案を受け入れさせる人間の能力」のことにほかならない。これをある種の「英雄崇拝」とみなすのは端的な誤解である。別の箇所でジュヴネルが主張するように、権威が人間集団を生成させるかどうか、すなわちある人間の命令・依頼・要求に応じて人びとが集合的に動くかどうかは、ここではそれが事実として観察されるかどうかの問題とみなされる。したがって、知恵・徳・威厳のような人身に備わる自然的特質ですら、それが人びとを動かさなければ権威とは称しえない。(26) またそこに成立する人間集団も、一定の条件下において対等者間で結ばれる盟約関係である社会（*societas*）ではなく、ある提案の呼びかけに応えて実際に結集した「政治チーム」である。(27) こうしてジュヴネルは、「権威」ということばを人間集団の存在という現象の成立にとって実効的（efficient）なだけの道徳的に無記な——これが「純粋」の意味である——概念として用いることにより、根源的な秩序創設行為としての「純粋政治」（politique pure）を導く。

政治的性格をもつ行為が人間集団の形成以外の目的を視野に入れないとき、それはいつでも「純粋政治」のカテゴリーに帰属する。この場合、行為の実質はその形式が政治的な分だけ政治的である。この種の行為がたんに加算的（additive）ではありえないことをただちに銘記しておこう。なぜなら、集団を目的自体として目指しておきながら、それを欲するのはただ一時だけというのでは自家撞着になるからである。この行為に要求される美点は集団が端的に存在することであり、これは集団の存続を含意する。「純粋政治」の行為は不可避的に集積的（agrégative）である。

『主権論』のジュヴネルは、この「純粋政治」の概念を操作的に用いて、「指導権型」権威による目的支配（télocratie）国家と「王権型」権威による法則支配（nomocratie）国家という政治社会のカテゴリー的二類型を区別した。つづく『純粋政治理論』で試みられるのは、所与の政治社会の内部で発生する「政治チーム」の活動の動力学的分析である。その発端は、「個人にたいする他者の国（Otherdom）の相対的な先行所与性」を「政治学の基本的な与件」とみななすることによりあたえられる［八八頁］。ひとは誰でも先住者たちの人間関係がすでに網の目のように張りめぐらされた「他者の国」への闖入者である以外にはない。大半の人間は見知らぬ人びとと不案内な慣習に順応するが、なかには仲間を募って疎遠な世界の内部に別の世界を構築しようとする人間もわずかながらいる。この目的への支持と協力を呼びかける煽動の声――その発話の構造は「AがBに行為Hをせよと命じる」（A tells B to do H）と表現される[28]――がそれに応じる声を見いだすたびごとに、所与の「他者の国」のなかにあらたな「われわれ」が、すなわち「政治チーム」が形成される。これがジュヴネルの考える原初の政治的状況である。

『純粋政治理論』の関心はこの「政治チーム」の活動が所与の政治社会にもたらす波紋の記述にあって、伝統的に政治哲学が探求してきた「理想」国家や「最善」の国制、完全な調和のうちにある「健康な政治体」にはない。

「健康な政治体」は魅力的な出発点ではあるが、知識の進歩に資することには乏しい出発点でもある。もしわれわれがたまたまそのなかにいる政治体がさしあたり健康なものと受けとめられれば、政治体をそのように保っている微細な日常のプロセスを調べる十分な動機づけがわれわれにあたえられない。それをさしあたり不調気味とみなす場合、なんらかの過去の「健康」な瞬間をもとめて時間を遡行するのがわれわれのつねであるが、その場合に自分の夢想を真の過去と取り違える危険は大であるのに、なにが・どこで・どのように・なぜ変化したかを理解する見込みはわずかしかない［六七頁］。

「健康な政治体」を過去・現在・未来のいずれに投影しても、結局それは政治なき社会を夢想することにほかならない。ジュヴネルによれば、政治社会の本質を十全に理解していた古典的思想家はマキァヴェッリだけであった[29]。社会のなかにあらわれては消える無数の「政治チーム」は、最終的解決のありえない「政治的」問題を惹起して既成秩序の攪乱要因になる一方、人間が自由な存在であることの証明でもあり、秩序に発展・刷新の可能性を注入する。だがそのためにも、政治社会そのものはひとつの目的、意図、理想を掲げる「政治チーム」であってはならず、さまざまな目的、意図、理想が平和裡に追求されるよう配慮する「礼節《シヴィリティ》の守護者」――『主権論』にいう調停者としての「王権」的権威――の手にゆだねられねばならない。『純粋政治理論』はそのような統治者教育に供せられるいわば政治の生理学の試みでもあった。

強さ／弱さの政治哲学

『純粋政治理論』におけるもうひとつの、そして先行するジュヴネルの著作にない卓抜な視点は、政治の理論が「規範的」であるということの意味についての考察にみられる。政治学の歴史を繙いてみると、規範的な理論が伝統的に優勢であったこと、自然科学のように事実の正確な記述に徹する理論がきわめて少ないことがわかる。ではなぜ政治学は「事実表示的」(representative) な理論に乏しいのか？　この意表をつく問いではじまる第Ⅰ部第三章「政治学の本質について」の議論はつぎのように要約できる。

事実表示的な政治の理論なるものを想像してみよう。それはたとえば、法など所詮は「立入り禁止」と書いたリボン（あるいは「強者の利益」でもよい）のようなものにすぎず、フランス国民議会の権威は軍隊の力のまえでは「五〇〇人の群衆」以上でも以下でもないと広言して憚らない理論、いいかえれば、既存の政治的権威から確立された制度の外皮を剥ぎ取っておいて、自分の発話の遂行的効果には無頓着な理論のことである。既成秩序の破壊を企てる「強い」政治的活動にとって、それはこのうえなく誘惑的なものになりはしないだろうか。政治的事実の言明は危険な毒薬であり、圧制への抵抗を鼓舞することもあるが、潜在的な僭主に権力簒奪への動機をあたえることもある。その可能性を熟知していた古代の政治哲学者たちは、事実表示的な理論をいわば意図的に自制し、もっぱら規範的な理論を展開してきたのであった。この深謀遠慮を理解しないのが行動科学に代表される現代の「科学的政治学」であるが、幸いなことにその主題は投票行動のような「弱い」、すなわちもともと無害な政治的活動に限定されている。いずれにせよ政治学者たちは、自分の理論的活動が政治的行為者に悪をいっそう能率的におこなわしめる手段を提供するかもしれないという懸念に苛まれ、結果として事実表示的な政治の理論の確立を阻害することになったのである。

ジュヴネルは伝統的な「政治哲学」の立場を代表する現代の作品例として、レオ・シュトラウス『政治哲学とは何であるか?』のタイトル論文を挙げている。かつて『主権論』のホッブズを論じた章でオークショットとともに好意的に取り上げられたシュトラウスは、ジュヴネルにとってその後もつねに意識される存在であったと推測される。[30] シュトラウス政治哲学論の解釈の妥当性については異論もあるだろう。しかし、『自然権と歴史』(一九五三年)がもっぱら古典的自然法思想の単純な復権の試みと受けとめられていた当時としては、これが意外に正鵠を射たシュトラウス理解になっていることに注目したい。実際にも、科学的政治学陣営によっていまなお黙殺されている『純粋政治理論』に敏感に反応してきたのはシュトラウシアンたちなのである。[31]

対話篇という体裁で異彩を放つ第Ⅰ部第二章「知恵と活動――偽アルキビアデス」は、ジュヴネルとシュトラウスの比較対照に好個の材料となるに違いない。ここで「政治」を一身に体現するアルキビアデスは、シケリア遠征を民会で進言してペロポンネソス戦争でのアテナイ敗戦の遠因となった古典古代の風雲児であり、J・ド・ロミィやアロンのトゥキュディデス研究でも時代のキー・パーソンに位置づけられている。[32] しかしこれら「レアルポリティーク」の立場からするトゥキュディデス論は、アルキビアデスがかつてソクラテスの愛弟子であった事実を等閑視していた。一方ジュヴネルは、トゥキュディデスをプラトン『アルキビアデスⅠ』の後日譚として読むことにより、そこにひとつの政治哲学的な問いが伏在していると指摘する――弟子の僭主的な言行はかつての師の哲学に起因するのか、それとも師の教えに背いた結果なのか。奇しくも同じころにシュトラウスも、フランス発のすぐれて政治的な、だが政治的なだけのアルキビアデス問題の解決に反発するかのような議論を『都市と人間』(一九六四年)で展開している。それをつまびらかにする紙幅はないが、哲学(知恵)と政治(野心)とがおのおのの自然《ネイチャー》によってたがいに相手を必要とすることをみとめつつ、野心が知恵の教えに耳を貸すかどうかはどこまでも偶然の問題であるとする点で、ふたりの思想家が一致をみるのは興味深い(33)。

だが、そこから両者が導いた結論は正反対である。ジュヴネルの積年の確信によれば、権力に歯止めをかけることができるのはそれを実効的に阻止する力、すなわち「別の権力」だけである。知が権力を馴致するなどそもそも不可能であり、哲学と政治権力の提携はつねに最悪の結果を招いてきた。政治的活動が本質的に危険であるかぎり、およそすべての政治の理論に潜在的な危険性が内在している。しかし、政治的活動が独力で開発した「テクノロジー」が二度にわたる世界大戦の惨禍と全体主義の悪夢を人類にもたらしたいま、政治学は自縄自縛のためらいを払拭し、あえて「強い」政治的活動についての事実表示的な科学にならなければならない。政治学にとって事実は依然として危険であるが、それを補ってあまりあるほど「不埒なまでに示唆的」でもある……。ジュヴネルの「政治の事実科学」には、「哲学者の言論を制御する徳」であるとシュトラウスのいう「節度」がない(34)。だがそれは、知の倫理的責任について無頓着な、「客観的」事実を記述するだけの「実証科学」とは似て非なるものである。そこにはシュトラウス政治哲学の尋常ならざる「高さ」がないかわりに、やはり尋常ならざる「強さ」がある。ジュヴネルにとって、危険な事実の表示に怖じ気づくのは、その危険と拮抗しうる高い規範意識を保ちつづける緊張に耐えきれない「弱い」道徳的体質の持ち主だけなのだ。ときに読み手を辟易させるほどに「強い」事実の記述に耽溺するかにみえる政治科学者ジュヴネルの背後には、それを受けとめるだけの強靭な倫理感覚をそなえた政治哲学者がいると考えねばならない。「生まれつき権力への不信感が強いため、わたしは権力の源になるものには不信をいだく。それでも本書は記述的であって規範的でない目的を有している」［一一頁］。こう宣言してはじまった『純粋政治理論』のまぎれもなく規範的な意図が、その最初の構想から二〇年を経た文章において明らかにされていることとは、この書の性質をよくあらわしている。「基本的な政治現象へ、それらの生《なま》の状態へと戻っていくのでなければ、その磨きかたを学ぶことはできないとわたしは信じる(35)」。

5　政治的人間と非政治的人間

ジュヴネルの発想源は多々考えられるが、その筆頭に挙げられるべきは「わたしの偏愛してやまない作家」とかれが公言するルソーである。自ら編集した『社会契約論』に付した「ルソー政治学試論」（一九四七年）にはじまるジュヴネルのルソー研究の成果は、数篇の論文を数えるにすぎないものの、ルソーの影はその後のかれの政治哲学的著作すべてにみとめられる。とくに『社会契約論』第三編の政府論の分析は、進展著しい今日のルソー研究においてなお引照にあたいするというだけでなく、それにヒントを得た公的決定の三肢構造論（決定の選択者・決定を強制する代行者・決定実行者となる臣民）は、「デモクラシーとはなにか」（一九五八年）や「議長の問題」（一九六一年）を経て『純粋政治理論』と『単独者支配体制について』にいたるまで、一貫して近代の大規模社会におけるデモクラシーの実行可能性問題の鍵とみなされており、議論の継承が期待される。

ルソーがジュヴネルをアカデミズムに繋ぎとめる細い糸であるとすれば、自伝『世紀の旅人』には、正統アカデミズムの外部で生涯を送ったジュヴネルの思想を根本で規定したふたりの人物との出会いが記されている。いうまでもなくひとりはヒトラーである。「あの有名なインタビュー」がジュヴネルのキャリアに刻まれた重大な汚点となることは否定できない。だが、当代の僭主にまみえて近しくことばをかわし、かなわぬまでもその説得を試みた稀有な経験は、『権力論』で権力と知の共犯関係を暴き、『純粋政治理論』でソクラテスになびかないアルキビアデスのうちに政治の本性をみる特異な政治哲学者誕生の秘密でもあった。政治と政治的人間への畏怖にも似た関心は、たしかにジュヴネルの思想を特徴づけるひとつの極点であるだろう。自伝に登場するもうひとりの重要な人物はコレットである。ブルターニュ地方のロズヴァンにある別荘で継母が継子にあたえたものは、感情教育（éducation sentimentale）だけではなかった。そこで十代のベルトランは、のちに自身の思索にとって重要な意味をもつバルザックの小説に出会い、原稿用紙に書きつけては端から破りすてる小説家の驚嘆すべき仕事ぶりから「荘厳な教訓」を受け取り、またその励ましで「創造の悦び」に目覚める。その圧倒的な文学的感化なしには、若干二五歳にして『指導経済』を書き上げた早熟で多産な作家《エクリヴァン》の誕生もなかったのだ。

一九五四年のコレットの国葬に寄せた追悼文でジュヴネルは、継母であり愛人でもあったこの小説家の本質を実に非政治的人間にみている。

政治的なできごとが彼女の意識にのぼることはまったくなく、いかなる野心も欠けている。それどころか彼女は、およそどんな分野においても、たとえなんらかの人間的感情を獲得したり保持したりするためですら、計画を立てたりなにかを企んだりすることができないのである。……「為すこと」(Doing) と呼ばれうるいっさいのもの――人間の相互関係やそこから生じる道徳的諸問題をともなう――は、コレットにはまったくといってよいほど無縁であった。意図や計画は人間たるものの品質証明だが、それらがコレットを人間たちからかつて理解されてきた以上にはるかに遠ざけてきたのである。彼女は意図というものをもたなかったし、他人の意図を理解するのも容易なことではなかった。おのれ自身の計画をもたず、もっぱら創造主の計画にしたがうだけの自然の事物について書くとき、彼女はもっとも幸福であった。(36)

『権力論』や『純粋政治理論』の著者によってこれが語られたことには、それ相応の意義がみとめられねばならない。コレットのなかにジュヴネルがみてとった「非政治的なもの」と、ヒトラーやアルキビアデス、また社会主義からファシズムまでを渉猟した戦前のかれ自身のような政治的人間が属する世界とは、ジュヴネルのなかで一対をなしながら、緊張に満ちた共観的関係を形成している。ときに野蛮でときに狡猾な政治の危険な実相を、しかも実にあられもなく散文的に記述する作家にそれを可能にしたもの、結局それは、この作家自身の内なる非政治的人間ではなかったろうか。それがなくてももちろん『権力論』や『主権論』は、また『純粋政治理論』でさえ書かれていたかもしれないが、少なくともそれらはいまわれわれが繙くのとは違ったものになっていたはずである。

この思想家の理解に欠かせないもうひとりの忘れてはならない人物を最後に紹介しておきたい。フランス人のジュヴネルが『純粋政治理論』をはじめから自分で英語で書いたのは、なにもアメリカでの成功の余勢を駆ってということではない。「序言」にもあるように、『権力論』『社会主義英国の諸問題』『主権論』とかれの戦後の政治学三作品の英訳を手がけたJ・F・ハンティントン[37]が急死したため、そしてその仕事に全幅の信頼を寄せていた著者がほかの翻訳者にまかせることを拒絶したための、いわばやむをえざる措置であった。それが結果としては『純粋政治理論』をジュヴネル作品中もっとも読みにくく、またもっとも不人気なものにしてしまったのは残念という以外にない[38]。ハンティントンはジュヴネルに祖国ではめぐまれなかった作家としての成功や名声をもたらしただけではなかった。『権力論』の著者に友情の価値――「友情の形成は他者の国という公海のなかに居心地のよい孤島を築き上げることに似ている」〔九七頁〕――を深く感じ入らせたのは、かれが異国で出会ったこの献身的な翻訳者なのである。

（1）Dennis Hale and Marc Landy, "Introduction" to *The Nature of Politics* of the Transaction edition (New Brunswick and London: Transaction Publishers, 1992), p. 1.

（2）Cited by Dennis Hale, "Bertrand de Jouvenel: A Remembrance," *Political Science and Politics*, Vol. 21 No. 3 (Summer 1988), p. 655.

（3）ジュヴネル父子に叔父のロベールを加えた一族の政治活動については *Henri, Robert et Bertrand de Jouvenel: Crise et métamorphoses de l'État démocratique* （*1900-1935*）, eds. Gilles Le Béguec et Christine Manigand （Limoge: Purim, 2004）にくわしい。

（4）継母と継子のただならぬ関係については Judith Thurman, *Secrets of the Flesh: A Life of Colette* （London: Bloomsbury Publishing, 1999）を参照。Cf. John Braun, *Une fidelité difficile: The Early Life and Ideas of Bertrand de Jouvenel, 1903-1945*

(University of Waterloo, unpublished Ph.D thesis, 1985), pp. 13-14, 122-23.

(5) この会見記はのちにニュルンベルク裁判で証拠資料として提出された。Cf. *Dokumente der deutschen Politik*, Bd. 4 (Berlin: Deutsche Hochschule für Politik, 1937), S. 99f.; *The Speeches of Adolf Hitler April 1922-August 1939*, Vol. II, ed. Norman H. Baynes (London: Oxford University Press, 1942), pp. 1291-93.

(6) Cf. Zeev Sternhell, *Ni droite, ni gauche: l'idéologie fasciste en France* (Paris: Éditions du Seuil, 1983). ジュヴネルとフランス人民党の関係については、D・ヴォルフ、平瀬徹也・吉田八重子訳『フランスファシズムの生成――人民戦線とドリオ運動』（風媒社、一九七二年）を参照。生粋のファシストであったドリュ・ラ・ロシェルの戦中日記には、ジュヴネルの腰抜けファシストぶりについての辛辣な批評がある。有田英也訳『ドリュウ・ラ・ロシェル日記 1939-1945』（メタローグ、一九九四年）、参照。なお有田英也『政治的ロマン主義の運命――ドリュ・ラ・ロシェルとフランス・ファシズム』（名古屋大学出版会、二〇〇三年）も参照。

(7) Cf. *Le Monde*, 19 Octobre (1983), pp. 1, 12 and 14; Edward Shils, "Raymond Aron: A Memoir," *History, Truth, Liberty: Sellected Writings of Raymond Aron*, ed. Franciszek Draus (Chicago: The University of Chicago Press, 1985), p. 19; Robert Colquhoun, *Raymond Aron: Vol. 2, The Sociologist in Society 1955-1983* (London: Sage, 1986), pp. 590-92; Robert Wohl, "French Fascism, Both Right and Left: Reflections on the Sternhell Controversy," *Journal of Modern History*, Vol. 63 (March 1991).

(8) 詩人・映画監督P・パゾリーニの戯曲『文体の獣』（*Bestia da stile*）にも隠れファシストのジュヴネルが登場する（劇団T-FACTORYにより二〇一二年に日本で上演された）。

(9) Cf. Frederic Bastiat, *The Law*, translated from French by Dean Russell (New York: The Foundation for Economic Education, 1950), p. 4.

(10) 中金聡「予見としての政治――ベルトラン・ド・ジュヴネルの未来予測論」、国士舘大学政治研究所『政治研究』第四号（二〇一三年）、参照。

(11) *El arte de prever el futuro político* (Madrid: Ediciones Rialp, 1966).

(12)「フュチュリブル」は「可能な未来」（possible futures）をあらわすジュヴネルの造語。シンクタンク「フュチュリブル」はフォード財団の援助で一九六一年にパリで設立され、援助終了後の六七年に「フュチュリブル国際協会」（Association Internationale de FUTURIBLES）として再出発した。七一年に哲学者G・ベルジェが主宰する「プロスペクティヴ研究センター」と合併し、現在はジュヴネルの息子ユーグを総帥として機関誌『フュチュリブル』（*FUTURIBLES: Analyse, Prévision, Prospective*）を発行している。

(13) Cf. Wilson Carey McWilliams, "Foreword," *The Nature of Politics*, p. 37.

(14) フランスでは、『予測のアート』の成功により、ようやく一九六六年になってパリ大学（ソルボンヌ）法経済学部に客員教授として迎えられた。

(15) Cf. Robert A. Dahl, "Political Theory: Truth and Consequences," *World Politics*, Vol. 11 No. 1（1958）, p. 89. 一方、『主権論』英訳版をレオ・シュトラウスの『政治哲学とは何であるか?』（一九五九年）ともども激賞をもって迎えたのは、アンチ科学的政治学を標榜してアカデミズム内マイノリティを自認する保守陣営であった。Cf. Willmoore Kendall, *The Conservative Affirmation in America*（Chicago: Gateway Edition, 1985; originally 1963）, pp. 253-57.

(16) Cf. Irving Louis Horowitz, "Triumphalism in the Crucible of Tragic Politics: On Bertrand de Jouvenel," *Encounter*, Vol. 72 No. 5（1989）, p. 36.

(17) Cf. Michael Oakeshott, "De Jouvenel's *Sovereignty*," *Crossbow*, 1（1957）, pp. 43-44. ジュヴネルとオークショットの関係について文献上確認できるかぎりでふれておこう。ジュヴネルは『再分配の倫理』の連続講義ののち、オークショットが編集長をつとめていた『ケンブリッジ・ジャーナル』誌に三篇の論考を寄せている。Cf. "The Idea of Welfare," *The Cambridge Journal*, Vol. 5 No. 11（August 1952）; "A Discussion of Freedom," Vol. 6 No. 12（September 1953）; "The Nature of Politics," Vol. 7 No. 8（May 1954）. このうち、一九五三年のLSE講義にもとづく「政治の本質」がほぼ初出のまま『主権論』第一章として、また「自由を論じる」が大幅な加筆を経て第一五章「自由」として収められた。一方オークショットは、『人間の営為について』（一九七五年）で「指導権型／王権型」の区別を――ジュヴネルへのクレジットなしに――近代ヨーロッパ国家における政府モデルの分類に適用している。

(18) 以下を参照。ジュディス・シュクラー、奈良和重訳『ユートピア以後――政治思想の没落』（紀伊國屋書店、一九六七年）、二三七―四〇頁。William R. Luckey, "The Economics of Bertrand de Jouvenel," *The Journal of Markets and Morality*, Vol. 1 No. 2（1998）; Gerd Habermann, "Die soziale Weisheit des Bertrand de Jouvenel," *Ordo*, Bd. 46（1995）; Annelien de Dijn, "Bertrand de Jouvenel and the Revolt Against the State in Post-War America," *Ethical Perspective*, Vol. 17 No. 3（2010）. ちなみに筆者は、古書市場に出た故ロールズの蔵書のなかに『再分配の倫理』があるのをアメリカのさる古書店のカタログでみたことがあるが、ロールズ肉筆の書き込み多数という売り文句で、たいへんな高額だったと記憶している。『正義の理論』でこの書への言及があるのは、ある注においてだけである。川本隆史ほか訳『正義論・改訂版』（紀伊國屋書店、二〇一〇年）、四三三頁、注51参照。

(19) Cited by John Gray, "Introduction" to *The Ethics of Redistribution*（Indianapolis: Liberty Press, 1989）, p. xviii. これをジュヴネルの「転向」とみるのは適切でない。『再分配の倫理』の「経済学的バーバリズム」にふれた箇所は、ゲラ段階でミルトン・フリードマンの手が入って表現を緩和されている。Cf. *ibid.*, p. ix.

(20) Daniel J. Mahoney, *Bertrand de Jouvenel: The Conservative Liberal and the Illusions of Modernity* (Wilmington, Delaware: ISI Books, 2005), p. 175.

(21) Roy Pierce, *Contemporary French Political Thought* (London: Oxford University Press, 1966), p. 186.

(22) 『純粋政治理論』の綱領宣言ともいうべき論文（"Théorie politique pure"）は、I・バーリンの「政治理論はいまだ存在するか」初出フランス語版（"La théorie politique existe-t-elle?"）とともに *Revue française de science politique*, 11（1961）に発表された。

(23) 従来、日本語でこの作品に言及するときには、『政治の純粋理論』『純粋政治の理論』『純粋政治理論』という三種のタイトル表記があった。英語版は *The Pure Theory of Politics* であるからこのいずれも誤りとはいえないが、仏語版は『純粋政治について』（*De la politique pure*）である。

(24) 『純粋政治理論』はケンブリッジのピーターハウス・カレッジ、イェール、カリフォルニア（バークレー）での集中講義と英米各誌に発表された論文から成り立っている。後者の初出は発表順に以下のとおり。"Ego in Otherdom," *Yale Review*, Vol. 48 (June 1959) [P.II]; "The Pseudo-Alcibiades: A Dialogue on Political Action and Responsibility," *Yale Review*, Vol. 50 No. 2 (December 1960) [P. I Ch. 2]; "Political Configuration and Political Dynamics," *Review of Politics*, Vol. 23 No. 4 (October 1961) [P. I Ch. 1]; "On the Nature of Political Science," *American Political Science Review*, Vol. 55 (December 1961) [P. I Ch. 3]; "The Manners of Politics," *Yale Review*, Vol. 51 No. 3 (March 1962) [P. VI Ch. 3]; "The Team against the Committee," *Review of Politics*, Vol. 25 No. 2 (April 1963) [P. VI Ch. 2]. いずれも再録にあたりかなりの加筆がある。

(25) 田中浩・原田武雄訳『政治的なものの概念』（未來社、一九七〇年）、三四頁参照。

(26) C・J・フリードリヒ編『権威』（一九五九年）に寄せた論考で、ジュヴネルは権威現象をつぎのように説明している。いまふたりの人物のあいだに、一方が命令的発話をおこない、それによって指示される行為を他方が遂行する関係が経験的に観察されるとき、前者の発話は後者の行為を結果としてもたらす「実効的命令」である。また、その行為遂行にさいして処罰への恐怖や利益供与のような物的対価への期待が介在しないとき、この人間関係は「純粋権威関係」と呼ばれる。Cf. *The Nature of Politics*, p. 86.

(27) 「そこにははっきりとしたメンバーシップがない。関与の程度はひとによってまちまちであるし、広大な外縁部にいる人びととの関与の痕跡は微かで、いずれ薄れゆくのか密になるのかも判然としない。実質的にコミットしている人びとのあいだでさえ契約は存在しない。いま指導的な立場にいる人びとにその公認の権利があるわけではなく、いま追随している人びとにそうする義務があるわけでもない。政治的企業が外部の社会というフィールドにおよぼす圧力は、権利問題ではなく事実問題である」。*Ibid.*, p. 126.

（28）ジュヴネルはポランニーの著作をつうじてＣ・ペレルマンのレトリック論から多くを学んでいる。Cf. Chaïm Perelman avec Lucie Olbrechts-Tyteca, *Traité de l'argumentation: la nouvelle rhétorique*（Paris: PUF, 1958）.

（29）「貴族と平民との不和を非難の対象とする人びとは、わたしにいわせれば、ローマに自由をもたらした第一の原因そのものに文句をつけているようなものだ。いわばかれらは、かれらが生み落としたすばらしい成果よりは、内紛がまき起こしたざわめきと叫びのほうに、より心を奪われているのだ」。永井三明訳『ディスコルシ』（筑摩書房〈マキァヴェッリ全集２〉、一九九九年）、二二頁。

（30）ジュヴネルはシカゴ大学に客員教授として滞在中の一九五〇—五一年ごろにシュトラウスの知己を得たようである。レオ・シュトラウス、石崎嘉彦・飯島昇藏・金田耕一ほか訳『僭主政治について（下）』（現代思潮新社、二〇〇七年）、二一五頁参照。

（31）Cf. Roger D. Masters, "Toward Reunion in a Science of Politics," *Yale Review*, Vol. 54 No. 1（1964）, p. 130; Michael Dillon, "The Sensitive Citizen: Modernity and Authority in the Political Philosophy of Bertrand de Jouvenel," *The Political Science Reviewer*, Vol. 5（Fall 1975）, pp. 41-44; Robert C. Grady, "Bertrand de Jouvenel: Order, Legitimacy and the Model of Rousseau," *Interpretation*, Vol. 9 Nos. 2 and 3（1981）.

（32）Cf. Jacqueline de Romilly, *Thucydide et l'impérialisme athénien: la pensée de l'historien et la genèse de l'œuvre*（Paris: Bude, 1942）; Raymond Aron, "Thucydide et le récit des événements," *History and Theory*, Vol. 1 No. 2（1961）. ちなみに『純粋政治理論』と同年に刊行されたロミィ書の英訳 *Thucydides and Athenian Imperialism*, trans. Philip Thody（Oxford: Basil Blackwell, 1963）は、英米でもトゥキュディデス研究やアルキビアデス研究の必読文献としての世評が高い。

（33）中金聡「レオ・シュトラウスとアルキビアデス問題」、飯島昇藏・中金聡・太田義器編『「政治哲学」のために』（行路社、二〇一四年）、参照。

（34）飯島昇藏ほか訳『政治哲学とは何であるか？とその他の諸研究』（早稲田大学出版部、二〇一四年）、二四頁参照。

（35）"Pure Theory Revisited," *Government and Opposition*, Vol. 15（1980）, p. 434. この機能そのものは実ははじめから明らかにされていたともいえる。「政治学が事実を問題にすればするほど、道徳哲学を呼びもとめる声は高まる」。"The Pseudo-Alcibiades: A Dialogue on Political Action and Responsibility," p. 171. この一文は『純粋政治理論』再録時に削除されている。

（36）"Colette," *Time and Tide*, 14 August（1954）, p. 1075; cf. "La verité sur《CHÉRI》," *Colette Œuvres*, II（Paris: Gallimard, Édition Pléiade, 1984）; *Revoir Hélène*（Paris: Laffont, 1986）.

（37）英語圏でのジュヴネル人気の陰の立役者というべきハンティントン（John Francis Huntington, 1893-1960）は、英国内国歳入庁次官補をつとめた生粋の公務員であり、相続税制度の近代化に尽力した功績によりＣＢＥ（大英帝国勲位三等）を授与されている。アルピニストとしては斯界で高名であったようだが、訳業はジュヴネル作品以外に一点しかないので（Jacques Chastenet, *Godoy: Master of Spain, 1792-1808*, London: Batchworth Press, 1953）、事実上の専属翻訳家であったといってよい。その突然の訃報に接してジュヴネルが寄せた追悼文は、著者と翻訳者の緊密かつ創造的な関係を明らかにしている。Cf. "Art of Translation," *The Times Literary Supplement*, October 21（1960）, p. 677.

（38）ジュヴネルはこれに懲りたのか、英語版『予測のアート』（一九六七年）をアメリカの新保守主義者I・クリストルのベーシック・ブックス社から出版するさい、英訳を他人にまかせることに同意した。しかしそれが「ある種のアメリカ版」になるのを懸念して、版元が指定した若い翻訳者（のちにトロント大学でロシア文学を講じるニキータ・ラリー）の仕事をつきっきりで監督したという。Cf. Olivier Dard, *Bertrand de Jouvenel*（Paris: Perrin, 2008）, p. 331.

訳者あとがき

本書は Bertrand de Jouvenel, *The Pure Theory of Politics* (Cambridge: Cambridge University Press, 1963) の全訳である。著者ジュヴネルは英語版と同年に仏語版 *De la politique pure* (Paris: Calmann-Lévy, 1963) ——仏訳版ではない——を出版し、その後レイモン・アロン監修「精神の自由」叢書の一冊となった新装版(一九七七年)も出ている。しかし本書がもともと英語で執筆されたこと、政治学界での影響力や認知度は圧倒的に英語版が上回っていること、またリバティ・プレス社刊の英語リプリント版(二〇〇〇年)に内容上の異同がないことなどを考慮して、本訳書は英語初版を底本とした。日本語版では、読者の便宜をはかって引用の出所やポピュラーでない人名などを〔 〕で補足説明し、解説で原著者の人となりをややくわしく紹介している。なお本書にはスペイン語訳(一九六五年)、ドイツ語訳(一九六七年)、イタリア語訳(一九九七年)がある。

ジュヴネルの主要著作の邦訳としては本書が初となるが、こういう場合の決まり文句である「もっと早くわが国に紹介されてしかるべき云々」はあまりふさわしくない。ジュヴネルはやや旬を過ぎた思想家とみなされているからである。それに同じ著者の作品なら、主著中の主著である『権力論』か『主権論』が先に訳されるべきだという考えかたにも一理ある。それでも『純粋政治理論』の日本語訳を読者に供するのは、ひとえにこれが政治学教科書として出色の出来だからである。われわれは「政治」の名のもとに実際はなにをしているか?——この問いに正面切って答えてくれる現代の書物は意外に少ない。C・J・フリードリヒ『政治の病理学——暴力、裏切り、汚職、秘密主義、宣伝活動』（宇治琢美訳、法政大学出版局）は、私見によればかなりいい線を行っているが、いかんせん反コミュニズムという著者のイデオロギー的志向が露骨に出すぎている。またレオ・シュトラウスとオークショットの政治哲学作品は、哲学の素養がないと敷居が高くて近寄りにくい。その点で薦められるのはジュヴネルだという確信が前々からあったのだが、ただひとつの難点は、ユニークなといえば聞こえはいいが要はかなり風変わりなかれの英語であった。

英語を母語としないジュヴネルが本書を英語で執筆した経緯は、解説に記したとおりである。友情と信頼で固く結ばれていた英訳者ハンティントンを喪ったジュヴネルは、ほかの翻訳者にまかせるくらいならと自ら英語で書いたわけだが、結局それが裏目に出て『純粋政治理論』は政治学の名著になりそこねた感がある。それほどハンティントンによる『権力論』と『主権論』の英訳は原著者の意を汲み尽くしてみごとであり、将来この両著が邦訳されることがあるなら、英訳書を少なくとも参照すべきであると思う。われわれ邦訳者はハンティントンには遠くおよばない。日本語版が心がけたのは、日本の読者に原著者のいいたいことが正確に伝わるような、せめて読者に日本語で苦労をかけさせないような訳にするという一事である。

翻訳にあたっては、「序言」、第Ⅰ部〜第Ⅲ部、「補論」「結論」を中金が、第Ⅳ部〜第Ⅵ部を関口が担当し、最終的に中金が文体の統一をはかった。きわめて独特な、多分に英語的でない表現は、仏語版で文意をたしかめながら関口が非凡な語学力と若い感性でみごとに日本語にした。才能豊かな共訳者をご紹介いただいた飯島昇藏教授（早稲田大学）に感謝申しあげる。なお第Ⅰ部第二章「知恵と活動——偽アルキビアデス」および第三章「政治学の本質について」は、政治哲学研究会編『政治哲学』第一二号（二〇一二年）と第一四号（二〇一三年）にそれぞれ訳出したものの改訂版であり、解説の執筆にあたっては、中金聡「ベルトラン・ド・ジュヴネルの政治哲学」、政治思想学会編『政治思想研究』第六号（二〇〇六年）の一部を再利用した。旧訳に眼をとめ、〈ソキエタス叢書〉の一冊として全訳出版することを勧めてくださった添谷育志教授（明治学院大学）と風行社の犬塚満さん、また再掲を許可してくださった政治哲学研究会および政治思想学会に感謝する。

二〇一四年一月

訳者を代表して　中金　聡

〈ソキエタス叢書〉発刊に際して

本叢書は政治理論における名著の発掘を目的とする翻訳書のシリーズである。本叢書に収録する原著の選定に際しては、以下の二点を考慮する。

第一に原著は、一九世紀末における「ニュー・リベラリズム」の登場から二〇世紀末における「アイデンティティ・ポリティクス」の登場までのおよそ一〇〇年間に発行されたものを対象とする。一九世紀末までは、政治的言説を構成する語彙はプラトンやアリストテレスなどの古典的政治理論上の語彙の再解釈に終始したと言っても過言ではない。ところが一九世紀末におけるいわゆる「社会問題」の発生により、政治社会のあり方を論ずる際の語彙や概念は更新を迫られることになった。たとえばホブハウスに端を発する「福祉国家」の理念や「全体主義」の経験は、それまでとは異なる説明の言語を必要とした。そしてそこで鋳造された言語は、現代世界の諸問題――格差、貧困、差別、民族や宗教をめぐる同化と統合、等々――を論ずる際にも適切さを失ってはいないのである。

第二に原著は、現実政治上の政策や処方箋に直結するものには限定しないということである。一九七〇年代に復活した規範的・指令的な政治理論は、「積極的格差是正措置」などの政策の実現に大きな貢献を果たした。だがそれと並行して、政治理論の伝統が暗示するものの探求や、分析哲学と規範的・指令的な政治理論とを結合する試みは着実に成果を上げてきたのである。そのような成果は確実に、私たちの政治社会のあり方を理解する上で大きな貢献を果たしたのである。

最後に本叢書を「ソキエタス」と命名した所以について、一言しておきたい。それは、オークショットが『人間営為論』において「ウニヴェルシタス」と対比した人間的結社の一様態に因んでいる。そこでは人々がある単一の実質的目標実現という条件の下に結合するのではなく、多種多様な目標を実現する際の形式的ルールを承認するという条件の下に結合する。本叢書がそうした目標の多様性を歓迎する気質と、その目標に関する自由闊達な議論におけるルールを形成する契機となることを念願して止まない。

監修者＝添谷育志・金田耕一

ソキエタス叢書〔第一期全６巻〕◉続巻

２　B・バリー『**政治的議論**』　山岡龍一訳

３　A・マルガリート『**品位ある社会**』　添谷育志・金田耕一訳

索　引

［あ行］

[か行]

[さ行]

[た行]

[な行]

[は行]

[ま行]

[や行]

[ら行]

[わ行]

[訳者紹介]

中金　聡（なかがね　さとし）
1961年、福岡県生まれ
国士舘大学政経学部教授
主要業績：『オークショットの政治哲学』（早稲田大学出版部、1995年）
『政治の生理学――必要悪のアートと論理』（勁草書房、2000年）
〔訳書〕マイケル・オークショット『歴史について、およびその他のエッセイ』（共訳、風行社、2013年）

関口佐紀（せきぐち　さき）
1990年、東京都生まれ
早稲田大学大学院政治学研究科博士前期課程在籍

[ソキエタス叢書 4]
純粋政治理論

2014年4月25日　初版第1刷発行

著　者　ベルトラン・ド・ジュヴネル
訳　者　中金　聡・関口佐紀
発行者　犬塚　満
発行所　株式会社 風行社
〒101-0052　東京都千代田区神田小川町3－26－20
Tel. & Fax.　03-6672-4001
振替　00190-1-537252
印刷・製本　モリモト印刷株式会社
装　丁　矢野のり子（島津デザイン事務所）

ISBN978-4-86258-081-8